キーワード
現代の教育学

田中智志 ［編］
今井康雄

Unlearn the Education:
An Introduction to Educational Theories

東京大学出版会

Unlearn the Education:
An Introduction to Educational Theories
Satoshi TANAKA & Yasuo IMAI, Editors
University of Tokyo Press, 2009
ISBN 978-4-13-052077-5

はじめに

さまざまな教育学概念を整理する

　教育学においては，さまざまな言葉が使われています．以前から使われてきた言葉としては，たとえば「カリキュラム」「教授学習過程」「習熟度別学習」「一斉教授」「人格形成」「子ども中心」「規律」「発達援助」などがあります．また，近年から使われるようになった言葉としては，たとえば「学習の学習」「コンピテンシー」「パフォーマンス」「アセスメント」「説明責任」「(協同の) 学び」「文化資本」「ハンズオン・ラーニング」「多元知性」「生成」「純粋贈与」「応答」などがあります．

　こうした言葉のなかには，一見すると，区別しにくい類似した言葉があります．たとえば，「性格」と「人格」，「人格」と「パーソナリティ」，「学習」と「学び」，「陶冶」と「形成」，「発達」と「成長」，「自律性」と「主体性」などです．似たような言葉を使っているから同じことをさしているのかと思えば，まったく違っていたりします．「人格」のように，同じ言葉でも，心理学と教育学とでは，意味合いがかなり違う場合もあります．

　本書の目的のひとつは，そうした教育学の主要な言葉の意味を確かめ，それぞれの意味の関係を示すことです．いわば，教育学の諸概念の交通整理です．

教育の深い次元をとらえる

　本書の目的はもうひとつあります．それは，「教育」と呼ばれる営み，とりわけ学ぶ，教える，そして生きることを，教育学の言葉で深くとらえなおすことです．いわば，教育の深みに分け入ることです．

　しばしば，現場の教師から揶揄されるように，教育学の言葉の多くは，明日の授業にすぐに使える便利な道具とはいえません．もちろんなかには，実践指向の便利な言葉もありますが，私たちが注目したいと思っている言葉は，教育にたずさわる人が自分の教育実践をふりかえり，その深い次元をしっか

り見定めるための言葉です．

そうした省察の言葉とちがい，評論家や政治家が教育を熱く語るときに使う言葉の多くは，日常的な言葉か，制度にかかわる言葉です．「しつけを復活させることで，子どもの道徳心をつちかうべきだ」「競争で心を鍛え，学力を伸ばし，国力を高めるべきだ」「学区制を廃止し，選択の自由を保障しよう」「教員資格を更新制に変えて，不適格な教員を排除すべきだ」——こうした教育談義で使われている言葉は，たしかにわかりやすい言葉ですが，教育という営みの深い次元を理解しようとする言葉ではありません．

教育という営みの深い次元は，長年，教育実践にたずさわっている教師でも，なかなかつかめないようです．たとえば，授業をしていると，自分としてはいい授業をしているつもりなのに，子どもたちがつまらなそうに手遊びを始める，ということがあります．逆に，授業プランから大きくはずれてしまったのに，子どもたちが夢中になって課題にとりくんでゆく，ということがあります．教育の深い次元は，このような，教師の予期・制御をはるかに超えたところに立ち現れる現実のなかに隠れています．

そのような「なぜかうまくいかなかった授業」「なぜかうまくいった授業」をじっくりふりかえり，その理由を厳密に把握するとき，教育の深い次元が立ち現れてきます．そうした省察において，教育学の言葉は，もちろんそのすべてではありませんが，いくらか役に立つはずです．すくなくとも教育学のおもな仕事は，教育法規や省令を逐一解説することではなく，教育という営みを厳密に理解することです．

思議を超える学ぶ力

教育という営みの深い次元は，たとえば，子どもたちのさまざまで細やかで豊かな感性から生まれています．子どもたちの一人ひとりは，書かれた言葉，言われた内容を超えて，深く学んでいます．教師が言葉を失い，立ち往生しているときも，子どもたちは，その沈黙から言葉につくせない意味を学びとることがあります．人を窮地に追い込んでゆく権力の蠢動（しゅんどう），笑顔の裏に隠された冷厳な無視，他者の心の機微の現れ，命のはかなさとかけがえのなさなどを，驚くほどの繊細さと想像力で感じとり，学んでいきます．

しかし，現代教育，現代社会のしくみは，こうした子どもの学びの力を覆

い隠したり，ねじ曲げたりする傾向にあります．たとえば，現代社会に生きる人の多くは，マニュアルやプログラムに頼ることに慣れていて，人間がもっている果敢にいどむ力を見過ごしがちです．また，序列化・競争化に体現されているように，現代社会に生きる人の多くは，ひと・ものを道具化する有用性を第一に求めるために，他者との協同，世界との共生という，学びの力を，さらにいえば，生きる力をささえている土台を忘れがちです．

　くわえて，教育学の言葉は，子どもの学びの力を読みとくうえで，充分とはいえないところがあります．もしかすると，教育学の言葉は，どんなに言葉を重ねても，子どもたちの思議を超えた学びの力をとらえることができないのかもしれません．というのも，子どもの学びの力そのものがあまりにも多面的，変異的で，とらえがたいからです．

　しかし，どのような妨げがあろうとも，またとらえがたくとも，教育学の言葉は，学びの力にふさわしいものとなるように編みなおされつづけるべきです．教育の深い次元に向かい，不可能と思われる営みに果敢に挑みつづけることが，教育学がみずからに課している責務です．

4つのカテゴリー

　本書では，教育学の主要な言葉の意味を確認するために，「メディア」「（学びの）主体」「（教育の）関係」「（教育）システム」という4つのカテゴリーを設けました．「メディア」は，教育の主体と環境・他者をつなぐものであり，「学びの主体」は，学校・教師ではなく，学びの当事者である子どもです．「教育の関係」は，教育の主体と環境・他者とのかかわりです．「教育システム」は，教育の主体，メディア，教育の関係をささえると同時に，それらを規定する力をもっている教育的コミュニケーションの全体です．

　第一のカテゴリーである「メディア」においては，言語，知識，美，カリキュラム，メディアをとりあげます．ここでいうメディアは広い意味でのメディアで，人と人，人と世界を結びつけるものです．その意味で，言語はもっとも基本的なメディアであり，知識はもっとも典型的な言語メディアです．これに対し，美は非言語メディアです．これらのメディアは，世界を表象しながら，世界から分離しています．また，これらのメディアは，人を世界から分離しながら，その世界に人を近接させます．学校のカリキュラムには，

このようなメディアの背反的機能が如実に反映されています．

　第二のカテゴリーである「学びの主体」においては，身と心，成長・発達，人格，子ども，自律性をとりあげます．学びの主体は，教える人ではなく，学ぶ子ども本人です．子どもが教育をつうじて大人になる過程は，世界に開かれていた子どもが，その世界から分離し，またその世界に参入し，自律的で協同的な存在となる過程です．この過程は，人格形成の過程と見ることもできれば，身と心の構成過程と見ることもできます．成長・発達の過程と見ることもできます．この過程は，用いる概念によって，すなわち見る角度によって，その多面体的な側面をあらわにしていきます．

　第三のカテゴリーである「教育の関係」においては，学ぶと教える，教育評価，悪，学校教育，関係性をとりあげます．教育の関係として真っ先に思い浮かぶものが，学ぶと教えるという関係であり，評価し評価されるという関係です．ただし，教えることは，学ぶことを一方的に規定しているのではありません．教えるも，学ぶも，相互に関与しあう関係にあります．もっとも効果的な評価も，教える人が一方的に評価することではありません．それは，学ぶ人と教える人が協同して評価することです．悪も，従来の教育の関係論においては否定されてきましたが，子どもの学びを大きく飛躍させることがあります．学校教育も，社会の現実にただ規定され，それを反映するだけでなく，社会の現実を刷新することもできます．

　第四のカテゴリーである「教育システム」においては，学校，教育政策，公共性，学力，教育学をとりあげます．教育という営みは，教育の主体，教育の関係，教育システムと，同心円的に広がっています．そして，この教育システムを超えるところに社会全体があります．教育システムの中心は，「公教育」と呼ばれる学校ですが，この「公」は「お上」ではなく，本来「公共性」を意味しています．そして，この教育システムへの政治システムからの操作的関与が教育政策です．その教育政策の課題として，近年「学力低下」への対応が求められていますが，その対応そのものもよく吟味されるべきです．そして教育学は，こうした教育の営み全体を，固有の見地から問いつつ，そもそも「教育とは何か」と問い続ける探究的な営みです．

この本の論じかたについて

　以下の各章においては，論述が抽象的で無味乾燥にならないように，気を配りました．学説史や，日本と海外との比較なども踏まえつつも，できるだけ具体的な場面を想定し，関連する映画・小説・ドキュメンタリーなどにふれながら，簡明に書くことを心がけましたが，どこまで成功しているでしょうか．なお，各章末にブックガイドを付しました．参照いただければ，と思います．

　読者としては，大学の「教育学専攻者」「教職課程履修者」だけでなく，教育に関連した講義を履修する学生，その他，教育に関心のある広範な読者を想定しています．狭い意味での「教育学」という世界にとどまることなく，最新の教育的知見を「読めばわかる」ように，説き起こしています．おそらく，諸概念のつながりが像を結ぶようになると，現代教育のみならず，現代社会が浮かびあがってくるはずです．

　本書は，2006年の春に思い立ち，同年5月の編集会議（東京大学出版会）にて全体の構想をさだめました．2007年の3月に，最終的な打ち合わせのために行った合宿は大いに盛りあがり，それぞれ自分の担当箇所の議論をいっそう深めることができました．

　最後になりますが，東京大学出版会の後藤健介氏の行きとどいたご配慮のおかげで，とても愉しい仕事ができました．本当にありがとうございました．

2008年11月
執筆者を代表して

田 中 智 志

キーワード 現代の教育学・目　次

はじめに　　i

［I］メディア

1章　言語——記号からメディアへ　……………………………… 3

カスパー・ハウザーに言葉を教える（3）／言語と人間形成の不可分の関係（5）／記号としての言語——言語主義批判の基盤にあるもの（7）／記号からメディアへ（10）／メディアとしての言語の教育への浸透（12）

2章　知識——何のために求めるのか　……………………………… 18

「完全な無知」をたたえた時代（18）／知識の精選化（19）／私有財としての知識（22）／共用財としての知識（24）／知識と生きること（26）

3章　美——美と教育の関係はどのように考えられてきたか　……………………………… 30

美は教育的か（30）／教育のメディアとしての美——プラトンの場合（32）／美の自律化（34）／自律化した美, と教育——シラーの『美的教育に関する書簡』（35）／「美しいもの」と「美的なもの」（37）／現実探究・現実構築の通路としての美（39）

4章 カリキュラム——どのように構成するべきか ………… 45

カリキュラムの力（45）／カリキュラムとは何か（46）／子どもとカリキュラム（48）／子どもとカリキュラムのインターフェイス（50）／カリキュラムの運用（53）

5章 メディア——教育をささえるもの ………… 57

メディアの不安（57）／「洞窟の比喩」——プラトンのメディア批判（59）／『世界図絵』——コメニウスのメディア利用（61）／メディア概念の拡張と限定（64）／教育に浸透するメディア（67）

[II] 主　体

6章 身と心——主体はいかに構築されるか ………… 73

「身」の意味世界（73）／身心二元論の問題（74）／規律訓練——「身」を対象化する教育（77）／意味生成——「生きられた身体」の経験（80）／慣習・儀礼の領域（83）

7章 成長・発達——子どもの成長はどのように語られてきたか ………… 88

未来に向かう矢としての子ども（88）／成長の哲学から経験科学へ（89）／「発達」の日常言語化（91）／「発達」の前提としての「発展」（93）／子どもの成長をめぐる今日的状況について（95）

8章　人格——何にささえられているのか ……………… 100

　人をささえるものは？（100）／教育の人格概念（101）／心理的な人格の基礎（104）／関係性の意味（106）／人格は作りなおせるのか（108）

9章　子ども——システムを侵犯する外部
　　　　　　　としての子ども ……………… 112

　子ども期の歴史学（112）／子ども-大人の人間学と，子どもについての物語（115）／子どもとシステムの外部（118）

10章　自律性——漂流記物をとおして考える ……………… 123

　壊れた未来に子どもたちが隔離される（123）／〈大人／子ども〉関係のなかの子ども（126）／〈大人／子ども〉関係の消滅（127）／〈子ども（大）／子ども（小）〉関係の発生（128）／〈子ども（大）／子ども（小）〉関係の危機（130）／子どもから大人へ（132）／自律していくことの心象風景——この章のまとめにかえて（134）

[III] 関　係

11章　学ぶと教える——何のために行うのか ……………… 141

　教育はサービス労働か？（141）／学ぶこと（142）／教えること（144）／学びの存立条件（146）／市場のアナロジーが見失うもの（148）

12章 教育評価——だれのために行うのか ………………… 152

教育評価とは何か（152）／評価は公平に行えばいいのか（154）／評価は子どもを序列化するためか（155）／評価は教育者が行うものか（157）／有用性と選抜（159）

13章 悪——悪の体験と自己変容 ………………………… 163

悪の体験と自己の変容（163）／悪の体験としての遊び・性愛・暴力（165）／悪の体験と教育の限界点（169）

14章 学校教育——教師はいかにして　　　　　　　　　　　　　　教育を行っているか ………………… 173

「青い目 茶色い目」の教育実践でエリオットが試みたこと（173）／「教育現実」の構成としての教育（175）／「教育現実」を構成する教師の技量（177）／「教育現実」と「社会現実」の相互浸透（182）／教育の臨界域——あるいは〈保護の防護柵〉のアンビバレンス（183）

15章 関係性——教育関係とそれを侵犯する　　　　　　　　　　　　　贈与の出来事 ………………………… 188

教育関係論と教育学の展開（188）／交換と贈与からみた教育関係論（192）／教育の関係論から贈与‒他者論へ（194）

[IV] システム

16章 学校――その多様な相貌を浮き彫りにする 201

はじめに――学校を一元的に定義することの困難（201）／心象風景のなかの学校――山田洋次の『学校』をとおして考える（202）／組織としての学校――教育の透明な「手段」という学校観（205）／教育システムの観点からみた学校（208）／さまざまな「あいだ・中間者・媒介者」としての学校（210）

17章 教育政策――教育と政治の「あいだ」 215

無関心をとおした教育の（脱）政治化――『ドラゴン桜』から（215）／政治システムによる決定としての教育政策（217）／政治システムと教育システムの関係史（218）／戦後福祉国家体制における教育政策（220）／新自由主義的な教育政策の台頭とその問題点（222）／教育政策のこれから（223）／まとめ――教育と政治の複雑な関係（225）

18章 公共性――異質な他者への開放性 229

権威の不在によって生じる緊張（229）／学級という場の普遍性と特殊性（230）／第三者の審級としての教師――無着成恭から大西忠治へ（233）／戦後民主主義のオーバーラン（234）／ナショナリズムの後の公共性（236）

19章 学力——有能であることと無能であること ………… 240

学力とメリトクラシー——地位の配分と社会統合（240）／社会の変化とメリトクラシーのゆらぎ（241）／学力の脱構築——できることと考えること（244）／中断のペダゴジーの方へ（247）

20章 教育学——生きることによりそうために ………… 251

教育学の二項対立（251）／「教育とは何か」と問う（252）／社会情勢のなかの教育学（254）／現代教育学の言説（256）／現代教育学の根本問題（260）

おわりに　265

人名索引　269
事項索引　271
執筆者紹介　277

[Ⅰ]
メディア

1章　言語――記号からメディアへ

2章　知識――何のために求めるのか

3章　美――美と教育の関係はどのように考えられてきたか

4章　カリキュラム――どのように構成するべきか

5章　メディア――教育をささえるもの

1章 言語——記号からメディアへ

1 カスパー・ハウザーに言葉を教える

カスパー・ハウザーの謎

1828年5月26日の夕刻，ドイツ南部の町ニュルンベルクで奇妙な男が保護された．若者と言ってよい背格好なのに，歩くこともままならない様子でその男は町はずれの広場に突っ立っていた．人々が問いただしてみるが，「ウマ」とか「キヘイニナリタイ」とか，脈絡のない言葉を口にするばかりである．しかしその男は「Kasper Hauser」と自分の名前らしい文字を紙に書きつけることができた．

後から判明したところでは，その男カスパー・ハウザーは，少なくとも13年間，地下牢のような部屋に閉じこめられ，無言のまま食事だけを与えられて大きくなったのだった．カスパーを世話していた男は，上のようなわずかの言葉と署名の仕方だけを彼に教えた．もっとも，言葉ではなくただの音，署名ではなくただの線だったと言う方が正確かもしれない．カスパーはその言葉の意味を知らず，それが彼の名前だということも知らなかったのだから．

その後カスパーは篤志家ダウマー教授のもとに引き取られ，驚くほどの成長を見せる．言葉を身につけただけでなく，読み書きを覚えて自伝の執筆を試み，またピアノを弾きこなすまでになった．しかしそんな矢先の1833年12月14日，カスパーは何者かに襲われて刺殺されてしまう．カスパーの出自も，幽閉や暗殺の理由も，今なお謎のままである．

水のないカップ

ヴェルナー・ヘルツォーク監督の『カスパー・ハウザーの謎』(1979年)は，人間の世界に出てきてからのカスパーの成長と孤独をきめ細かく描いた印象深い映画である．その最初あたり，いったん警察の牢内に保護されたカ

スパーに，看守一家が一生懸命言葉を教えるシーンがある．

場面は看守一家の粗末な食堂．看守の若い父親と7, 8歳くらいの息子がカスパーを何とか木のベンチに座らせ食卓につかせる．食事を与えるがカスパーは肉を吐き出してしまう．しかしパンは夢中で食べる．父親はカスパーに水を与える．カスパーはカップの水を一気に飲み干し，空のカップからなおも水をすすろうとする．横にいた息子がそのカップを取り上げて逆さにし，カップの底をポンポンと掌で叩いてカスパーに言う．「カスパー，水はもうないから飲めない．カップは空なんだ，空」——「レーア」とカスパーも繰り返す．

と，カスパーは父親が手にしている同じようなカップに目をとめる．そして手を伸ばしてカップをつかみ「レーア」と言う．父親のカップにはビールがなみなみとつがれている．父親は自分のカップに人さし指を浸し，ビールの滴る指をカスパーに見せて言う．「このカップは一杯だよ．でも君のカップは——と同じように人さし指を空のカップに入れ——空．こっちは一杯」「一杯」とカスパーも繰り返す．

このようにしてカスパーは言葉を覚えていく．それは彼が人間世界の秩序へと入り込んでいくことでもあった．

神の存在

言語という観点から見て面白いシーンをもうひとつ紹介しよう．これはカスパーがダウマー教授のもとに引き取られてしばらくたってからの話．3人の牧師がカスパーのもとを訪ねてくる．彼らは手入れの行き届いたダウマー家の居間でカスパーと対面する．一人がカスパーに質問する．「カスパー，地下牢に閉じこめられていたとき，君は天上におわす神の存在を感じたことはなかったかね？」神の存在は教えられなくても感じ取れる自然なものだということを彼らは証明したいのである．しかしカスパーは，そんなことは考えたこともなかったし，神が無からすべてを創造したなど理屈に合わぬと反論する．

牧師2人は当惑した様子でヒソヒソ話を始め，教え込む以外にないという結論に達する．「カスパー，信仰のことがらについてあれこれ詮索するのは間違っている」「でも僕はもっと読み書きを学んでいろいろなことを知りた

いのです」「知ることよりも信ずることの方が大事だ」そう言って牧師は「神の平安は理性よりも尊い」云々という祈りの言葉をカスパーに唱えさせようとする．「さあカスパー，今の言葉を繰り返しなさい」カスパーは無言で前を向いたままである．

　言葉を教えるという点では同じでも，ここで行われていることは前の看守一家の場合とはずいぶん違っている．

2　言語と人間形成の不可分の関係

驚異の言語獲得

　「空(レーア)」というような単純な言葉の使い方も知らなかったカスパーが，数年後には牧師先生をまごつかせるまでになる．この**言語獲得**のスピードは驚異的である．もっともカスパーは，たとえば「狼に育てられた少女」の物語のカマラやアマラとは違って人間の世界からまったく切り離されて育ったわけではない．ところが，まったく初めて人間の言葉に接する赤ん坊でも，人間的な環境に置かれればごく自然に言語を習得していく．この自然さ．これはカスパーの場合に劣らぬ驚異ではなかろうか．

　大人はふつう，言葉の意味について，看守一家のようにていねいに子どもに説明したりはしない．にもかかわらず，子どもはある言葉が何を指しているのかを正しく理解していく．同じく，大人はふつう子どもの言葉づかいの間違いを注意するとき，いちいち文法を説明したりしない．にもかかわらず子どもは文法的に正しく話せるようになる．2歳を過ぎるころになると，意図的に教え込まなくても，1日に10語以上も新しい言葉を覚えていくというような「語彙爆発」が起る．

　記号を使って意を通じるということなら，チンパンジーのような類人猿にも可能だということが実験的に確かめられている．しかし，いくら技巧をこらして教えてもチンパンジーに文法を理解させることは困難であったし，語彙を増やすことはできても「語彙爆発」はけっして起らなかった．

生得的な言語能力?

　以上のような事実から推測できることは，言語獲得を容易にするような，

他の動物にはない何かが人間には備わっている，ということである．その〈何か〉を，現代の言語学者チョムスキーは「**言語能力**」と呼んだ．「言語能力」とは，チョムスキーによれば，人間であれば誰もが生得的に備えている普遍的な文法構造である．図式化して言えば，子どもは個々の言語データをこの構造に充塡することで構造に命を与える（つまり日本語，英語，等々の個別言語を話すようになる），ということになる．

　人間と他の動物との違いを言語能力の有無に見るこのような人間観の起源を，チョムスキーはデカルトに求めている．デカルトは人間の本質を精神（思考）に求めるが，われわれは相手の精神を見ることはできず，見ることができるのは相手の身体（物体）でしかない．この目の前の物体が機械でも獣でもなく精神を持っていることをわれわれはどうやって知るのか．その決め手のひとつが言語，つまり相手が臨機応変に語るということなのである．

　この考え方はわれわれの常識からそれほど隔たっていないだろう．カスパーに出会ったニュルンベルクの人びとも，彼が普通に話すようになったのを見て，最初怪物あるいは自動機械じみて見えたこの存在が，「やっぱり同じ人間だった」と安堵したはずである．

　生きるためのリテラシー

　話せるようになっただけでなく，カスパーはその後読み書きも覚えていった．話される言葉が人類の歴史とともに古いのと比べれば，読み書きされる文字は比較的新しい人工的な発明物である（紀元前 3500 年ころにメソポタミアで使われた楔形文字が最初の文字と言われる）．しかし，少なくとも近代以降，読み書き能力（リテラシー）は社会で一人前に生きていくため不可欠なものになった．洋の東西を問わず，読・書・算は初等教育のカリキュラムの中核をなしてきた．

　伝統的に「**識字**」という概念が想定していた――たとえば識字率が調査される際の指標になってきた――のは，自分の名前が書ける，文字を音読できる，といった単純な技能であったかもしれない．しかし，現実の生活のなかで読み書きが機能するためには，文字情報から意味を読み取るという，より複雑な能力が必要である．たとえば，「URL をケータイに送信してアクセスして下さい」のような単純な文を理解するためにどれほどの背景知識や意味

解釈が必要かを想像してみてほしい．知識や解釈を含めた，この拡張された意味での読み書き能力は「機能的リテラシー」と呼ばれる．このように広い意味でリテラシーを捉えると，リテラシーは，記号を介して現実を解釈したり現実に働きかけたりするという点で，自然科学や数学の分野で求められる能力と連続してくることになる．

学力の国際比較で話題を呼んだOECD（Organisation for Economic Cooperation and Development）のPISA（Programm for International Student Assessment）調査では，自然科学や数学にかかわる学力を「科学的リテラシー」「数学的リテラシー」と呼んでいる．「リテラシー」は，記号を介した現実解釈・現実関与の能力として，現代社会で生きるために必要とされる能力一般を言い表すまでになっているのである．

3　記号としての言語——言語主義批判の基盤にあるもの

教育学の言語敵視

以上のように，言語は，言葉（手話のような視覚的言語も含めて）を使うという普遍的なレベルでも，リテラシーという限定された意味でも，人間として生きるための基本的な条件になっている．ところが興味深いことに，教育についての様々な議論に目を転じると，言語は高い位置を与えられてこなかった．「言語敵視」（O. Fr. ボルノウ）が教育学の伝統になっていると言われるほどである．

もちろん，読み書きはすでに述べたとおり昔も今も初等教育のカリキュラムの中核である．中等教育を見ても，ドイツのギムナジウム，フランスのリセ，イギリスのパブリック・スクールなど，大学に接続する中等教育学校では，古典語（ギリシア語・ラテン語）を中心とした人文的教養が重視されてきた．日本でも，中国古典の「素読」が武士層の教育の基礎をなしていた．

しかし，日本とちがってヨーロッパでは，言語，とくに読み書きされる文字は，教えられるべき中味というより，その中味を運ぶための単なる包み紙のように考えられることが多かった．中味が運ばれるためにそれは不可欠であり，したがって真剣に学ばれる必要がある．しかし，だからと言って包み紙それ自体に価値があるかのように考えるのは本末転倒なのだ．こうした本

末転倒に付けられた名前が「**言語主義**」である．

言葉でなく事物と感覚を──コメニウスの言語主義批判

　言語主義とは，教育の内容も方法も，ともに言葉だとする立場である．それは17世紀の思想家コメニウスに代表される近代の教授学が作り出した仮想敵であり，最初からマイナスの価値を持たされている．言語主義のそうした意味合いを理解するためには，「カスパー・ハウザーの謎」のあの牧師訪問のシーンを思い出すとよい．牧師たちは，言葉を復唱させるという方法でカスパーにキリスト教的な観念を伝えようとしていた．しかもそのために言葉の復唱だけを要求していた．悪しき言語主義のお手本のような姿である．

　この種の言語主義に対して，コメニウスは，教えられるべきは言葉ではなく事物であり（教育内容における事物主義(リアリズム)），事物は言葉ではなく感覚を通して教えられるべきだ（教育方法における感覚主義(センシュアリズム)）と主張した．コメニウス自身はキリスト教の世界観を堅く信じていたが，彼のこの主張には近代科学の精神に通じるものがある．コメニウスが活躍した17世紀のヨーロッパ──先に触れたデカルトも17世紀の人である──は，聖書の言葉を拠り所にした宗教的権威から科学が自立し，事実の観察に基づいて自然法則の探究を開始した科学革命の時代であった．

言葉で教えることはできない──アウグスティヌスの言語主義批判

　言語主義批判は，しかし近代科学よりももっと深いところに根ざしている．われわれはたとえば紀元4〜5世紀の聖アウグスティヌスに言語主義批判を見出すことさえできる．アウグスティヌスと言えば古代と中世の端境期にキリスト教思想の根幹を作り上げた教父中の教父である．そのアウグスティヌスが，言葉で知識を伝えることはできない，という主張を展開している．

　それによると，教師が言葉を発したとき，その言葉は生徒にとって未知であるか既知であるかのいずれかであるが，既知であれば生徒は新しいことを学んだことにならず，未知であれば生徒はその言葉の意味を理解できない．いずれにしても，言葉によっては生徒に新しい何かを教えることはできないのである．アウグスティヌスによれば，生徒は言葉からではなく実在から学ぶのであり，言葉の知識も，実は事物が示されることで初めて本当の意味で

学ばれる．

　もちろん，アウグスティヌスにとっての真の問題は，外界の認識ではなく内面に打ち立てられる宗教的な真理であり，この真理は聖書の言葉によって与えられている．彼の言語主義批判はもっぱら人間同士のコミュニケーションに向けられている．その言語主義批判（人間同士の饒舌に対する）は，最強の言語主義（真理そのものである聖書の言葉への絶対服従）に裏打ちされており，カスパーに対するあの牧師的な教育方法を逆に正当化する論理ともなる．

〈言語＝記号〉という考え方の根強さ

　このように，アウグスティヌスの言語主義批判は「近代的」な教育理念とはおよそ無縁である．言語主義批判の基盤は，言葉を事物の観念に付けられた単なる記号と見る言語観に求めることができる．コメニウスもアウグスティヌスも，こうした〈言語＝記号〉という見方に立っている．この〈言語＝記号〉という見方は，もとをたどれば古代ギリシアの哲学，とくにアリストテレスに行き着くものである．

　アリストテレスは，観念は事物の自然な写しであり万人に共通だが，言語は観念の恣意的な（取り決めによる）記号であり共同体によって異なっている，と考えた．「空」という観念は共通でも，ドイツではそれを「leer」と呼び，日本では「から」と呼ぶ，というわけである．とすれば，「空」という観念を知らない人に「leer」という言葉だけをいくら教えても無駄だということになる．納得しやすい考え方であろう．

　この〈言語＝記号〉観に立つと，認識という哲学の中心問題にとって，言語は二次的な役割を演じるにすぎなくなる．というのも，認識は事物の自然な写しである観念によってなされるからこそ，事物の状態に対応した万人共通の真理となる．言語はそれを他人に伝える単なる道具にすぎないのである．

　先に述べたデカルトの場合でも，人間の本質はあくまで思考であり，言語は相手が思考する存在であることの〈目印〉でしかなかった．〈言語＝記号〉観は，古代（アリストテレス）・中世（アウグスティヌス）・近代（デカルト）を貫いてヨーロッパの言語思想の主流の座を占めている．この言語観が，言語主義批判を深いところで支えてきた．言語が人間の精神や思考の外

側にある道具のようなものだとすれば，言語は教育から見ても外在的な道具にすぎない．

4　記号からメディアへ

「同じ」ということの意味を教えるには

〈言語＝記号〉観から見れば，観念と違って言語は事物と恣意的な関係しか持たない．したがって，言語に教育の力点を置くことは，教えられるべき事物の世界から，いったんは離れることを意味する．しかし，言語と事物はこのように単純に分けられるのだろうか．

20世紀の哲学に起こった大きな変化として「言語論的転回」が挙げられる．それまで事物を呼ぶたんなる記号として考えられがちであった言語が，哲学の中心問題に浮上してくる．そしてそれとともに〈言語＝記号〉観とは異質な言語観も出てくる．言語論的転回に決定的な影響を与えた人として20世紀の哲学者ウィトゲンシュタインが挙げられるが，彼の遺作『哲学探究』の第208節に，「同じ」ということの意味を教えるにはどうしたらよいのか，という面白い議論がある．

もしその人が，日本語の「同じ」という言葉を知らないだけなら，私はその人の分る言葉，たとえばフランス語ならフランス語で「同じ」ということの意味を説明すればよい．しかし，もしその人がそもそも「同じ」という概念を知らないのだとすれば，どうすればよいだろうか．そういう人に対しては，「私はその言葉の使い方を，事例によって，また練習によって教えるだろう．」つまり，「その人に同じ色，同じ長さ，同じ形を示し，彼にそれらを発見させる，製作させる，等々のことをするであろう」．

これは，冒頭に挙げた，看守一家がカスパーに言葉を教える場面と瓜二つではないだろうか．カスパーもまた，概念（「空」「一杯」）を持たない状態だった．そもそも言葉を知らない彼に，そうした概念を言葉で説明しても無駄である．看守一家は，まさに事例と練習によって，「レーア」や「フォル」という「言葉の使い方」を教えた．そこでカスパーは「レーア」や「フォル」という記号を覚えた，と言うべきだろうか．

記号が名づけるべき「空」や「一杯」という観念を，カスパーはそもそも

持っていなかった．言葉を学ぶことによって，事物の世界が〈空／一杯〉という具合に区分されたものとして初めてカスパーに現れてきた，と言うべきだろう．事物と観念とは言語において浸透しあっている．言葉を教えることと事物を教えることは，言語主義批判が想定していたようには簡単に分離できないのである．

言語ゲーム——意味は共有されているか

辞書という便利なものがあるので勘違いしやすいが，言葉の意味はそう簡単に固定できるものではない．ビールの入ったカップをカスパーが「レーア」と呼んだときのように，同じ言葉を使っていると思っていたがその使い方が実はズレていた，という事態は日常生活でいつでも起る．われわれは，**コミュニケーション**が支障なく進行している限りで相手と意味を共有していると推測するのみである．

これは，一度もルールブックを体系的に勉強していないにもかかわらず野球やサッカーのようなゲームを楽しむことができる，という事態に似ている．われわれは，ゲームに参加することを通してそのゲームのルールを理解するのであり，ゲームがスムースに進行している限りでルールを共有していると信じるのである．

ウィトゲンシュタインも，「ゲーム」という比喩を使って，言葉を使ってなされるわれわれの社会生活を「**言語ゲーム**」と呼んだ．「言語ゲーム」という観点から見ると，言語はわれわれの生きる世界をともに構成する要素として浮かび上がってくる．言語のなかで，言い換えれば言語ゲームに参加するなかで，われわれの世界は構築され，また構築され続けるのである．

このように考えれば，人間だけに言語獲得を可能にしているあの〈何か〉を，チョムスキーのように「言語能力」として人間の内部におさめてしまうのではなく，言語ゲームという社会的条件のなかに見出すことも可能となるだろう．

メディアとしての言語

言語論的転回によって，言語は，事物や観念に付着する記号というよりは，事物と観念が相互浸透する場として現れる．これによって，言語は，メディ

アのなかのメディア，メディアの原型(プロトタイプ)となった．

「**メディア**」(メディウム medium の複数形だが，ここでは単数と複数をひっくるめて「メディア」と呼ぶことにする)という言葉は，現在では「マスメディア」の短縮形として，テレビ，新聞，雑誌などを指して使われることが多い．しかし遡れば古代ギリシアまで起源をたどれる言葉であり，〈中間にあって作用するもの〉を意味する．こうした意味でのメディアは，主に知覚論や自然学の文脈で使われてきた．事物と感覚器官の間にあって知覚を可能にする第三のもの(たとえば光)，物体と物体の間にあって力を伝える第三のもの(ニュートン以前の自然学が信じていた「エーテル」)，がメディアの典型であった．

ところが，19世紀以後，電気や磁気のような工学的に利用可能なものが，そうした〈第三のもの〉の典型として意識されるようになる．それとともに，メディアが語られる文脈も，知覚や自然現象の領域からコミュニケーションの領域へと移動する．電信や電話，後のラジオなどがそれである．こうした領域移動とともに，メディアは，あっても気づかれないような透明なものではなく，コミュニケーションのあり方を決定づける要因と見なされるようになった．

20世紀になると，メディア概念のこうした領域移動が，上に述べた言語論的転回と同期(シンクロ)していくことになる．言語論的転回によって，言語は，中間にありながらコミュニケーションのあり方を決定づける〈第三のもの〉として浮上するからである．上に見たように，言語において観念と事物とが浸透し合っているのだとすれば，言語は，一方で観念の世界を，他方で事物の世界を構築する力を持っているということになるだろう．20世紀のメディア論は，マスメディアを含めたメディアを，言語と同様のこうした性質と力を持ったものとして分析していった．こうして，言語はメディアのプロトタイプとして位置づけられることになるのである．

5 メディアとしての言語の教育への浸透

新教育

言語をメディアと捉える見方は，実はそれと意識されないままに教育の領

域にも浸透している．その端緒となったのは，19世紀末から20世紀初めにかけて顕著な現象となった**新教育**である（哲学の領域において言語論的転回が始まったのと同じ時期である）．今日ふつうに見られるような全員就学の学校制度は，欧米各国でも日本でも，19世紀後半に実現していった．新教育とは，そのように一般化した学校教育の現実に対する，批判と改革の理論的・実践的試みである．新教育の特徴のひとつは子どもの自発性の尊重にある．新教育は，子どもの**自発性**を抑圧する硬直した学校教育のあり方に対する批判の運動であるとともに，国家を自発的に支える主体的国民の形成，という時代の要請に応える教育改革の試みでもあった．

自由に書きたいことを書く

　言語について言えば，新教育はもはや言語を単なる記号として教えようとはしない．出発点にあるのは認識の法則でも記号の体系でもなく，個々の子どもの自発的な表現欲求である．言葉や文字はそれに形を与えるのである．

　このように言うと，あたかも表現欲求という言語以前の何かがまず存在し，言語はそれに形を与える記号であるかのように聞こえるかもしれない．実際，新教育を推進した当事者はまさにそのように〈言語＝記号〉観の枠内で事態を捉え，自分たちの試みを言語主義批判として理解した．日本でも，子どもとは無縁の決まり文句を子どもに押しつける作文訓練が大正期の新教育ではさかんに批判された．代って推奨されたのが，子ども自身にテーマを選ばせ自由に書かせる自由選題綴方（つづりかた）であった．

　しかしこれを言語主義批判としてのみ解釈するのは単純すぎる．「自由選題綴方」においては，「自由に書きたいことを書きなさい」と言うことでむしろ当の「書きたいこと」が引き出され，つまりは子どもの自発性そのものが教育的コントロールの範囲内に引き出されている．それは自発性の解放ではあるが，同時に自発性を挑発し自発性そのものを教育的にコントロール可能にする試みでもあった．言語は，子どもの自発性そのものを構築可能にするためのメディアとして投入されることになる．

読むことで国民を作る

　同様のことは「読み」の領域についても言うことができる．新教育の時代

は，「国語」の国民形成的な役割が自覚された時代でもある．1890年に開かれたプロイセン学校会議でヴィルヘルム2世が行った演説は有名である．「われわれはギムナジウムの基盤にドイツ語を据えなければならない．われわれが育成すべきは国民的な精神を持ったドイツ人の若者であって，ギリシア人やローマ人ではない．」このように述べて，それまでの古典語重視にかわる国語重視を打ち出したのであった．

言語が，「国民的(ナショナル)」な知覚様式や世界観を形成する手段として期待されているのである．これは国語教育にとどまらない．歴史であれ道徳であれ，国民形成を主要な目的として教科書が編纂され物語が選ばれるとき，しかも子どもの自発性の重視という教育的な配慮——無味乾燥でない，もっと子どもが夢中になるような物語を！——がそこに加われば加わるほど，言語は「国語」の場合と同様の国民統合のメディアとして機能する．

このような〈言語＝メディア〉観の教育的な利用は**プロパガンダ**（⇒3章）において極まる．プロパガンダにおいて，言語は，人びとの知覚する世界を，現実よりももっと現実的に構築可能にするメディアとして，意識的に投入されるのである．

以上のような〈言語＝メディア〉観の教育的な現象形態を，戦前の修身や歴史，あるいはナチス・ドイツのプロパガンダのような，過去のものだと考えてはならない．むしろ21世紀に入って国民的な物語への要請はますます強く，政治や広告におけるプロパガンダはますます強力かつ洗練された形で推進されていると言うべきであろう．言語は，新教育以後現在に至るまで，個々人の知覚と個々人に知覚される世界とが同時に構築可能になるメディアとして，教育のなかで強力に機能してきたのである．

現実探究のための言語

ただし，メディアとしての言語は，プロパガンダのような大衆操作の文脈でのみ浮上するわけではない．それは逆に子ども自身による現実探究という文脈で役立てられることもある．メディアとしての言語のこうした別の形での現れを，われわれはたとえば1930年代の日本で生まれた**生活綴方**に見ることができる．

新教育の成果を受けて，生活綴方は子どもたちの自由な表現を重視した

(⇒18章参照)．その意味では先に見た「自由選題綴方」と共通する部分を持つ．ただし，生活綴方においてめざされたのは，子どもたちが自分の内面を表現することではなく，「生活」という自分たちの現実を綴ることであった．綴ることを通して自分たちの現実を観察し探究することが子どもたちには求められた．しかも，「概念くだき」が生活綴方の目標として語られたように，ここでの現実の探究は，通念となっている慣習的・タテマエ的な言語使用の吟味と不可分に結合していた．言語における事物と観念の相互浸透が，教育の問題として，つまり，事物の世界・観念の世界を，言語のなかで子どもたち自身にいかに構築させていくか，という問題として，教育の対象とされている．このように，〈言語＝メディア〉観は，自発性の動員という方向にむしろ対抗する方向へと向かう可能性をも持っているのである．

この章のまとめ

　言語は，言葉を使うという普遍的レベルにおいても，リテラシーという限定された意味で言っても，人間的に生きるための基本的な条件となっている．にもかかわらず，教育に関する議論には言語敵視の傾向が強い．その背景には言語を事物や観念に付けられた記号と見る〈言語＝記号〉観がある．〈言語＝記号〉観においては，言語は観念を運搬するための包み紙にすぎず，教育において言語を重視することは，中味よりも包み紙を重視する本末転倒として，たやすく言語主義の嫌疑をかけられてしまう．

　しかし，言語論的転回とともに，言語をメディアとして捉える新しい言語観が現れてきた．この〈言語＝メディア〉観においては，言語は観念の世界・事物の世界が構築される場として捉えられる．新教育以後，教育にもこの〈言語＝メディア〉観が浸透し，読むこと・書くことを通して意図的に主体とその世界を構築するという試みがなされている．この試みは教育をプロパガンダに近づける危険性を持つ．同じく〈言語＝メディア〉観に立ちつつも，言語を主体構築のメディアとしてではなく，現実探究のメディアとして捉える方向で教育を捉えることが必要である．　　　　　　　（今井康雄）

▪ キーワード

　言語獲得／言語能力／リテラシー／識字／言語主義／言語ゲーム／メディ

ア／新教育／国語／自発性／プロパガンダ／生活綴方

ブックガイド

ボルノウ［ボルノー］（森田孝訳）『増補版 言語と教育——その人間学的考察』川島書店，1972年．
言語と教育の関係を理論的に考えようとした場合の，今なお最良の手引き．言語論的転回以後の哲学的状況を踏まえて，言語と教育の不可分の関係を徹底して考察している．

中内敏夫『生活綴方』国土社，1976年．
生活綴方という実践運動が含み持っていた教育理論を取り出そうとした試み．生活綴方を，「手習い」という伝統的な書くことによる教育の系譜に位置づける．

針生悦子編『言語心理学』朝倉書店，2006年．
言語への心理学的なアプローチを概説したバランスのとれた教科書．言語獲得理論などについての最新の研究水準を知ることができる．

参考文献

アウグスティヌス（1981）『アウグスティヌス教師論』石井次郎／三上茂訳，明治図書．
アリストテレス（1971）「命題論」山本光雄訳『アリストテレス全集』第1巻，岩波書店．
今井康雄（2004）『メディアの教育学——「教育」の再定義のために』東京大学出版会．
国立教育政策研究所編（2002）『生きるための知識と技能——OECD生徒の学習到達度調査（PISA）2000年調査国際結果報告書』ぎょうせい．
Chomsky, N.（1966）*Cartesian Linguistics : A Chapter in the History of Rationalist Thought*. Harper.（川本茂雄訳（1976）『デカルト派言語学——合理主義思想の歴史の一章』みすず書房）
McLuhan, M.（1964）*Understanding Media : The Extensions of Man*. New American Library.（栗原裕／河本仲聖訳（1987）『メディア論——人間の拡張の諸相』みすず書房）
Mersch, D.（2006）*Medientheorien zur Einführung*. Hamburg : Junius.
Nietzsche, F.（1988/1874）Unzeitgemässe Betrachtungen. Zweites Stück : Vom Nutzen und Nachteil der Historie für das Leben, in : *Kritische Studienausgabe*, Bd. 1.

Berlin/New York：de Gruyter, S. 243–334.（「反時代的考察　第2篇　生に対する歴史の功罪」大河内了義訳（1980）『ニーチェ全集』第1期第2巻，白水社，113-212頁）

Trabant, J.（2006）*Europäisches Sprachdenken : Von Platon bis Wittgenstein*. München：Beck.

Wittgenstein, L.（1984/1953）Philosophische Untersuchungen, in：*Werkausgabe*, Bd. 1. Frankfurt a. M.：Suhrkamp.（藤本隆志訳（1976）『哲学探究』大修館書店）

2章 知識——何のために求めるのか

1 「完全な無知」をたたえた時代

キリスト教の聖典である『聖書』(旧約) の最初に，次のように記されている．「神は，人を連れて来て，エデンの園に住み，そこを耕し守るように言われた．そして神は人に命じた．『園のすべての木からとって食べなさい．ただし，善悪の知識の木からは，けっして食べてならない．食べると，かならず死んでしまう』と」(Genesis [創世記] 2：15-17)．

現代では，知識をもつことは大切だと考えられているが，いつの時代でも，どこの文化でも，そうだったのではない．今，聖書を引用したように，キリスト教においては，人間が知識をもつこと（知識の樹の実を食べること）は罪であった．社会学者のルーマンも次のように述べている．「宗教 [＝キリスト教] にとって知識は傲慢であった．今もそうである．あるシステムのなかにいながら，そのシステムを観察する者は，今でも悪魔 [＝もっとも傲慢な存在] である」と (Luhmann, 1990：593)．

16世紀のヨーロッパでは，まさにルーマンのいうとおり，知識は傲慢を生みだす源であると見なされていた．1588年にフランスの思想家モンテーニュは，『聖書』の記述を念頭におきながら，次のように知識を批判している．「人間を害する病毒は，自分に知識があると思うことである」「知識と学問を増やそうとする考え方こそが，人類の破滅をもたらすのであり，そこから人類は，永遠の呪いの淵に陥ったのである．傲慢は人類の破滅であり堕落である」(Montaigne, 1922=1966, 3：100, 116)．

しかし，モンテーニュは，すべての知識を否定しているのではなかった．モンテーニュにとっては，ソクラテスのいう「無知の自覚」(**無知の知**) ではなく，「**完全な無知**」すなわち自分の無知の程度についても判断しえないという知識は，望ましいものだった．「ク・セ・ジュ？(que sais-je? 私は何を知っているのか)」という自問とともに，どこまでも自分・知識の正当性

を疑うことこそ,モンテーニュの知への態度だった.

　しかし,現代社会においては,キリスト教の戒めも,モンテーニュの懐疑の態度も,多くの人びとから遠い.現代社会の知識は,さまざまな人びとのさまざまな利害関心と一体化した「情報」と化す傾向がある.多くの人が自分の利害関心から自説を展開し,知識を集めている.知識は,今や「使い捨て」という様相すら,見せている (Bauman, 2004).

2　知識の精選化

情報化社会の知識

　「情報化社会」と呼ばれる現代社会においては,知識の範囲はますます広がり,その内容もますます細分化している.科学的な知識もあれば,迷信にすぎない知識もある.高尚な芸術にかんする知識もあれば,サブカルチャーにかんする知識もある.箸の使い方のような日常的な知識もあれば,脳外科手術のような専門的な知識もある.古代の哲学思想のような古い知識もあれば,ウェッブ情報のような最先端の知識もある.

　このような知識の増殖は,私たちの「現実感覚」にも影響している.世界は,五感の経験によって,はっきりと意識された現実となるが,現代社会のように,経験が言語をはじめとするメディアの記号に過剰にとりこまれている場合,現実(世界)は,いわば「軽くなる」傾向にある.記号が他の記号から差異化されつづけ,増殖していくからである.もちろん,記号を媒介としなければ,人は世界を知りえないが,その記号の向こうにむきだしの世界がほのかに見えているからこそ,記号は抑制され,現実も,いわば「重くなる」のである.

　現代社会のように,経験が記号に過剰にとりこまれている場合,身体さえも記号のように処遇されることがある.それは,身体が,意識・感覚をささえる統一的基体(おおもと)ではなく,象徴的な記号となる場合である.それは,いいかえるなら,身体が,人に見せるための,自分が満足するための,髪を染めたり,塗ったり,タトゥーを彫ったり,ピアスで引っ張ったりするファッションのキャンバスと化してしまう場合などである.

学校知

こうした情報化・記号化が進展するなか、学校において教えられる知識は選別され、国語、算数（数学）、などの「**教科**」という一応の枠に収められている（教科、カリキュラムについては、⇒4章）。幼稚園から大学にいたるまで、学校において教えられる知識は、しだいに幅広くなり、また高度になっていくが、いわゆる教科によって、その範囲が限定され、その内容も限定されている。

しかし、現代社会の知識は増える一方であるため、たえず学校で教科として教えられる知識（以下、**学校知**）を選びだす、つまり精選が問題となっている。そこで語られるものが、たとえば、アメリカの場合、偉大な古典としての「グレートブックス」の図書リスト、カリキュラムの「ナショナル・スタンダード」である。日本の文部科学省が周期的に改めている「学習指導要領」も、こうした学校で教えるべき知識を精選する規準である。

この世界にある知識全体から学校知を選びだすために、いくつかの規準が設けられている。その第一が「学術的真理性」である。学術研究者として公に認定されている人びとが「正当・真実・事実」と認めるものが、学術的な真理である。ただし、何が真理かをめぐって、学術研究者のあいだでも対立がある。日本の場合、そのひとつが「歴史教科書問題」であり、アメリカの場合、そのひとつが「進化論問題」（キリスト教保守主義の立場から進化論を教えない地域がある）である。

知識全体から学校知を選びだす第二の規準が「**社会的有用性**」である。すなわち、政治・経済・医療などの社会システムを稼働・発展させるもの、そしてそれによって個人が利益をえるものである。社会的有用性とは、1915年に『民主主義と教育』でデューイが提唱した概念である（Dewey, 1996, DE）。

学校知から排除される知

この学術的真理性と社会的有用性の2つの規準によって、学校知から多くの知識が排除されている。たとえば、「心霊現象」「超常現象」「宇宙人」などの非科学的なものは、学校知から排除されている。マンガ、アニメ、ゲームから詩吟、落語、謡曲にいたるまでの（広義の）「サブカルチャー」も、

多くの場合，学校知から排除されている．

　また，学校知を習得するうえで必要であるのに，学校知としては明示されていない知識がある．それは，いわゆる「**身体知**」や，ポランニーのいう「**暗黙知**」である（Polanyi, 1966＝2003）．具体的にいえば，それらは，ピアノの運指，自転車の乗り方，泳ぎ方，車幅感覚，顔の判別，幼児のしゃべり方などの「方法知」（ノウハウ）である．どれも言語化されにくいため，それらを伝える方法は基本的に実践的な訓練・経験である．

文化的再生産論

　学校知を精選選別する規準については，1970年代あたりから，厳しく批判されるようになった．その先鋒が「**文化的再生産論**」である（⇒19章参照）．文化的再生産論は，フランスのブルデュー，アメリカのアップルたちが，1980年代に展開しはじめた教育社会学理論である（Bourdieu, 1979＝1989/90; Bourdieu/Passeron, 1970; Apple 1993）．その基本的な主張は，学校教育が子どもに教える知識は，中立・客観の規準によって選ばれた知識ではなく，「上層階級」（upper class）の利益となる規準によって選ばれた知識である，そしてその結果，学校教育は，自由と平等というデモクラシーの基本理念に背反する機能を果たしている，というものである．

　文化的再生産論の基本命題は，次の4つに分けられる．

　第一に，学校知は，上層階級（エリート階層）がなじんでいる高尚な文化（ハイカルチャー）に親近的であること．ブルデューは，高尚な文化が，「経済資本」と同じ働きをすると考えて，「**文化資本**」と規定している．

　第二に，上層階級の子どもは，高尚な文化に属する知識にふれる機会が多いため，早くからその知識を習得していること．そのため，彼（女）らの学校の成績もよい．家庭で，たとえば，親がクラシックを聴いたり，みずから弾いたり，また古典文学に親しんだりするなら，子どもたちも，そうした文化資本を知らず知らずのうちに習得していく．

　第三に，「下層階級」（lower class）の子どもは，その知識にふれる機会が乏しいため，なかなかその知識を習得できないこと．そのため，彼（女）らの学校の成績もわるい．家庭で親は流行歌を聴くか，タブロイド紙を読むくらいで，高尚な文化から無縁なままの家庭に育った子どもは，なかなか高い

文化資本を身につけられない．

　第四に，学校は，子どもたちの学校知の習得量（所有量）を測るために試験・テストを行い，その成績で，カリキュラム選択を方向づけ，その選択が彼（女）らの人生の進路を方向づけていること．アメリカの場合，多くのハイスクールのコースは，進学コース/一般コース/職業コースの3つに分かれていて，それぞれのコースは，大学進学/カレッジ進学/就職または結婚に結びついている．これは「**トラッキング**」と呼ばれている．

　こうして，上層階級の地位・資本は，その子どもに継承されるが，下層階級の子どもは，上層階級の地位・資本に近づけなくなる．これは，**メリトクラシー**（業績・資格による地位・位置の配分原理．⇒19章）にもとづく「社会移動」が少ないことを意味し，「経済的・文化的な**格差**」が世代間にわたり再生産されることを意味している．

　こうした文化的再生産論のテーゼは，机上の空論ではない．すでに，日本をふくめ，アメリカ，イギリス，フランスなど，いくつかの先進国で統計的に実証されている．近年日本で問われている「格差拡大」も同じ事態を指している（Bowles/Gintis, 2002; 山田, 2004）．

　こうした文化的再生産論の学校知への批判は，学校知の重要な特徴であるが，学校知は，他にも重要な特徴をもっている．そのひとつは，学校知が私的所有物となることを運命づけられていることである．

3　私有財としての知識

私有財としての学校知

　試験・テストのときに，他の人に解き方を教わったり，他の人に答えを教えたりすることは，一般に**カンニング**（cunning/cheating　詐欺・狡猾・巧妙）と見なされ，道徳的に非難される．しかし，ふだんの授業で，友だちに解き方を教えたり，反対に答えを教わったりすることは，協同（助けあい・支えあい）のしるしとして高く評価される．

　アメリカの教育社会学者ドリーブンが述べているように，「カンニングの皮肉は，同じような行為が，べつの情況においては道徳的に受け容れられたり，ときに高く評価されたりすることである」．子どもが困っている友だち

を助けること，親が子どもを助けること，会社員が不慣れな新入社員に仕事を教えることは，賞讃に値する行為である．実際，学校において「カンニング」と呼ばれている活動の多くは，家庭でも友人間でもふつうに見られる支えあい，助けあいなのである（Dreeben, 1968：68）．

　この皮肉な事態を生みだしているものは，知識を私的所有財（以下，「私有財」）と見なす知識観である．試験・テストで測られるものは，私有財としての知識である．試験・テストでは，銀行口座の残高が問われるように，私有している知識の多寡が問われるのである．したがって，人にきくことも，カンニング・ペーパーを使うことも，私的に所有していない知識を借用し，私有しているかのように見せかける詐欺行為である．

　発達心理学者の浜田寿美男は，私有財としての知識観がバーチャリティ（疑似現実）を肥大化させる契機であると考えている．現代日本のような「テストクラシー［テストでメリトクラシーの経路・トラッキングが決まる社会．浜田の造語］の社会では，……能力や知識の所有そのものが自己目的になって，その多寡が競われ，結果として，学校そのものが巨大なバーチャリティにおおわれ」，さらにこの生活知より学校知を競う方がリアリティがあるというバーチャリティは，勉強すればいい学校知とはちがってなかなか自分の思い通りにいかないという「生活のリアリティ」を押しのけ，子どもたちが自立的に生きる力を奪ってしまう，と（浜田，2005：213）．

所有的個人主義

　こうした私有財としての知識観の背後には，いくつかの制度がひかえている．そのひとつは所有的個人主義である．所有的個人主義は，17世紀の自由論，とりわけロックの自由論に由来する考え方で，「個人は自己の身体と諸能力の所有者であるゆえに自由」であると考えることであり，また「人間の本質は他人の意志への依存からの自由である」と考えることである（Macpherson, 1962：3＝1980：18）．

　たとえば，ルソーが描く知識も，私有財としての知識である．ルソーの『エミールとソフィー』に描かれているように，大人になったエミールは，子どもを支配し統治するという課業をもっぱら担い，その妻ソフィーは，子どもを世話し配慮するという課業をもっぱら担っている．この2人は，それ

ぞれの仕事のための知識を伝えあったりしないし，それぞれの立場を入れかえたりもしない（Rousseau, 1969, ES）．

多元的カリキュラム批判

知識が私有財と見なされているかぎり，多元的カリキュラム（複線型コース）は，不平等を生みだす悪しき元凶と見なされる．多元的カリキュラムのもとでは，ある人は，地位・名声・財貨を手に入れるうえで必要な知識を所有できないカリキュラムを選択し，別の人は，地位・名声・財貨を手に入れるうえで必要な知識を所有できるカリキュラムを選択する，という不平等（格差）が生じうるからである（Martin, 1992＝2007）．

いいかえるなら，知識が私有財と見なされているかぎり，一元的カリキュラム（単線型コース）が要求され，能力指向（メリトクラシー），競争指向，同質指向が広まる．一元的カリキュラムとは，だれにとっても課題が同一であるようなカリキュラムである．そして，ここではその課題をいち早く達成した者が，よりすぐれた能力者である．利益は能力に応じて配分される．また，課題が同一であるかぎり，逸脱は許されない．変わったことをするだけで，いじめられるという風潮が，ここから生まれてくる（佐伯，1995：193 も参照）．

日本にも，西欧にも，「格差の拡大」を理由に，カリキュラムの多様化（多元化）に反対する人がいるが，そうした人は，問題の核心をとらえそこねている．問題は，知識を私有財と見なすことである．にもかかわらず，彼（女）ら自身が，この私有財知識観を前提にしている．問われるべきものは，この私有財知識観そのものである．

4 共用財としての知識

共用財

もしも知識を相互共用財（以下，「共用財」）と見なすならば，事態は一変するだろう．知識を相互に共用することは，人びとがそれぞれに知識を活用しあうことである．いいかえるなら，知識の相互共用は，自分の習得した知識を他者に贈りあうことである．

知識が相互に共用される場面は，たとえば，家庭のなかに見いだせる．親は，子どもに大切な知識を伝え，共用しようとする．それも何の見返りも求めずに．そして，子どもが成長し親が老いるとともに，親が子どもから教えられることもふえてくる．新しいテクノロジー，新しい生き方・考え方，そして子どもの親への想いなど．

学校のなかの協同

　学校のなかでも，知識が子どもたちのあいだで共用される場面を見いだすことができる．それは，たとえば，「地球の温暖化」という，大きくて切実な問題についてみんなで**協同的な学び**を行うときである．ある子どもは「大気汚染」のことを調べ，別の子どもは「森林破壊」のことを調べ，さらに別の子どもは「オゾン層」のことを調べる，というふうに，手分けしてこの問題にとりくみ，おたがいに知識をつたえあうときである．

　このように知識が共用される場合，子どもは，自分の学んだ知識を他の子どもに贈り，また他の子どもから別の知識を贈られる．知識は，たがいに贈りあう贈りもののように，子どもたちのあいだを循環する．また，子ども自身も，教室を動きまわり，他の子どもと意見を交わし助けあう．そうした助けあいは，けっしてカンニングではない．

メディアとしての知識

　こうしてみると，知識（学校知）は，共用財と見なされるときにはじめて，人と人とをつなぐ**メディア**（媒体）となるといえるだろう．学校では，教師と子ども，子どもと子どもとをつなぐメディアとなるといえるだろう．知識が共用財と見なされるとき，教師もまた，知識の所有者ではなくなる．すくなくとも，権威者としての威厳は失われる．

　これに対し，知識がたんに私有財と見なされるだけなら，知識は，人と物とをつなぐメディアとなることはあっても，人と人とをつなぐメディアとなることはないだろう．なぜなら，私有財としての知識は，人をふくめ，すべての事象を自分の視界のなかに物（客体）として位置づけ，共にすごし，共に生きるかけがえのない存在としての「**他者**」を見失わせるからである．

　もちろん，社会が所有的個人主義，メリトクラシーという制度を設けてい

るかぎり，知識を私有財と見なす知識観はなくなったりしないだろう．しかし同時に，社会が「配慮」(caring),「関心」(concern),「関与」(commitment) という3つのCの人間にとって枢要な営みを忘れないかぎり，知識を共用財と見なす意義も見失われることはないだろう（Martin 1992＝2007）．こうした3つのCは，人間の基本的な在りようを「共在」「共生」と見なしているからである．

5　知識と生きること

この章のまとめ——私有財と共有財

以上の考察をまとめておこう．情報化社会（知識社会）といわれる現代社会において，知識はたえず産出され，また消費されている．こうした現代社会においては，ソクラテスの「無知の自覚」（無知の知）にすら傲慢さを読みとるキリスト教的な謙虚さは，見いだしがたい．

こうした知識の肥大化のなかで，学校で教えられる知識は，たえず選別・精選されている．しかし，その学校知は，すくなくとも2つの大きな問題をはらんでいる．ひとつは，文化的再生産論が示したことで，学校知が社会の階級構造的な偏り（バイアス）を反映していることである．もうひとつは，カンニング論が暗示してきたことにより，学校知が共用財ではなく，私有財となることを運命づけられていることである．

メリトクラシー，所有的個人主義が強調される社会で，学校知が私有財から共用財に変わることは，期待しにくいだろう．人は，有用性を求め，ひと・ものを操作しようとすればするほど，他者・世界から分離され，孤立するからである．しかしそれでも，知識を人に伝えようとする人は，知識を求める人の素朴な心情を蔑ろにしてはならない．最後に，これに関連して，そもそもなぜ人は知識を求めるのか，その根本的な理由にふれておきたい．

課題——生きることによりそう知識へ

そもそも，なぜ人は知識を求めるのかと問うとき，すぐに思いつく答えは，何かの力を得るため，という答えである．たしかに，ヨーロッパでは「知は力なり」(Scientia potentia est) という格言が，古くから使われてきた．そ

して聖書にも，これと同じような言葉が記されている．「知恵ある人は大きな力をもち，知識ある人はその力を強める」と（箴言，24：5）．

しかし，子どもの成長過程に目を向けるなら，人が知識を求めるもっとも素朴な理由が見えてくる．それは，事象（ひと・もの・こと）の意味を把握し安心することである．意味把握は，自分と事象・他者の関係を描き，世界像を構築することである．この世界像の構築によって，人は何よりもまず安心を手に入れる．人は，事象の意味，他者の存在を知り，世界のなかに自分を位置づけることで，**不安**から逃れられる．

たとえば，人は暗闇を怖れるが，それは，暗闇に魔物・怪物が潜んでいるからというよりも，暗闇が意味不明だからである．どこからともなくする連続音に不安をかき立てられるのは，それが，意味不明な音だからである．いささか大仰な言い方をすれば，人が生きることは，知識の習得，意味の把握，安心の希求にひとしいのである．

知識と生きることの関係は，たとえていえば，音楽と音楽家の関係に似ている．音楽家が演奏しなければ，音楽は存在しない．音楽がなければ，音楽家は存在できない．同じように，人が生きていなければ，知識は存在しない．知識がなければ，人は生きられない．知識は，それを用いる人の生活，活動のなかに編み込まれている．いいかえるなら，知識は，それを理解し活用する人によって異なる意味をもつ．したがって，「知識という言葉の正確な意味について議論する必要はない」のである（Dewey, 1996, DE：365）．

現代社会では，知識は増殖する一方であるが，そうしたなかで，人が生きることに密着した知識がうすらいでいるのではないだろうか．生きることから無縁の知識が氾濫し，子どもたちを不安にさせていないだろうか．膨大な知識が生みだされ，ときに傲慢な思いが広がるこの世界で，私たちは子どもたちに対し，本当に生きることによりそう知識を提供しているのかと，たえず自問し懐疑しなければならないだろう．
　　　　　　　　　　　　　　　　　　　　　　　　　　　　（田中智志）

キーワード

情報／情報化社会／無知の知／教科／学校知／身体知・暗黙知／文化的再生産論／文化資本／トラッキング／メリトクラシー／格差／カンニング／私有財／共用財／不安

ブックガイド

ブルデュー（石井洋二郎訳）『ディスタンクシオン──社会的判断力批判』I・II，新評論，1989/90 年．
人の判断力は普遍的な内容をもつ理性にささえられているのではない，階級文化のような位階的に秩序づけられた文化に彩られているという．200 年前に書かれたカントの『判断力批判』への批判といえるだろう．

鷲田清一『〈想像〉のレッスン』NTT 出版，2005 年．
ここにあるものを手がかりに，ここにないものを想うことが，どんどん縮小されている．あふれる知識・情報を受け容れたり，はねつけたりするために必要なものが，見えないものを想う力であるという．

参考文献

大森荘蔵（1994）『知の構築とその呪縛』筑摩書房．
佐伯胖（1995）『「わかる」ということの意味』岩波書店．
浜田寿美男（1995）『意味から言葉へ──物語の生まれるまえに』ミネルヴァ書房．
浜田寿美男（2005）『子どものリアリティ 学校のバーチャリティ』岩波書店．
山田昌弘（2004）『希望格差社会』筑摩書房．
鷲田清一（2005）『〈想像〉のレッスン』NTT 出版．
Apple, M. W.（1993）*Official Knowledge : Democratic Education in a Conservative Age.* Routledge.（野崎与志子訳（2007）『オフィシャル・ノレッジ批判──保守復権の時代における民主主義教育』東信堂）
Aristotelis（1892）*Ethica Nircomachea.* Oxford University Press.（高田三郎訳（1971/73）『ニコマコス倫理学』上/下巻，岩波書店（文庫））
Bauman, Z.（2004）*Wasted Lives : Modernity and its Outcast.* Polity Press.（中島道男訳（2007）『廃棄された生』大月書店）
Bourdieu, P.（1979）*La Distinction : Critique Sociale du Jugement.* Paris：Éditions de Minuit.（石井洋二郎訳（1989/90）『ディスタンクシオン──社会的判断力批判』I・II，新評論）
Bourdieu, P. & Passeron, J.-C.（1970）*La Reproduction : Éléments pour une Théorie du Système d'Enseignement.* Paris：Éditions de Minuit.（宮島喬訳（1991）『再生産──教育・社会・文化』藤原書店）
Bowles, S. & Gintis, H.（2002）"Schooling in Capitalist America Revisited," *Sociology of Education,* 75(1)：1-18.

Dreeben, R.（1968）*On What is Learned in School.* Addison-Wesley.

Dewey, J.（1996）*The Collected Works of John Dewey, 1882-1953 : The Electronic Edition,* edited by Larry A. Hickman. InteLex Corporation.

DE＝*Democracy and Education*（1916 MW. 9）

Feyerabend, P. K.（1991）*Three Dialogues on Knowledge.* Basil Blackwell.（村上陽一郎訳（1993）『知とは何か――三つの対話』新曜社）

Gill, J. H.（1993）*Learning to Learn : Toward a Philosophy of Education.* Humanities Press.（田中昌弥/小玉重夫/小林大祐訳（2003）『学びへの学習――新しい教育哲学の試み』青木書店）

Luhmann, N.（1990）*Die Wissenschaft der Gesellschaft.* Frankfurt a. M. : Suhrkamp.

Macpherson, C. B.（1962）*The Political Theory of Possessive Individualism.* Oxford University Press.（藤野渉ほか訳（1980）『所有的個人主義の政治理論』合同出版）

Martin, J. R.（1992）*The Schoolhome : Rethinking Schools for Changing Families.* Harvard University Press.（生田久美子監訳（2007）『スクールホーム――ケアする学校』東京大学出版会）

Maturana, H. R. & Varela, F. J.（1987）*The Tree of Knowledge : The Biological Roots of Human Understanding.* New Science Library（Random House）.（管啓次郎訳（1987）『知恵の樹――生きている世界はどのようにして生まれるのか』朝日出版社）

Montaigne, M. de（1922）*Les Essais de Michel de Montaigne,* Pierr Villey ed. Paris : Felix Alcan.（原二郎訳（1966）『エセー』全6巻, 岩波書店（文庫））

Polanyi, M.（1966）*The Tacit Dimension.* Peter Smith.（高橋勇夫訳（2003）『暗黙知の次元』筑摩書房（文庫））

Rousseau, J.-J.（1969）*Œuvres Complètes de Jean Jacques Rousseau,* 5 tomes. Paris : Éditions Gallimard.

ES＝*Émile et Sophie, ou les Solitaires.* tome IV.

Stafford, B. M.（1999）*Visual Analogy : Consciousness as the Art of Connecting.* The MIT Press.（高山宏訳（2006）『ヴィジュアル・アナロジー――つなぐ技術としての人間意識』産業図書）

3章 美——美と教育の関係はどのように考えられてきたか

1 美は教育的か

ブッデンブローク家のハノー

『ブッデンブローク家の人々』は，1901年に発表されたトーマス・マン最初の長編小説である．北ドイツの町リューベックで穀物商会を営む豪商ブッデンブローク家の4代にわたる衰退の歴史が語られる．以下に示すのはその最終部の一節，ブッデンブローク家の家督を継ぐべき少年・ハノーの，家運衰退を象徴するようなエピソードである．

日曜日の夜，彼は家族とともにワーグナーの楽劇『ローエングリーン』を市立劇場で見，家に帰ってくる．その時——

> ハノーはすでにおなじみのあの虚脱感の発作に襲われた．美というものがいかに苦痛を与えるものか．美は，いかに深く恥辱の淵に，憧れにみちた絶望の淵に人を落ち込ませ，しかも日常生活への勇気と能力を蝕むか．ハノーはそれを再び感じとった．

『ローエングリーン』のことに気もそぞろでハノーは週末の宿題を後回しにしていたのだが，結局宿題は月曜日の朝に延期され，しかも，朝は朝でベッドから出るのを一時延ばししているうちに寝過ごし，遅刻寸前で，もちろん宿題には手もつけずに，ハノーは学校にかけ込むはめになる．この繊細すぎる少年はやがて夭折し，栄華を誇ったブッデンブローク家の家系にもピリオドが打たれることになる．

美の経験

冒頭にこのような例を出したのは，美は必ずしもふつうに考えられているような意味で「教育的」に働くわけではない，ということに注意してほしかったからである．

本書の読者の多くは，文学や音楽に感動し影響を与えられたという経験を

持っているだろう．その後の人生を決定づけるような影響を受けたという人さえ少なくないかもしれない．子どもたちが歌や絵による表現を好むこと，子どもの絵が大人を驚かせるような表現力に満ちていることは誰でも知っている．ピカソやクレーのような20世紀を代表する画家にとって，子どもの絵はイメージの源泉であり到達目標でさえあった．最近では芸術療法が注目を集めており，絵筆や楽器による自由な表現が精神的な困難の軽減に役立つということがあるらしい．

　こういった雑多な例を考えるだけでも，美や芸術が人間を高める働きをもっており，したがって教育のメディア（⇒1章，5章）として役立つことは自明のように思える．

美の曖昧さ
　しかし，なぜそうなのか，美的な感動はなぜ人間の形成に役立つのか，美的な表現はなぜ精神的困難の軽減に役立つのか，と聞かれれば答えは簡単ではない．いつもは頼もしい心理学も，この領域ではほとんど頼りにならない．この領域で使われる基本概念は，厳密な心理学実験に乗せるにはあまりに曖昧模糊としている．そもそも「美」とは何か，それに「感動する」とは何で，そのことが「人間形成」に「役立つ」とは何か——すべてにつかみどころがない．しかもこれは，たぶん美という事柄そのものに属しているような曖昧さなのだ．

　美にまつわる曖昧さの原因として，何を「美」と感じるかが歴史や文化に大きく左右されるということがある．今では多くの人を感嘆させるアルプスの山々は，かつては神に罰せられたとしか思えない荒涼とした醜い風景にすぎなかった．18世紀に人びとがそれを「美しい」「崇高だ」と感じるようになってはじめて，アルプスの山々は感嘆すべきものになったのである．

　上にも触れたように，今日のわれわれは子どもの絵の表現力に感心する．しかし，子どもの絵が，単なるヘタクソな絵でなく感嘆すべきものになったのは19世紀後半以降のことである．子どもの絵をはじめて明確に芸術として打ち出したのはイタリア人コラード・リッキの『子どもの芸術』（1887年）だと言われる．19世紀後半までは，明治時代の日本でも同様，「図画」と言えば手先の訓練のための手本の模写のことだったのである．

美の独特の作用

美やその教育的な意味について論じるときには，論じている対象そのものが，論じているわれわれ自身のものの見方・考え方に大きく左右されることになる．以下ではこの，ものの見方・考え方の側から問題に接近することにしたい．

冒頭のハノーの場合がその出発点になる．ハノーの場合，美は「日常生活への勇気と能力を蝕む」のであった．これは，美が独特の強力な作用を発揮するということを示している．知的なものとは異質なこうした作用のあり方が，美を教育的に利用しようとする際の重要な動機になってきた．以下では，美のこのような作用に注目した例，というより，西洋におけるその後のあらゆる同種の試みのプロトタイプとして，『国家』におけるプラトンの主張にまず目を向けよう．

2　教育のメディアとしての美——プラトンの場合

プラトンの大著『国家』（プラトン，1976）は，正義の理念にかなう理想的な国家のあり方を描き出した政治論であると同時に，理想国家を担う人間をいかに形成するかを論じた教育論でもある．『国家』の教育論において，美は重要な，しかし二面的な役割を演じる．第3巻では統治者の教育の手段として重視されている音楽・文芸，とくに詩が，第10巻では価値を剝奪され，詩人は国家から追放すべし，という詩人追放論が展開されるのである．まずこの詩人追放論から見ていこう．

美の有害性

詩や詩人が国家にとって害悪である理由は，プラトンによれば2つある．

ひとつは，詩が，絵画と同じように，知や技術を作り出すことのない「真似の術」だということである．画家は靴作りについて何も知らなくても靴の絵を描くことができる．それと同じように，詩人も，たとえば政治家としての気概も力量も持つことなしに，政治家の決断や苦悩などを言葉によって華麗に描くのである．

第2に，詩が真似るのは主に人間の悲しみや喜びなどの感情である．とこ

ろが，悲しみに耽ったり喜びに有頂天になったりする感情的部分こそ，知によってコントロールすべき人間の心の低劣な部分なのだ．こうして，詩人は，心のなかの低劣な部分を呼び覚まして育て，理知的な部分を滅ぼしてしまう．──冒頭のハノーの姿は，プラトンから見れば，この種の音楽・文芸(ムシケー)の作用を示す典型ということになるのだろう．

以上のようにプラトンは，今日のわれわれなら「美的」と呼ぶような経験を標的にして，教育的な見地からこれに徹底した攻撃を加えているのである．

美の有用性

とはいえ，上にも触れたとおり，『国家』の第3巻ではプラトンは音楽・文芸(ムシケー)の教育的価値を十分に認めている．リズムや調べに合わせて詩を朗誦することによって，知らず知らずのうちによい性質が作られるということがあるからである．リズムや調べに乗せて美醜の感覚・感情が魂のなかにしみ込む．しかも，この美醜に関する感覚・感情は，「理(ことわり)を把握することができない」うちに形成される．つまり，なぜかは分らないが醜いものは嫌だし，美しいものは楽しい，というような感覚・感情のあり方が作られる．

詩は，こうした知以前のレベルに働きかけるがゆえに教育的に有用なのである．知に先回りするその働きゆえに，美は教育的に見て極めて魅力的である．同時に，そのような働きゆえに，先に見たとおり危険視されることにもなる．

美による型の刻印/自発性の動員

美が良くも悪くも教育にとって重要な意味を持つ理由は，単に感覚・感情に働きかけるということだけではない．第3巻でプラトンは詩の教育的価値を認めるが，どんな詩でもよいと言っているのではない．第10巻の詩人追放論の伏線を敷くかのように，容認できるのはどのような詩であるかについて厳しい条件がつけられる．プラトンが推奨するのは，内容は様々に異なるとしても，国法に適うような一定の「型(テュポス)」を体現しているような詩であり，この型，つまり感覚・感情のパターンを，若者に刻印することが詩によって可能になると考えられている．

さらに，詩は受動的な刻印にとどまらず，若者の側からの自発的な**模倣**(ミメーシス)

を引き出すことができる．朗誦という行為がすでに自発性を要請しているとも言えるが，美が可能にするのはそれ以上のことだ．ちょうど恋愛と同じように，美はそこへと到達したいと人を熱望させるのである．プラトンにとって美は，型の刻印と自発性の調達という，一見矛盾する作用を同時に実現可能にしてくれる，卓越した教育のメディアであった．

3　美の自律化

プラトンの主張は，美や芸術の教育的意味を**情操教育**に見るという，今日なお根強い考え方の原型になっている．特定の国家目的に向けて人々を〈その気にさせる〉ために美を利用する試みは現代のプロパガンダ（⇒1章）を先取りしているが，そうした利用に対する批判も抜かりなく含む．2000年以上前に書かれたものであるにもかかわらず，その主張は，現在のわれわれが美と教育の問題を考えようとする場合の座標軸になる．

美は手段なのか
とはいえ，プラトンの主張のなかには，今日から見てとうてい受け入れがたいと思われる部分も多い．詩人追放論はその最たるものであるが，その前提になっている音楽・文芸——今日のわれわれなら「芸術」と呼ぶもの——の捉え方も，今日から見ると明らかに狭すぎる．芸術は良くも悪くも手段，しかも芸術の外部に設定された国家目的に奉仕する手段，としてしか考えられていない．

これに対して，美と教育に関する近代以後の議論は，美や芸術の非道具性を前提にしてきた．教育用にあつらえた芸術など，はたして芸術の名に値するのだろうか．そのようなまがいものは，かえって本物の芸術が持つ教育的作用を台無しにしてしまうのではないか．——このように，近代の美的人間形成論は，美や芸術が，自己目的的であることによってこそ教育的な作用を持つと主張した．

美を判定するテイスト（趣味）
こうした変化の前提には，美が近代に入って自律化し，同時に主観化され

たということがある．ルネサンス以降，芸術家たちは，美の領域が宗教や道徳を絵解きする単なる道具ではなく固有の価値を持つのだということを，彼らの作品そのものを通して主張するようになる．そして，そうした美の領域の自律性は，美についての判断が，真理や正義のような客観的規準を要求される領域とは違って，主観的な規準による他ないという点に求められるようになる．

ものの美醜を直感的に判定する能力を「趣味（テイスト）」と呼ぶが（「ご趣味は？」「読書です」というときの趣味ではなく，「あのネクタイ，趣味がいいね」というときの趣味である），美の起源は，ものの側ではなく，この趣味のような，ものの美醜の判定に特化した主観の側の能力に求められるのである．しかし，単に趣味の洗練のためということであれば，美は教育上望ましいものではあっても万人に必要不可欠ということにはなるまい．

単なる趣味の洗練といった域をこえて，美に関わる主観の側の要件が人間を形成する上で中心的な意味を持つと主張したのが，シラーの『美的教育に関する書簡』（1792 年）に代表される美的人間形成論であった．この美的人間形成論が，われわれが美と教育の関係を考える際の，プラトンと並ぶもうひとつの原型となっている．

4　自律化した美，と教育――シラーの『美的教育に関する書簡』

『美的教育に関する書簡』（Schiller, 2005/1977）で，シラーは，カントの『判断力批判』（1790 年，Kant, 1968/1965）を前提にしつつ，カントが決して踏み出そうとしなかった一歩を踏み出した．美や芸術が人間を道徳的に高める働きを持つ，と主張したのである．

感覚の喜びと道徳の強制

シラーはまず，カントのいう「感性界」と「道徳界」に対応する形で，人間のなかに「**感性衝動**」と「**形式衝動**」を想定する．個々人の欲望や願望を充たそうとするのが感性衝動であるのに対して，普遍的な規則に従おうとする方向に人間を動かすのが形式衝動である．

この形式衝動によって人間は道徳的存在になるのだから，形式衝動によっ

て感性衝動をいかに抑えるかが教育の問題であるようにも思える．ところがシラーはそう考えない．感性衝動は人間の自然な欲求であり内なる自然の声である．これを形式衝動で抑圧するだけであれば，人間は感性と理性，欲望と義務に引き裂かれたままにとどまる．そのように分裂した人間はシラーにとって目標像とはなりえない．

　この両者，感性衝動と形式衝動を，調停する力を持つのが美なのである．というのも，美が求めるのは，欲望・願望（生命）の発散でも，道徳的規範（形式）の絵解きでもなく，「生きた形態」なのだから．このため，われわれはそこに形式を直接感じ取ることができる．美において人は感性的な満足を得るが（音楽は耳を楽しませ，絵画は目を楽しませるのである），この場合の感性的満足は，音や色という素材そのものではなく，素材が作り出す形式（メロディーという形式，色彩の調和という形式）に起因する．形式に関する感性的満足という形で，美のなかでは感性衝動と形式衝動が調停されている．

遊戯衝動

　こうして，「感性的状態」から「道徳的状態」へと向かう途上の中間状態として「美的状態」が想定され，この美的状態へと人を導き入れることが教育の中心的な課題となる．美的状態において，人は感性衝動を無理やり抑えることなしに（道徳的）形式を受け入れられるようになっているはずなのだから．

　しかも，この美的状態へと導く原動力が人間には備わっている．美へと人を向わせるこの原動力をシラーは「**遊戯衝動**」と名づけた．**遊び**は人が日常生活を離れて強制なしに楽しむ活動であるが，そこには自ずとルールが生まれる．それは「生きた形態」の典型なのである．シラーはこの遊ぶということに人間の最も人間的な特質を見た．だからシラーによれば，「人間は言葉の完全な意味で人間であるときにのみ遊ぶのであり，遊ぶときにのみ全き人間である」ということになる（第15書簡）．

美と芸術だけができること

　「遊戯衝動」を土台としつつ，現実に人を「美的状態」へと導いていくの

が芸術である．シラーは芸術をそのための「手段」と呼ぶが，プラトンの場合と違って，芸術は道徳のための手段なのではない．求められているのは美的状態を実現すること，つまり芸術がそれ固有の目的を充足させることなのである．

　この芸術固有の目的を，シラーは美的仮象の創出に見た．**仮象**とは，想像力が作り出す見かけの世界である．仮象は，それが学問的真理や道徳的正義への要求をきっぱり断念することによって美への可能性を得る．真理や正義といった現実的要求に従っていたのでは遊戯衝動を満たすことはできない．現実に対する要求を免れた美的仮象の世界のなかで，人は遊戯衝動を充足させ，そのことを通して，道徳的規範を無理なく受容できるような美的状態へと導かれる．──美や芸術が人間を高めるとは，シラー的に言えばこういうことなのだ．

　シラーの美的教育の構想は，文化諸領域──真理にかかわる学問/正義にかかわる道徳・法/美にかかわる芸術──の自律化という近代社会の趨勢に沿う形で，自律化した美と芸術の世界そのものに教育的な意味を見出そうとする試みであった．シラーの構想は美や芸術を教育に組み込もうとするその後の試みに多くのインスピレーションを与えてきた．特に「遊び」の評価や位置づけは画期的である．

　しかし，自律化した美や芸術が，にもかかわらず道徳的状態を準備するというその想定は，魅力的ではあるがやはり楽観的すぎた．これは冒頭のあのハノーの例を思い浮かべれば納得されるに違いない．ハノーの例からは，19世紀末以後の美と教育の条件変化を読み取ることができるのだが，その問題に入る前に，これまで曖昧にしてきた用語上の区別をしておく必要がある．「美しいもの」と「美的なもの」の区別である．

5　「美しいもの」と「美的なもの」

別系統の語

　「美しいもの」と「美的なもの」とは，日本語の字面を見れば同語反復のように見えるかもしれないが，ヨーロッパ諸語ではこの両者はまったく別の系列の語である．英語に直せば，前者が the beautiful であるのに対して後

者は the aesthetic ということになる．『オックスフォード英語辞典』によると，beautiful には，形，色，その他の感覚を楽しませる性質において秀でており，賛美の念を引き起こす，というほどの意味がある．これまでこの章ではこちらの意味で「美」という言葉を使ってきた．

「美（beauty）」とは，感覚が引き起こす快の感情である．しかし，性欲や食欲を満たしたときの快感，あるいは旧友の顔を久しぶりに見たときの喜びを「美」とは呼べない．シラーも述べていたように，「美しいもの」においてわれわれはナマの素材ではなく，形式を直接知覚すると信じる．そしてこの形式の知覚という点で「美しいもの」と「美的なもの」は重なってくる．

「美的なもの」，つまり the aesthetic という言葉は，18 世紀ドイツの哲学者バウムガルテンが理性的認識から区別された感性的認識の学を構想し，これに「美学（Aesthetica）」という名を与えたことに始まる．Aesthetica 自体は，「感覚，知覚」を意味するギリシア語 aisthesis に由来する．

 形式を感じ取る

バウムガルテンの構想を支えていたのは，感覚は理性的認識のための単なる素材を提供するのではない，という考えであった．感性のレベルですでにわれわれは認識や判断を——たとえば先に触れた「趣味(テイスト)」によって——行っており，ナマの素材を受け入れるだけでなくそこに何らかの形式を見て取っている．そうした感性のレベルにおいて認識される形式の典型が「美」なのである．「美的なもの」を，こうした感性のレベルで認識される形式として理解することができる．「美」はその典型であり核心であるが，「美的なもの」はそれよりも範囲が広い．「美」とならぶ「美的なもの」のカテゴリーとして，「崇高」「滑稽」，さらには「美」の反対物である「醜」などを挙げることができる（図1）．

「美的なもの」は，「美しいもの」を含むより広い概念として捉えることができる．19 世紀末以後，芸術の焦点は「美しいもの」からそれ以外の「美的なもの」へと移行し，他方で日常生活にはますます「美しいもの」が浸透していくことになる．

3章 美——美と教育の関係はどのように考えられてきたか　　39

```
           ─── 美的なもの ───
    ╱                              ╲
   │    崇高      美        醜    │
   │              滑稽              │
    ╲                              ╱
           ─────────────
              図1
```

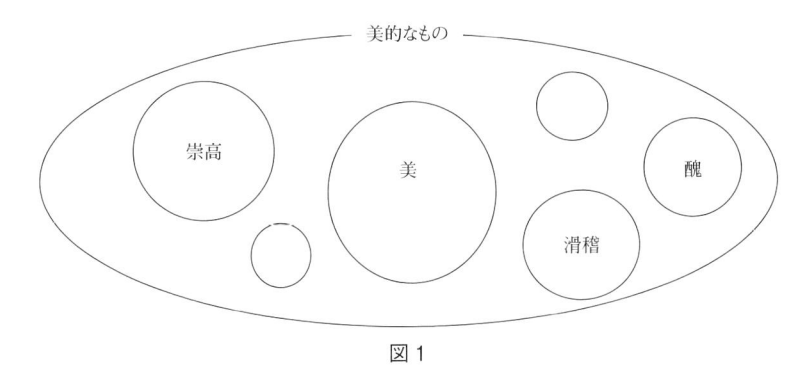

6　現実探究・現実構築の通路としての美

アヴァンギャルドの挑戦

　かつて芸術は「よき趣味」を体現していた．少なくともそれと何とか折り合っていた．芸術は，健全な家庭生活・堅実な職業生活を支え補完するはずであった．自律的な芸術が人間を道徳的に高めると考えたシラーの美的教育の構想は，そのことを前提にしている．ところが，19世紀末に登場した美的アヴァンギャルドは公然と「よき趣味」に反抗し，健全堅実な市民生活なるものの欺瞞性・偽善性を暴露することを芸術のひとつの使命とみなすようにさえなる．

　真・善・美ということがよく言われるが，「美」という価値の自律化がさらに進み，「真」や「善」という価値と対立するまでになったのである．美が，シラーの考えたような「仮象」の世界にもはや満足せず，生活全体を律する原理の地位を要求し始めた，とも言える．ハノーという人物像は，市民文化に対する美的アヴァンギャルドのこうした反乱を先取りしていた．

　ハノーが心酔したワーグナーは，芸術的アヴァンギャルドの重要な先駆けのひとりである．20世紀に入ると，アヴァンギャルド的な芸術が本格的に展開されるようになる．最も有名な例は，大量生産品のありふれた便器に署名し「泉」と題して美術展に出陳したマルセル・デュシャンの場合であろう（1917年）．それは，〈もはや美しくない芸術〉の代表である．逆にこうした

「悪趣味」が現代的な知覚様式を作り出したという側面もある．「泉」は無理でも抽象絵画なら，今では格好の装飾品としてホテルのロビーにおさまるのである．ここには，芸術が「美的なもの」のレベルに訴えてわれわれの知覚を変化させ，変化した知覚がさらに新しい「美しいもの」を発見していくというダイナミズムが見られる．

バウハウスの教育

美は，一方で道徳的価値から離反し，他方で日常生活に浸透していく．こうした現代的状況のなかで，美と教育の関係はどう変化するのだろうか．ここでは，20世紀の美的アヴァンギャルドのなかでも，現代的な知覚様式の創出という点で傑出した位置を占める建築学校・**バウハウス**に注目してみたい．

バウハウスの存続期間はほぼワイマール共和国（1919-33年）の時代に重なる．1919年に建築家のグロピウスによって国立の専門学校として創設され，1932年にはナチスの勢力伸張に伴って閉校に追い込まれた．この短い期間に，バウハウスは，建築はもとより，写真，レタリング，家具，食器，壁紙など，工業デザインの領域を含んだ造形上の実験を行い，現代的な美意識の形成に大きな影響を与えた．

バウハウスの教育のなかには，美と教育の関係についての，古典的な美的人間形成論とは異質な新たな構想を読み取ることができる．美的なものを，真理や正義から切り離された趣味と感情の領域に限定するのではなく，現実を探究し構築するひとつの通路として捉えるという構想である．

感覚を解放するために

バウハウスに入学した学生たちにまず求められたのは，因習的な知覚様式（言い換えれば「よき趣味」）からの解放であり，そのためにバウハウスの教師たちは様々な課題を工夫した．学生たちはたとえば，円・正方形・正三角形という単純な形のみで造形作品を作ること，ザラザラ，ツルツル，デコボコといった様々な触覚を視覚的に表現すること，「バランス」を立体作品に表現すること，対象ではなく対象に関する自らの知覚を造形すること，等々が求められた．こうした課題において一貫してテーマになっているのは人間

の知覚様式である．

　知覚は人間と世界の接触面をなす．具体的な課題との取り組みによって，学生たちは人間と世界との接面の成り立ちを，その最も要素的な場面に遡って探究していたのである．たとえば，ある部屋が〈心地よい緊張感〉を与え，ある色面が〈複雑なリズム〉を感じさせ，あるレイアウトの〈内容が頭に入りやすい〉とすると，それはなぜか．これは先に挙げた課題に比べて格段に複雑ではあるが，やはり知覚のメカニズムへの問いである．

人間と世界の接面を探る

　バウハウスは，こうした知覚のメカニズムを，造形という芸術的な道筋を通して探究した．この探究は，造形を手段にしているという点で，また科学が真剣に扱ってこなかった二次性質（色，手触り，与える印象など，重さや容積と違って主観に左右されると考えられた物体の性質）に焦点を合わせている点で，科学的探究とは明らかに異なっている．しかしそれが現実に関する探究であることに変りはない．バウハウスは美的なもの（the aesthetic）の原義である知覚（aisthesis）にまで遡ることで，旧来の「美」や「趣味」をご破算にし，世界との接触面を新たに組み立て直す道筋を探究していったのである．

　美的なものを通路にしたこうした現実探究は，バウハウスにおいては現実構築のプロジェクトと不可分に結びついていた．バウハウスからは，「モダン」な建築のモデルとなる装飾を廃した建築空間やスチールパイプを使った機能的な家具が生み出されたが，その背後には，機械生産との融合によって美を万人に解放するという目論見があった．それは，一方では機械生産の時代にふさわしく――美は装飾にではなく機能にある――美の観念を一新し，他方では，この新たな意味での美を，機械生産によって万人に享受可能にしようとするものであった．

ナチスのプロパガンダ

　ところが，美的なものが現実構築の通路となるというこの20世紀的な状況は，バウハウスを廃校に追い込んだナチスの時代には別の顔を見せる．ナチスは映画やラジオなど当時のニューメディアを駆使して巧妙なプロパガン

ダを展開した．**プロパガンダ**においては，『意志の勝利』(1935年，ナチス党大会の記録映画)，『オリンピア』(1938年，ベルリン・オリンピックの記録映画) といった，レニ・リーフェンシュタールの記録映画に典型的に見られるように，美的なものが重要な役割を演じた．特定の知覚様式——美しく崇高なもの，輝かしく未来を約束するものとしてナチスが現れてくるようなものの見方・感じ方——が，映画を見ることを通して形成されるように，美的な技術が駆使される．しかも理想的な場合には，人はそうした知覚様式を押しつけられたとは感じず自ら望んで主体的に選び取ったと信じるのである．

　ここでは，われわれがプラトンの教育論に見た美の2つの作用——知覚レベルの刻印作用と自発性の動員——が，ナチズムへと人びとを動員するために利用されている．教育のメディアとしての美の機能が，真理や正義の基盤を掘り崩すような形で発揮されているのである．

プロパガンダに対抗するには

　このようなプロパガンダの現実に対して，シラー的な美の自律性に帰ることによって対抗することは難しいだろう．シラーにおいて，美と芸術の自律性は，それが真理や正義との関係を禁欲し「仮象の国」にとどまることと引き換えに確保された．したがってまた，美や芸術は現実世界とは区別された個々人の感覚・感情のレベルに作用するのであった．ところがプロパガンダは，まさにこの感覚・感情のレベルに作用することで知覚の様式を操作し，そのことを通して真理や正義の基盤を掘り崩そうとしているのである．プロパガンダの現実は，美が「仮象」などではなく，現実をともに構築していることを如実に示している．

　プロパガンダの場合，美の現実構築的な作用はその受容者に対して隠蔽されている．プロパガンダが構築する現実は，受容者に対して，現実そのものであるかのように，美はそれを感情面で彩る装飾でしかないかのように，提示される．「情操教育」のように美を感情の領域に閉じこめてしまうと，美は往々にしてプロパガンダ的な現実構築に加担する結果になる．「情操教育」とは逆に，美が現実を構築し探究する重要な通路になっているという認識から出発する必要がある．これは，美を，より広い概念である「美的なもの」の一部分として相対化して捉えるということでもある．そうすることで

はじめて，美は教育のメディアとしてポジティヴな作用を発揮できるであろう．

　この章のまとめ

　プラトンの教育論には，(a) 個々人の自発性を引き出しつつ，(b) 知覚や感情の一定のパターンを個々人に刻印するという，美が持つ独特の教育的作用についての認識が見られる．ただしそこでは，美は教育の道具として価値を認められていたにすぎない．これに対して，シラーに代表される近代の美的人間形成論は，美は独自の使命——仮象の創出——を追求することによってこそそれ本来の教育的作用を発揮できると考えた．しかし，このような考え方は，美の自律化をさらに徹底させた美的アヴァンギャルドの登場とともに妥当性を失う．現代においては，美の積極的意味は，プラトンとシラーに共通する情操教育的な枠組みでは捉えることができない．むしろ，バウハウスに典型的に見られるように，美を「美しいもの」に限定されない「美的なもの」という広い意味で捉え，美を現実探究のメディアとして捉えることが必要である．

（今井康雄）

> [!KEYWORDS]
> キーワード

模倣（ミメーシス）／情操教育／趣味（テイスト）／感性衝動・形式衝動・遊戯衝動／遊び／仮象／美しいものと美的なもの／アヴァンギャルド／バウハウス／プロパガンダ

> [!BOOKGUIDE]
> ブックガイド

佐藤学／今井康雄編『子どもたちの想像力を育む——アート教育の思想と実践』東京大学出版会, 2003年.
　教育研究者とアート教育の現場に携わる実践家の共同研究．美や芸術を，「美術」「音楽」といった枠にはめず，世界を探究し人との関係を築く「アート」として捉える理論・実践の多様な試みを集める.

モレンハウアー（真壁宏幹／今井康雄／野平慎二訳）『子どもは美をどう経験するか——美的人間形成の根本問題』玉川大学出版部, 2001年.
　造形と音楽，両方の領域で子どもたちに即興表現をしてもらい，そこから得られたデータをもとにして理論的考察を行う．美が持つ人間形成的意味

についての，現代におけるおそらく最も含蓄深い思考のひとつがここにある．

佐々木正人編『アート／表現する身体——アフォーダンスの現場』東京大学出版会，2006年．
アートが人間と世界の接触面の再構築であるということを，表現の現場に飛び込んで行った，マニアックなまでに微細なフィールドワークが実感させてくれる．演出家，落語家，指揮者など，一流の表現者と研究者たちとの興味深い討論も収録されている．

参考文献

関村誠（1997）『像とミーメーシス——プラトンからの美学』勁草書房．

プラトン「国家」藤沢令夫訳（1976）『プラトン全集』第11巻，岩波書店．

Böhme, G.（2001）*Aisthetik. Vorlesungen über Ästhetik als allgemeine Wahrnehmungslehre*. München：Fink.（井村彰／小川真人／阿部美由起／益田勇一訳（2005），『感覚学としての美学』勁草書房）

Havelock, E. A.（1963）*Preface to Plato*. Harvard University Press.（村岡晋一訳（1997）『プラトン序説』新書館）

Kant, I.（1968）Kritik der Urtheilskraft, in：*Kants Werke*, Bd. 5. Berlin：de Gruyter.（篠田英雄訳（1964）『判断力批判』上下，岩波文庫）

Mann, Th.（1990）*Buddenbrooks. Verfall einer Familie*（*Gesammelte Werke*, Bd. 1）. Frankfurt a. M.：Fischer.（森川俊夫訳（1972）『ブデンブローク家の人々』（トーマス・マン全集1），新潮社）

Mommsen, W. J.（1994）*Bürgerliche Kultur und künstlerische Avangarde 1870-1918. Kultur und Politik im deutschen Kaiserreich*. Frankfurt a. M.／Berlin.

Schiller, Fr.（2005）Über die ästhetische Erziehung des Menschen in einer Reihe von Briefen, in：*Sämtliche Werke*, Bd. 8. Berlin：Aufbau.（「人間の美的教育について」石原達二訳（1977）『美学芸術論集』冨山房百科文庫）

Wick, K. R.（1982）*Bauhaus Pädagogik*. Köln：DuMont.

4章 カリキュラム──どのように構成するべきか

1 カリキュラムの力

ヴィンヤード島

　アメリカ東部に位置するマサチューセッツ州ケープコッドの沖合に，マーサズ・ヴィンヤード（Martha's Vineyard）という島がある．この島は，夏のリゾート地として知られてきたが，その名は，1974年に映画監督のS.スピルバーグがこの島で『ジョーズ』（*Jaws*）を撮影したことでいっそう広まった．『ジョーズ』は，巨大な人食い鮫と人間の格闘を描いた最初の映画で，スピルバーグの名前を一躍高めた作品である．

　このヴィンヤード島は，また他のことでも有名である．それは，この島では19世紀から近年にいたるまで，生まれつき耳が聞こえない子どもが多く生まれてきたことである．この島を調査した人類学者グロースによれば，その出生比率は，アメリカ本土の36倍であった．しかし，奇妙なことに，この島の「ろう者」（deaf）は，自分たちを「ろう者」と認識してこなかった．この島の「ろう者」は，自分が「障害者」であり「健常者」から区別されている，と考えていなかったのである（Groce, 1985）．

　耳の聞こえる人も同じような認識をしていた．90歳のある女性は，アイゼイアとデヴィッドという2人の島民について，グロースに「共通点は何か」と訊かれ，「2人とも腕のいい漁師だった」と答えた．そして「彼らも耳が聞こえなかったのか」と問われてはじめて，「そうそう，いわれてみれば，そうでした」と答えている（Groce, 1985）．

カリキュラム内容としての手話

　ヴィンヤード島の「ろう者」は，耳の聞こえる人と同じように生活していた．彼（女）らは，漁業を営み，牧畜を営み，商店を営み，政治に参加し，地域活動に参画してきた．すくなくとも，そのうちのひとりはプロテスタン

トの牧師だった．なぜ，ヴィンヤード島の「ろう者」は，いわゆる「健常者」と同じように暮らすことができたのだろうか．

ヴィンヤード島の「ろう者」が「障害者」という自己認識をもたず，ふつうに社会生活をおくることができた理由は，たったひとつである．それは，耳の聞こえる人も聞こえない人も「手話」を学び，耳の聞こえない人とは「手話」で話したことである．つまり，この島の学校カリキュラムに「手話」が組み込まれていたことである（Groce, 1985）．

グロースは，この事例から引きだされる「もっとも重要な教訓は，コミュニティが障害者を受け容れる努力を惜しまなければ，障害者はコミュニティのふつうの構成者になれるということだ」と述べている（Groce, 1985：108）．たしかにそのとおりであるが，次のような教訓も引きだせる．カリキュラムによって人びとは支えあうようになれる，と．

しかし，現代の学校カリキュラムは，大きな問題をかかえている．ここでは，現代の学校カリキュラムの特徴を確認しながら，その根本的な問題を把握してみよう．

2 カリキュラムとは何か

カリキュラムの定義

今でも英語で「履歴書」のことを curriculum vitae（「人生行程」「人生遍歴」）というように，curriculum は，もともと「行程」を意味するラテン語である．この原義にそって考えるなら，学習場面のカリキュラムは学習者の行程である．しかし，一般には，カリキュラムは，学習者の行程ではなく，教育者が一定の規準によって編成した「**学校知**」（スクール・ナレッジ．おもに教科書に記載されている知識．⇒2章）を意味している．

このカリキュラムを編成する主要な規準は，教育目的と編成原理である．たとえば，教育目的が「医師の養成」であれば，カリキュラムは医学中心になり，教育目的が「教師の養成」であれば，カリキュラムは教育学中心になる．編成原理が「子どものニーズ」であれば，カリキュラムは「**子ども中心カリキュラム**」になり，カリキュラムの編成原理が「学問の専門性」であれば，カリキュラムは「**学問中心カリキュラム**」になる．

4章　カリキュラム——どのように構成するべきか　　　47

　小学校から高校までの学校カリキュラムは，子どものニーズと学問の専門性のみならず，「教育の制度」によっても編成されている．「教育の制度」を象徴するものは，段階的かつ専門分化した「**教科**」であり，年齢段階と一致した「**学年**」である．どちらも，19世紀初期から20世紀初期にかけて歴史的に形成された「教育の制度」である（教科，カリキュラムについては⇒2章参照）．

　カリキュラムの編成原理は，これまでにもさまざまに議論されてきた．近年，アメリカ・ヨーロッパでは，「教科」の区分を再編成する動きが進んでいる（Benavot & Braslavsky, 2006）．その契機のひとつは，近年の認知科学の発達である．とりわけ，ハーヴァード大学のガードナーが提唱した「**多元知性**」論は，新しいカリキュラム編成の理論的基礎と見なされている．多元知性論は，人間の知性（intelligence，これまで「知能」と訳されてきた）は，「言語」「認知」に限定されるのではなく，より広範でより多元的であると主張し，「教科」に対応する主要なものとして「言語」「空間」「数理」「音楽」「身体運動」「内省」「社会」「自然生命」の8つを挙げている（Gardner, 1999; Armstrong, 1994）．

潜在的カリキュラム

　ところで，学校には，こうしたカリキュラム（「**顕在的なカリキュラム**」）とはいささか異なるカリキュラムがある．それは「**潜在的（隠れた）カリキュラム**」（hidden curriculum）である（Lynch, 1989; Giroux, 1981）．潜在的カリキュラムは，意図的に編成された教育内容を意味しているのではない．それは，意図的な教育を超える教育効果を生みだしているときに，その非意図的な教育効果を生みだしている何かである．

　いいかえるなら，潜在的カリキュラムは，学校のなかで子どもが自分なりに「**生の技法**」を学ぶとき，その契機となるものである．たとえば，受験勉強を強いられている子どもは，この社会を「厳しい競争社会」とイメージし，自分を「生き残りをかけた受験生」とイメージし，課題を熱心にこなす（というそぶりを見せる），という「生の技法」を身につけるだろう．この「生の技法」を生みだすもの，たとえば，教師や親の言葉・態度，友人の言葉・態度のすべてが，彼の潜在的カリキュラムである．

ちなみに、もっとも早く潜在的カリキュラムを論じた人は、アメリカの教育学者ジャクソンである。彼は、教育は、教師が意図どおりの効果を生みだす過程ではなく、教師の意図していない効果が生まれる過程であると論じ、この非意図的な教育効果が現れる過程を「社会化過程」と呼び、その契機を潜在的カリキュラムと呼んだ（Jackson, 1990/1968：10-33）。

3 子どもとカリキュラム

学校のバーチャリティ

このような特徴をもつ学校のカリキュラムは、ひとつの根本的な問題をかかえている。それは、学校のカリキュラムが子どもの日常生活からずれてしまうという問題である。それは、教科書の内容が、自分の生活に直接に役立つものではなく、学校でいい成績をとるときに役立つにすぎないと、子どもたちが感じることである。

学校のカリキュラムが子どもの日常生活からずれているとき、学校は、浜田寿美男がいうように、「バーチャリティ（仮想現実）」になってしまう（浜田、2005：212. ⇒2章）。事実、カリキュラムは、知識の一般性、体系性、形式性を重視するため、現実から遊離するきらいがある。教科書にのっている例題は、しばしば現実に問われる問題ではない。

しかし、学校のバーチャリティはしばしば教師の決まり文句で隠されてしまう。たとえば、教育者は「数学ができないと、困りますよ」「英語ができないと、困りますよ」という。しかし、この決まり文句の「困る」は、日常生活を営むうえで「困る」という意味ではなく、学校のなかでうまくやろうとすると「困る」という意味である。

子どもの生（世界）

バーチャリティ問題は、現代日本の学校カリキュラムだけでなく、近代西欧社会の学校カリキュラム全体がかかえてきた問題である（Apple, 1979）。たとえば、すでに100年以上前にアメリカの教育学者デューイは、『子どもとカリキュラム』という本で、カリキュラムと「子どもの生」とのずれという問題をとりあげている（Dewy, 1996, CC, SS）。

デューイによれば，子どもの生きている世界は，3つの特徴をもっている．視界が狭いこと，完結的であること，関係性に満ちていることである．

第一に，子どもは，「大人に比べて狭い世界」を生きている．「子どもの生きている世界は，[大人が知っている] 事実・法則から構成されている世界ではなく，それぞれの個人的な興味関心から構成されている世界である」(Dewey, 1996, CC, MW. 2：274＝1998：263)．

第二に，子どもは，完結的な世界を生きている．「子どもの生は，統合された，完結した生である．子どもの生きているこの一つの宇宙は，移ろいやすく流動的である．その宇宙の内容は，驚くべき速さで解体され，またすぐに再構築される．この宇宙全体が子ども自身の生きる世界にほかならない．この子どもの世界は，……それ自体で完結している」(Dewey, 1996, CC, MW. 2：274＝1998：265)．

第三に，子どもは，他者との関係性に満ちた世界を生きている．事象は，子どもの幸福，家族・友人の幸福に直接・密接・明確に結びついてはじめて，子どものなかに定着する．子どもにとって自分のなじんでいる生活世界から無縁なものは，いわば見えないし聞こえないのである．「子どもにとって現実を知ることは，外界の事実に従属することではない．それは他者への愛着と共感と一体である」(Dewey, 1996, CC, MW. 2：274＝1998：263, 264)．

カリキュラムの世界

デューイにしたがえば，カリキュラムによって描きだされる世界は，子どもの生きる世界と対照的な3つの特徴をもっている．一般性，専門的分化，論理的形式化である．

第一に，カリキュラムの内容は「一般的」である．教材の通用する範囲は，個人の経験を超えて「時間的にも空間的にも際限なく拡大されていく」(Dewey, 1996, CC, MW. 2：275＝1998：265)．いいかえるなら，カリキュラムの内容は，子ども一人ひとりにとっての意味ではなく，いつでも・どこでも通用する「一般性」を要求されている．たとえば，算数・理科は，世界中どこでも通用するといういみで，高度に一般的である．

第二に，カリキュラムは「専門的に分化」している (Dewey, 1996, CC, MW. 2：276＝1998：266)．いいかえるなら，カリキュラムの内容は「教科」として

体系的に区別されている．国語・算数・理科・社会といった教科は，それぞれの特徴的な体系にそくして構築されている．

第三に，カリキュラムは「論理的に形式化」されている（Dewey, 1996, CC, MW. 2 : 276 = 1998 : 267）．いいかえるなら，カリキュラムの内容は「科学的ルールによって秩序化」されている．たとえば，国語には，「文法」という国語学のルールが反映されているし，算数には，「公式」という数学のルールが反映されている．各教科の内容は，それぞれの科学に特徴的な秩序化の産物であり，個々の子どもの固有な経験の産物ではない．

子どもの生とカリキュラムの対立

こうしたカリキュラムの特徴は，子どもの生と対立している．第一に，カリキュラムの「一般性」は，子どもの「相対的に狭い世界」と対立している．第二に，カリキュラムの「意味世界的な区別」は，子どもの「完結的な世界」と対立している．第三に，カリキュラムの「論理的な形式化」は，子どもの世界を彩る関係性と対立している．

こうしたカリキュラムと子どもの生との対立関係は，1900年代のアメリカの進歩主義教育批判に見られるように，しばしば深刻な問題として語られてきた．19世紀の教育方法のように，子どもの生よりもカリキュラムが強調される場合，「興味」よりも「規律」が強調され，「自由と自発」よりも「指導と統制」が強調され，「変化と進歩」よりも「伝統と継承」が強調される．反対に，進歩主義教育のように，カリキュラムよりも子どもの生が強調される場合，これらの強調点がすべて逆転する．

4　子どもとカリキュラムのインターフェイス

経験の成果と成長の経験

しかし，子どもの生とカリキュラムとの対立を強調するよりも，その連関をはかるべきである．子どもの生とカリキュラムは，ひとつの過程に位置づけられるからである．ある直線が2つの点によって確定されるように，子どもが現在いる地点と，教科の知識の位置する地点とが，子どもの学習を確定していく．つまり，子どもが現在の知識から教科の知識にいたることが，学

習の道筋である (Dewey, 1996, CC, MW. 2 : 278 = 1998 : 273).

いわば，カリキュラムは「論理的な経験」であり，子どもの生は「心理的な経験」である．「心理的な経験」は「探検家が自分の行く道を見いだし，道しるべをつけ，新天地にいたるときに記した覚書」であり，「論理的な経験」は「その土地が完全に調査されたあとで計画され，仕上げられた地図」である (Dewey, 1996, CC, MW. 2 : 283 = 1998 : 285).

そして，「心理的な経験」は「論理的な経験」の構築に欠かせない．未踏の土地を行く探検家は，偶然に見つけた狭い道をたどっていく．その道はまがりくねり，遠まわりである．しかし，探検家がそんな狭い道をたどるからこそ，のちに精確で有益な地図をつくることができる．地図とは，必要なものだけを配列したものである．

また，「論理的な経験」は，「心理的な経験」の効率化（省力化）に欠かせない．はじめての旅行者にとって，地図は，目的地にもっとも速やかに確実に到達する道を教えてくれるガイドブックである．地図があれば，はじめての旅行者も，道に迷わずにすむ．つまり，余計な労力を使わずにすむ．同じように，カリキュラムは，初学者である子どもにとっての地図であり，余計な「心理的な経験」を省かせるものである．

インターフェイスというメディア

子どもの生とカリキュラムとをつなぐために必要なものが「インターフェイス」である．カリキュラムは，子どもの経験の外部に位置している．いいかえるなら，カリキュラムは，それぞれの子どもがなじんでいる個体的・完結的・情緒的な世界から乖離している．インターフェイスは，この2つの乖離をつなぐメディア（⇒5章）である．

デューイにとって，カリキュラムと子どもの生活世界との乖離をつなぐメディアとは，「教材に生き生きとした個人的な経験をふくめる」という営みそのものである．「[教材の語る] 事実を，子どもの生においてすでに有意味な位置を占めている何かに結びつけること」である (Dewey, 1996, CC, MW. 2 : 286, 287 = 1998 : 291, 293). それは，いいかえるなら，子どもがよく知っているもの（好きなもの）を教材に組み入れるという営みである．

しかし，子どものよく知っているものを教材に組み入れることは，つまら

ない教材を「おもしろいものに見せかける」ことではない．教材に子どもの「**注意関心**」を向けさせることである（Dewey, 1996, CC, MW. 2：289＝1998：300-301）．もちろん，何が子どもの注意関心を生みだす教材なのか，一般論として語ることはできない．教師は，子ども一人ひとりについて，しかもその時どきに，ふさわしい教材を見つけなければならない．

学びの経験としてのカリキュラム

近年，こうしたデューイのカリキュラム論を踏まえて，教育学者の佐藤学は，斬新なカリキュラム概念を提唱している．それは，カリキュラムを子どもの「学びの総体」と定義しなおすことである．彼は，「**学び**とは，対象世界の意味と関わりの編み直し（認知的・文化的実践），他者との関わりの編み直し（社会的・政治的実践），自己の内的世界の編み直し（倫理的・実存的実践）を遂行する活動」であると述べ，「この三つの次元にわたる学びの総体がカリキュラムと呼ばれる」と述べている（佐藤，1998：212；2000：126）．

こうした，子どもの学びに定位したカリキュラム概念は，従来の教える側に傾いたカリキュラム概念を根底から否定し，学ぶ側に立っている．この「学びの経験としてのカリキュラム」の場合，子どもの学びの歩みそのものがカリキュラムである．一般的で専門的で論理的な知識の体系が否定されているのではない．そうした知識を吸収しつつも，子ども一人ひとりの経験が不断に更新される道行きそのものがカリキュラムである．

カリキュラムが教育課程のカリキュラムから学びのカリキュラムに変わるなら，教育実践も大きく変わる．単元は「目標・達成・評価」からなる階段型から，「主題・探究・表現」からなる登山型へ変わる．授業は，教師が子どもに大量の知識・技能を効率的に伝達するものから，教師が定めた主題について子どもたちが多様なアプローチで活動的・協同的に探究し，その成果を表現し共有するものへと変わる（佐藤，2000：130）．このカリキュラム概念が開く可能性は，きわめて大きい．

5　カリキュラムの運用

この章のまとめ

　一般にカリキュラムは，学習者の行程ではなく，教育者が一定の規準によって編成した「学校知」を意味している．この教育過程型のカリキュラムはしかし，ひとつの根本的な問題をかかえている．それは，カリキュラムが子どもの日常生活からずれてしまうことである．いいかえるなら，子どもたちが，教科書の内容は自分の生活に直接に役立つものではなく，学校でいい成績をとるときに役立つにすぎないと，感じてしまうことである．

　たしかに，教科書にのっている問題の多くは非現実的な問題である．これは，教科書の問題が教科書の知識を理解させるために作られているからである．いいかえるなら，個々の子どもたち一人ひとりの日常生活を営むために作られていないからである．

　その意味で，教育課程型のカリキュラムは，子どもの生と対立関係にある．教育課程型のカリキュラムは一般的・専門的・論理的という特徴をもつが，子どもの生は個体的・完結的・情緒的という特徴をもつからである．しかし，これらの差異を過大に問題視する必要はない．必要なことは，カリキュラムと子どもたち一人ひとりの生とをむすぶインターフェイスの充実である．インターフェイスは，教科書にのっている知識を，子ども一人ひとりが解きたいと思う問題にくみかえるしかけである．

課題——運用されるカリキュラム

　冒頭で述べたように，カリキュラムは社会を変える力を秘めている．しかし，社会もカリキュラムを変える力を秘めている．むしろ，どんなに理想主義的なカリキュラムが提唱されようとも，実際の学校カリキュラムは，社会現実にそうものである．

　カリキュラムを子どもの学びの総体ととらえたとしても，実際に学校で見られるように，子ども・保護者が，受験勉強を人生のかかった重大事であると考えている場合，どんなに高名な教育学者が考案したカリキュラムでも，受験に役立たないと判断されるなら，無視される．子どもは，同じ教科書を

使いながらも，受験に必要な箇所を強調・拡充し，受験に不用な箇所をばっさり削除し，新しく合格中心カリキュラムを作りだす．

このようなカリキュラムの運用を決定するものは，子ども・保護者が抱いている「社会像」である．自分たちが今どんな社会に生きているのか，そのイメージである．もしも彼（女）らが，この社会は学歴・学力によって人生の「勝ち負け」が決まるメリトクラシー社会であると思っていれば，いわば「合格中心のカリキュラム」を求めるだろう．

学校カリキュラムをとりまく社会という環境は，カリキュラムの内実を具体的に規定する力をもっている．かつて「土に生きる人間の復権」をとなえ「生活綴方運動」（⇒1章）をおしすすめた教育者，国分一太郎は，晩年（1978年）に「学校教育は，広くゆがんだ世間がじわじわ形成しているものに，たしかに打ち負かされている」と慨嘆している（国分，1983, 3：381）．しかし，学校が社会の風潮に浸食されているという事実は，カリキュラムによって社会をよりよくしようという教育の挑戦を棄却するものではない．

（田中智志）

キーワード

学校知／子ども中心カリキュラム／教科／学問中心カリキュラム／顕在的なカリキュラム／潜在的カリキュラム／生の技法／社会化過程／バーチャリティ／デューイ／インターフェイス

ブックガイド

イリイチ（東洋・小澤周三訳）『脱学校の社会』東京創元社，1977年．
「学校化社会からの離脱」を訴える学校批判の古典である．学校が産出してきたものは有用性，定型性を求め，他律的に生きる生き方であるが，学校が共生の歓びに満ちるとき，社会も大きく変わるだろう，と示唆する．

ノディングズ（佐藤学監訳）『学校におけるケアの挑戦――もう一つの教育を求めて』ゆみる出版，2007年．
カリキュラムは，ケアを中心に根本的に変革されるべきである．たとえば，ふつうの生徒に数学者のような思考を強要すべきではない．彼（女）らなりの数学的な態度が形成されるだけで充分である，とノディングスはいう．

参考文献

上野千鶴子（2002）『サヨナラ，学校化社会』，太郎次郎社．

国分一太郎（1983-85）『国分一太郎文集』全10巻，新評論．

佐藤学（1990）『米国カリキュラム改造史研究——単元学習の創造』東京大学出版会．

佐藤学（1998）「学びの文化領域」佐伯胖ほか編『岩波講座 現代の教育3——授業と学習の転換』岩波書店．

佐藤学（2000）『授業を変える 学校が変わる』小学館．

浜田寿美男（2005）『子どものリアリティ 学校のバーチャリティ』岩波書店．

Apple, M. W.（1979）*Ideology and Curriculum*. Routledge & Keagan Paul.

Armstrong, T.（1994）*Multiple Intelligences in the Classroom*, 2nd ed. Association of Supervision and Curriculum Development.

Benavot, A. & Braslavsky, C., eds.（2006）*School Knowledge in Comparative and Historical Perspective : Changing Curricula in Primary and Secondary Education*. Springer Verlag.

Dewey, J.（1996）*The Collected Works of John Dewey, 1882-1953 : The Electronic Edition*, edited by Larry A. Hickman. InteLex Corporation.

  SS = The School and Society（rev. ed., 1915 MW. 1）= 市村尚久訳（1998）（「学校と社会」『学校と社会 子どもとカリキュラム』講談社（学術文庫）．

  CC = The Child and the Curriculum（1902 MW. 2）= 市村尚久訳（1998）「子どもとカリキュラム」『学校と社会 子どもとカリキュラム』講談社（学術文庫）．

  DE = Democracy and Education（1916 MW. 9）

Freire, P.（1998/1970）*Pedagogy of the Oppressed*. New Revised 20th-Anniversary ed. Continuum Publishing.

Gardner, H.（1999）*Intelligence Reframed : Multiple Intelligences for the 21st Century*. Basic Books.

Giroux, H.（1981）*Ideology, Culture and the Process of Schooling*. Temple University Press.

Groce, N. E.（1985）*Everyone Here Spoke Sign Language : Hereditary Deafness on Martha's Vineyard*. Harvard University Press.（佐野正信訳（1991）『みんなが手話を話した島』築地書店）

Illich, I.（1970）*Deschooling Society*. Harper & Row.（東洋・小澤周三訳（1977）『脱学校の社会』東京創元社）

Jackson, P. W.（1990/1968）*A Life in Classrooms*, reprint ed. Teachers College Press.

Lynch, K.（1989）*The Hidden Curriculum : Reproduction in Education, A Reappraisal*. The Falmer Press.

Martin, J. R.(1992)*The Schoolhome*. Harvard University Press.(生田久美子監訳(2006)『スクールホーム——〈ケア〉する学校』東京大学出版会)

Meyer, J. W. et al.(1992)*School Knowledge for the Masses : World Models and National Primary Curricular Categories in the Twentieth Century*. Falmer Press.

Noddings, N.(1992)*The Challenge to Care in Schools : An Alternative Approach to Education*. Teachers College Press.(佐藤学監訳(2007)『学校におけるケアの挑戦——もう一つの教育を求めて』ゆみる出版)

Pinar, W. F., Reynolds, W. M., Slattery, P., & Taubman, P. M.(1995)*Understanding Curriculum : An Introduction to the Study of Historical and Contemporary Curriculum Discourses*. Peter Lang.

Rousseau, J. J.(1959–69/1762)*Emile ou de l'education, in Œuvres complètes de Jean-Jaques Rousseau, vol. 4*. Paris : Gallimard.(今野一雄訳(1962)『エミール』(上・下)岩波書店)

Whitty, G.(1985)*Sociology and School Knowledge : Curriculum Theory, Research and Politics*. Routledge.

5章 メディア——教育をささえるもの

1 メディアの不安

荘子の夢・デカルトの夢

　自分がいま知覚していると思っているこの現実は，実は夢幻なのではないか，などと真顔で言えば，最近ならカウンセラーのところへ行くよう勧められるのがオチである．しかしこの不安ないしファンタジーは，『荘子』(1971)の「胡蝶の夢」の説話や，デカルト『方法序説』の方法的懐疑にも顔をのぞかせているように，たぶん人間にとってかなり根源的なものである．

　荘周（荘子）は，ある日，蝶となって楽しく遊んだ夢を見たが，夢から醒めた後に彼はこう考えたという．「知らず周の夢に胡蝶と為れるか，胡蝶の夢に周と為れるか」．いったい荘周が蝶となった夢を見たのだろうか，それとも蝶が荘周となった夢を見ているのだろうか．

　またデカルトは『方法序説』(1967)で次のように述べている．「私は，それまでに私の精神に入りきたったすべてのものは，私の夢の幻想と同様に，真ならぬものである，と仮想しようと決心した」．この直後に有名な「我思う，ゆえに我在り」のフレーズが来る．つまり，すべてが偽りであると考えても，そう考えている私の存在は疑い得ない，というのである．現実を夢だと想定することは現実への懐疑の最も極端な形態だと言えるだろう．

　近年ではウォシャウスキー兄弟監督のSF映画『マトリックス』(1999年)が思い浮かぶ．『マトリックス』は，コンピュータが人間の生命を完全に管理する未来社会をリアルに描き出した．羊水のようなカプセルの中でコンピュータに「栽培」されエネルギーを吸い取られながら，人間たちはコンピュータによって脳内に供給される夢を現実として経験しつつ一生を眠りこけるのである．

なぜメディアを恐れるのか

　この種のファンタジーから遠く離れているように見える教育という活動にとっても，それは案外身近である．離れようとしているからこそ，そうしたものが少しでも視界にチラつくと不安になるのかもしれない．新しいメディアが登場するたびに繰り返される教育的メディア批判が，不安の身近さをよく示している．教育的メディア批判は，「それ（漫画，テレビ，ゲーム，インターネットなど）は青少年の現実感覚を歪める」という一点に集約されるのである．

　こうした不安は，新しいメディアに限らず，メディアに対する教育の根源的な不安として捉えることができる．教育は現実世界への個々人の参入を手助けするという課題を持つが，この現実世界への参入は，言語をはじめ，知識，美，などのメディアを抜きにしては考えられない．これは，そうしたメディアが現実世界の一部をなしているという意味でも，そうしたメディアが人を現実世界へと橋渡しする上で不可欠だという意味でも，必然的な成り行きである．制度的教育において，メディアを組織化し時間軸上に配列したカリキュラムが教育活動を支えているのはこのためでもあろう．

　ところが，教育におけるメディアの不可欠性ゆえにメディアは不安の種ともなる．メディアは肝心の現実世界との関係を間接的にすると考えられるため，メディアが誤った世界を描き出し，人をかえって現実世界から遠ざけてしまうのではないか，という疑惑から教育は逃れることができない．コンピュータが作り出した仮想現実の夢のなかで眠りこける『マトリックス』の人間たちは，教育が抱える〈メディアの不安〉の図像化と言えるかもしれない．

プラトンとコメニウス

　歴史を遡ると，『マトリックス』と同じような構造の物語を教育論の中心に据えた思想家がいたことに気づく（Kato, 2006）．言わずと知れたプラトンであり，彼の主著『国家』の，そのクライマックスをなす「洞窟の比喩」である（プラトン，1976．プラトンについては⇒3章も）．「洞窟の比喩」は，〈メディアの不安〉が教育にとって相当根源的なものであることをよく示している．この「洞窟の比喩」が教育におけるメディア批判の原型とすれば，教育におけるメディア利用の原型と言えるのがコメニウスの教科書『世界図絵』であ

る。この2つを分析することで、われわれは教育とメディアの関係の基本構造を取り出すことができるだろう。

2 「洞窟の比喩」——プラトンのメディア批判

影を信じる人びと

「洞窟の比喩」でプラトンが物語るのは、薄暗い洞窟を住まいとする人間たちについてである。彼らは、子どものときから、手足も首も洞窟の奥の方に向けて固定されたまま一生を過ごす。彼らの後方には焚火が燃えており、彼らと焚火の間には衝立のようなものがあって、奇妙なことにその衝立の向こうを人が通りすぎて行く。その者たちは頭上に道具だの動物だの様々なものをささげ持っており、その影が洞窟の奥の壁に映し出される。まるで幻燈あるいは映画館のようであるが、映画館と違って人間たちはここから出ることができない。全身を固定された人間たちは一生洞窟の奥の影のみを見て過ごすことになる。

彼らは現実というものについてどう考えるようになるだろうか。彼らはこの影の世界こそが現実そのものだと思うようになるだろう。何しろ生まれたときからこの影の世界しか見ることがないのだから。彼らは人間であり知恵もあるから、その影の世界について様々な法則などを発見して互いに論争したり称賛しあったりするかもしれない。しかし彼らは、洞窟の外に本当の世界があることを知らない以上、結局無知なのである。

彼らが無知を癒され教育されるためには、いましめを解かれ身体の向きを変えて、洞窟の外へと——明るいものを見ることに慣れていない彼らの目はまぶしさに痛み、影の世界の方が現実らしかった、あそこに帰りたいと言い張るかもしれないが——導かれる必要がある。「教育とは、まさにその器官を転向させることがどうすればいちばんやさしく、いちばん効果的に達成されるかを考える、向け変えの技術にほかならないということになるだろう」。

イデアの世界

この、ほとんどSF的とも言うべき教育論の背後にはプラトンのイデア論がある。プラトンにとって、本当に存在するものは見たり触ったりできる感

覚的世界ではなく，イデアの世界であった．

　黒板に描いた三角形はいずれ消え去るが，「三角形の内角の和は180度」という幾何学の法則は永遠不変である．この幾何学の法則を成り立たせているのは，黒板やノートに描かれた三角形ではなく（その角を分度器で測って足しても決して正確に180度にはならないだろう），抽象的な「三角形なるもの」である．イデアとは，「頭の中にある」としか言えないようなこの「三角形なるもの」（たとえば）のことだ．

　プラトンから見れば，本当に存在するのはこのイデアの方であり，黒板やノートの上に描かれた三角形はその不完全な写しにすぎない．ところが，われわれはふつう，いずれ消え去るその写しこそが真に存在すると信じてしまう——ちょうど，洞窟の奥の影の世界を現実そのものだと信じるあの人間たちのように．洞窟の外の本当の世界とはイデアの世界であり，そこでは，太陽にたとえられる「善」のイデアに照らされて，事物の本性が人間の知性に直接現れてくるのである．「向け変え」とは，生々流転する感覚的世界からこうしたイデアの世界に向けての向け変えに他ならなかった．

　このように，プラトンの教育論はイデア論抜きには理解することができない．しかしいずれにしても，教育が前にしているのは実在する世界へと人を導くという課題であり，そのためには，この本当の世界から人を遠ざける手の込んだ装置——悪しきメディアと言うべきか——から，それに囚われている人びとを救い出すことがまず必要なのである．

光という透明なメディア

　洞窟の装置からの「向け変え」がなされ，真に実在する世界へと参入したとき，そこにはもう人為的な装置は存在しない．しかしプラトンは，世界と人間とを媒介する第三のものが存在しなくなると考えているわけではない．「洞窟の比喩」に先立つ第6巻で，プラトンは，目が視覚を持ち，対象が形や色を持っていても，それだけでは視覚はものを見ることができない，と述べている．見ることができるためには目でも対象でもない「第三の種族」のものが，つまり光が必要なのである．

　確かに，われわれと事物の間を光が満たしていなければ，いくら目を凝らしても事物を見ることはできない．プラトンは「善」のイデアを光の源泉た

る太陽にたとえていた．光は究極の透明なメディアである．プラトンの教育論は，真に実在する世界から人を遠ざけるような人為的で不透明なメディアが支配する状態から，真に実在する世界をそのまま現出させる透明なメディアが支配する状態に向けての「向け変え」を構想するものだった．『国家』でプラトンは念入りな統治者養成のカリキュラムを構想した．統治者となるべき者は，体育と音楽・文芸(ムシケー)(⇒3章参照)の教育を前提にして，数学，幾何学，天文学，和声学を学び，最後に哲学的問答法に至る．美によって準備された知の世界が，透明なメディアとなるわけである．

3　『世界図絵』——コメニウスのメディア利用

プレゼンテーションからリプレゼンテーションへ

　プラトンの場合，そのイデア論からして，こうした知の世界はそのまま真に実在する世界でもある．そこでは，太陽の光に照らされるように実在がそのまま現れ出ることになろう．ドイツの教育学者・モレンハウアーは，前近代の教育の基本的構造を「提　示(プレゼンテーション)」に見ている(⇒14章参照)．念頭にあるのは見習い修業や徒弟修業である．そこでは，若者が参入するべき世界がまるごと若者に提示される．プラトンのカリキュラムは，非常に特異な様態においてではあるが，同様の「提示」の構造を示していると言えるだろう．若者が学ぶ知の世界は，何かの代理物なのではなく，それ自体，真に実在する世界に他ならないのだから．見習い修業や徒弟修業でも，若者が目の前にするのは，彼らがこれから参入する実在の世界それ自体である．

　ところが社会の近代化とともに，現実世界への参入を援助するという教育の課題を果たすためには，「提示」という構造では不十分となる．これまでのように身分的に決められた狭い世界を見習い修業的に学ぶだけでは，近代社会に生きる上で「一人前」とはとうてい言えなくなるからである．「提示」に代る近代的な教育の構造をモレンハウアーは「代表的提示(リプレゼンテーション)」と呼ぶ．そこでは子どもたちは，学校のような実生活から区別された空間のなかで，言語的・記号的に組織された知識を学ぶことになる．ただし，この知の世界は，子どもたちがいずれ参入すべき現実世界を表　象(リプレゼント)しているはずなのだ．このため子どもたちは，知の世界を通して現実世界とは何であるかを知り，

こうして現実世界への参入が準備されることになる.

プラトンにおいては，ちょうど光の現前と事物の現前が不可分一体であるように，メディアは実在と一体であり実在のなかに言わば溶け込んでいた．ところが，代表的提示という構図になると，知はプラトンの場合とは違って実在そのものではなく，実在の代理物でしかない．このためそこではメディアが厚みを持ち目に見えるものとなる．このように可視的となったメディアの象徴が，コメニウスの作った絵入り教科書『世界図絵』(1658 年出版，コメニウス，1988) ということになろう．モレンハウアーも，代表的提示の典型として『世界図絵』を取り上げている．

『世界図絵』の世界

その構成 『世界図絵』は，絵とその絵について説明したテキストを 2 頁（邦訳では 1 頁）に配列して 1 課とし，150 課で一書をなす．本論の前に「入門」，最後に「結び」が来る．「入門」と「結び」の絵には教師と生徒が登場し，テキストはこの両者の対話の形をとる．本論のテキストは通常の説明文である．初版のテキストはドイツ語とラテン語の対訳．初版に見られる素朴な木版画の魅力は格別である．

150 課の内容は，宗教から野菜・草花，天文から演劇・奇術，人体から職業生活にまで及び，ほとんど森羅万象を扱っていると言ってよい．「入門」の部分で教師は生徒に，「正しく理解し，正しく行い，正しく語るために必要なすべて」をこれから学ぶのだ，と語りかけ，「結び」では，「こうしてお前は見ることのできるすべてを学んできた」と述べるが，必ずしも誇張とは思えないのである．

世界の表象 この「入門」や「結び」の言葉にも示唆されているように，『世界図絵』というテキストは，それが世界を表象（リプレゼント）するものだということ，つまり現実世界へと人を導き入れるための，現実とは別の何ものかだということを，メタメッセージとして含んでいる．初版の木版画が放つ魅力は，この現実世界を指し示すという態度に由来しているのではないか．それらの絵は，寓意画ほど因習的ではないが，かといって，後の版に見られるような，絵として独立した世界を作り，読者に印象を与えようという類いの自己主張とも，また無縁なのである．それは寓意画と描写の間の微妙な中間状態を示

5章 メディア——教育をささえるもの　　　63

節制は食べ物と飲み物の限度を教示し、
欲求を手綱のように抑えます。

図1 『世界図絵』より「節制」と同アルファベットの部分（井ノ口淳三邦訳書より）

している．ともあれ，このような指し示すという態度によって，『世界図絵』は，言語的・記号的に組織された知の世界を現実の世界から区別し，つまりはメディアとして独立することになる．

メディアとしての工夫　絵についてすでに言及したが，『世界図絵』の場合，内容にも増して，絵を使ったというその方法自体が画期的である．教育学上の主著である『大教授学』（1657年出版）で，コメニウスは，言葉ではなく事物を教えるべきであり，事物は言葉ではなく感覚を通して教えられるべきだと主張した（⇒1章）．また，こうした内容・方法の革新によって，「すべての事柄」を，「男女両性の全青少年」に，「楽しく愉快に着実に」教えることが可能になるのだと主張した．『世界図絵』は，こうした大胆な主張を実現可能にする手段であった．

テキストのなかの番号と絵のなかの番号が符合するという細かな工夫が見られる．また，「入門」と本論の間にはアルファベットの解説があるが，カラスの絵が掲げられ，「カラスはアーアーと鳴きます」と解説文があって，その横にAaというアルファベットが示される，といった具合で，アルファベットの全文字が擬声語・擬態語で解説されている．このようにして，感覚を通して事物の世界を学ぶ，という主張をコメニウスは実現しようとした．図1を見てもらえば分るように，このアルファベットの部分は本論の部分とは違ったレイアウトがとられている．メディアの物質的側面へのこうした配慮——数字の配置，絵とテキストの工夫をこらした配列——は，メディアの

世界が独立したことを表している．

独立するメディアの世界

こうして，参入すべき現実世界からメディアの世界が独立し，しかもそのことが，現実世界への参入を援助するという教育の課題にとって必要不可欠になる．とすると，プラトンのように教育を人為的なメディアの世界からの「向け変え」として理解することはもはやできないだろう．〈メディアの不安〉も，その原因を教育の外部に投影することによって否認するという処理方法は不可能となる．それは教育という仕事に内在する不安となり，教育という仕事に常につきまとうことになる．

これは20世紀以降顕著である．あの「洞窟の比喩」を彷彿とさせる映画が登場して以後（映画の発明者と言われるリュミエール兄弟が彼らのフィルムをはじめて映写したのは1896年），新しいメディアが登場するたびに，メディア批判とメディア利用の議論がきまって沸騰することになる（これについては第4節参照）．教授工学への抜き難い不信にも（したがってどんな高度の教育機器も道具にすぎないことが繰り返し強調される），遠隔教育（通信教育）に伴う不全感にも（直接顔を合わせる「スクーリング」によってその克服が試みられる），〈メディアの不安〉は顔をのぞかせている．

4 メディア概念の拡張と限定

これまでわれわれは，メディアと教育の関わりの原理的な場面を，歴史的なモデルに即して見てきた．ここで，これまでかなり無頓着に使ってきた「メディア」の概念整理も兼ねて，教育の領域で「メディア」という言葉がどのように使われているかを振り返っておきたい．

3つの「メディア」

マスメディアと教授メディア　従来，教育の領域で「メディア」という言葉が使われるのは，主に2つの場合があった．映画，テレビ，漫画等の**マスメディア**が青少年に対して与える（悪）影響が問題にされる場合と，「教材・教具」と呼びならわされてきたものが**「教授メディア」**として捉え直さ

れてその効果的な利用や歴史的変遷が議論される場合，である．教材・教具が伝達するコンテンツとして，普通は教材・教具から区別されるカリキュラム（⇒4章）も，広い意味での教授メディアに含めて考えることができるだろう．われわれは前者，メディア批判の原型としてプラトンを，後者，メディア利用の原型としてコメニウスを取り上げた．

メディア史的メディア　この2つの場合とも関連しつつ，最近ではもうひとつ，メディア史的な議論の領域が加わった．これはイニス，マクルーハンらトロント学派のメディア論に由来する議論である．彼らは，メディアをコミュニケーションの形式的・技術的側面として捉えるが，この形式的・技術的側面の変化，具体的に言えば，音声→書字→印刷→エレクトロニクスという支配的メディアの変化が，コミュニケーションの内容に，ひいては文化や社会のあり方に，決定的な影響を与えたと見る（ちなみに，プラトンの教育論は音声→書字の転換期に符合し，コメニウスの教育論は書字→印刷の転換期に符合する）．

この見方に従えば，メディア史的変化は教育を規定する基本的条件としても浮かび上がってくる．ヨーロッパにおいては，15世紀半ばの活版印刷の発明が識字率の向上や学校の普及に大きな役割を果たしたと言われる．メディア史的なメディア概念に依拠した教育論も活発である．ポストマン（Postman, 1983）によれば，「子ども期」とは活版印刷の発明以後登場した〈話せはするがまだ読み書きができない〉時期であり，読み書きができなくても理解できるテレビのような視聴覚メディアが主流となることによって「子ども期」はいま消滅しようとしているという．またサンダースによれば，電子メディアは識字の根底にあった母親との直接的・口承的接触を奪うことによって，非情で暴力的な若者を産出しているというのである（Sanders, 1994）．

新しいメディア環境

メディアも現実の一部　従来，マスメディア指向の議論と教授メディア指向の議論の間には，メディア批判/メディア利用という明確な分業が成り立っていた．映画やテレビのような，新しいメディア（メディア史的意味での）が登場するたびに，一方でそのマスメディアとしての側面が青少年の現実感覚を歪めるとして批判され，他方では，その教授メディアとしての有用

性が評価され教育的利用の方策が追求されてきた．単純化して言えば，新しいメディアは，教育的意図のもとに置かれれば有益であるが，さもなければ有害である．というのも，前者の場合にはメディアは現実世界への導入に役立つが，後者の場合には逆にそれを妨げることになるのだから．

同様の議論のパターンは，コンピュータ・ゲームやインターネットに関しても見られる．しかし，そうした議論の基盤は，実は掘り崩されつつある．現実像を歪めるか否かでメディアを判定するためには，「現実」とは何かについての堅固な想定が必要である．しかし，われわれが「現実」として想定しているものがはたしてマスメディア抜きに成り立つのだろうか．また，インターネット上でなされる議論や商品取引は「現実」の一部ではないのだろうか．このように考えれば，大人が子どもに対して自信を持って提示できるメディア抜きのまっさらな「現実」など，想定できないということになろう．

「情報活用能力」による対応　実は，教育政策はすでにこうした事態への適応を開始している．1980年代以降，カリキュラムの重点は急速に知識・技能から**「情報活用能力」**へ，そしてそれを支える（進んで情報を探索し活用しようとする）興味・関心の側へと移動してきた．

教育の課題は依然として現実への参入を援助することである．しかしこの課題を，大人たちは，現実とは何であるかを子どもに伝え知らせることで果たすのではなく，どのような現実のなかに浮上しようとも生きて行ける〈力〉を——現実が何でありどうなるかは大人にも分らないのだから——子どもにつけることで果たそうとしている．そのような〈力〉として見出されたのが「情報活用能力」であり，それを支える興味・関心であった．

何かについて知っているということではなく，その何かについての知識を情報として探索・活用できるということが能力として評価されることになる．何かについて知っているのが対象レベルの知識であるとすれば，後者はこの対象レベルの知識についての操作を知っているという，言わばメタ・レベルの知識であり能力である．「メディア・リテラシー」が重要になってきたのも，おそらくこうした背景がある．

5 教育に浸透するメディア

メディア史的メディアの導入と限定

このように,教育におけるメディアの問題は,メディア批判/メディア利用の分業体制で処理できる状況ではもはやなくなっている.教育の側が批判ないし利用する対象として(だけ)でなく,教育と教育論を条件づける要因としてメディアが浮上しているのであり,この点に,メディア史的な議論が教育の領域に導入される必然性がある.

しかし,メディア史的な意味でのメディアを考えた場合,ここで言う「条件づける」ということの意味をかなり厳密に理解する必要がある.それは,教育や教育論の前提条件のひとつではあるが,教育や教育論を決定づけるものではない.あたかも決定づけるかのように想定するところから,上にも触れたポストマンやサンダースのような議論が出てくることになる.そうした議論は,メディアを考慮に入れているように見えて,実は既成の教育観を暗黙の前提にしたメディア批判のパターンにはまってしまう.

メディア史的変化が社会を一方的に規定するとみなす議論を水越伸 (2002) は「テクノ・メディア論」と呼んでその一面性を批判し,メディアの変化と社会的実践を相互規定関係で考える「ソシオ・メディア論」をこれに対置している.同様のことは教育の文脈でも言える.教育や教育論の側を,被規定項としてだけでなく,規定因としても考慮に入れる必要がある.

メディアが教育の世界を支える

このように言うことは,批判・利用の対象としてのみメディアを見ていたあの分業体制に戻るということではない.メディアを批判の対象とするにせよ(この場合メディアは主にマスメディアとして理解される),利用の対象とするにせよ(この場合メディアは主に教授メディアとして理解される),メディアを教育の外部にある何ものかとして,したがっていざとなれば教育から除去可能な何ものかとして想像することはできない.しかし逆にメディアから教育への一方的な因果関係を想像するのも(この場合メディアは主にメディア史的意味で理解される),やはり事実を単純化しすぎている.

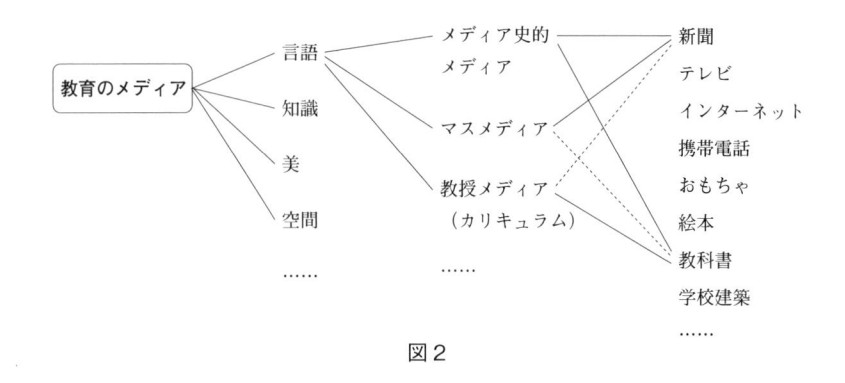

```
教育のメディア ─┬─ 言語 ─┬─ メディア史的 ─── 新聞
                │         │   メディア        テレビ
                ├─ 知識   │                    インターネット
                │         ├─ マスメディア     携帯電話
                ├─ 美     │                    おもちゃ
                │         ├─ 教授メディア     絵本
                ├─ 空間   │   (カリキュラム)   教科書
                │         │                    学校建築
                ……        ……                  ……
```

図2

　メディア史的変化は前提条件となるが，教育は〈現実世界への参入を手助けする〉という課題を担って独自の活動を行っていると考えるべきであろう．しかしこの活動のなかに，上の3つの意味でのメディアが浸透している．これはたとえば**インターネット**を考えれば一目瞭然である．インターネットは，印刷からエレクトロニクスへというメディア史的変化の最先端に位置づくものであろう．この新しいメディアへの子どもたちの自由なアクセスを，われわれは今，教育的な観点から制限する必要に迫られている．他方，ほとんどの学校がインターネットに接続し，授業でのその利用を推進している．

　メディアは，そのなかで教育の様々な営みが展開される枠組みとなっている．この本で扱ったような，言語，知識，美といった抽象的なレベルで捉えられたメディアは，最も大まかな教育の枠組みをなしていると言える（本書では取り上げられなかったが，たとえば「空間」をこのレベルのメディアとして捉えることができるかもしれない）．この大枠は，マスメディア/教授メディア/メディア史的メディアのようなより具体的なレベルへ，さらに携帯電話，インターネット，教科書，おもちゃ，絵本，等々，より個別的なモノのレベルへと細分化していくことができる（図2）．このように見るなら，教育のメディアは重層的に教育の世界を支えているのである．

　この章のまとめ

　教育の領域に広く見られる〈メディアの不安〉は，現実世界への個々人の参入を援助するという教育の使命が，メディアによって妨げられると考え

ところから出てくる．プラトンは，現実から人を遠ざける悪しきメディアから，メディアが透明となるイデアの世界への「向け変え」として教育を構想した．イデアの世界がそのまま実在の世界であるという意味で，プラトンの教育論はプレゼンテーションの構造を持っている．これに対して，教育がリプレゼンテーションの構造をとらざるをえない近代の社会では，メディアは透明化しえず独自の教育の世界を生み出す．『世界図絵』のような教科書はその典型である．

　現代の教育論においては，教授メディア／マスメディア／メディア史的メディアの3つが教育のメディアとして重要な位置を占める．しかし，これら三者に比べてより抽象的なレベルでも，またより個別的なレベルでも，教育のメディアを考えることができる．教育のメディアは，言語，知識，美のような抽象的なレベルから，上記三者のような具体的レベルを経て，教科書，おもちゃ，絵本のような個別的なモノのレベルにまで広がっている．このように見るなら，メディアは教育の世界を支える重層的な枠組みとなっていると言える．

（今井康雄）

● キーワード ●

メディア批判とメディア利用／提示（プレゼンテーション）と代表的提示（リプレゼンテーション）／マスメディア・教授メディア・メディア史的メディア／情報活用能力／メディア・リテラシー／インターネット

● ブックガイド ●

北田暁大／大多和直樹編『リーディングス 日本の教育と社会10 子どもとニューメディア』日本図書センター，2007年．
　インターネットや携帯電話をはじめ，現代の新しいメディア環境は教育や若者の生活にどのような変化をもたらしているのか．こうしたアクチュアルな問題について論じた代表的な論文を1冊にまとめたもの．議論の広がりや現状を概観することができる．

中内敏夫『新版・教材と教具の理論』あゆみ出版，1990年．
　教材・教具の視点から教育の領域を描き出す．この領域でハウツー物は無数にあるが，こうした理論的な考察は稀であり貴重．その後，本書の内容

は『中内敏夫著作集』（藤原書店，1998年）の第1巻に組み込まれ，自覚的に「教育的メディア論」として展開された．

オング（桜井直文／林正寛／糟谷啓介訳）『声の文化と文字の文化』藤原書店，1991年．
　メディア史的な変化，とくに口承文化から文字文化への変化によって人間の思考がいかに変化するかを説得的に論じる．メディア史的メディアの考え方を理解する上でおそらく最良の入門書の一つ．

参考文献

今井康雄（2004）『メディアの教育学——「教育」の再定義のために』東京大学出版会．
コメニウス（1988）『世界図絵』井ノ口淳三訳　ミネルヴァ書房．
『荘子』（1971）第一冊，金谷治訳注　岩波文庫．
デカルト（1967）「方法序説」野田又夫訳『デカルト』（世界の名著，第22巻），中央公論社．
プラトン（1976）「国家」藤沢令夫訳『プラトン全集』第11巻，岩波書店．
水越伸（2002）『新版デジタル・メディア社会』岩波書店．
Innis, H. A.（1951）*The Bias of Communication*. University of Toronto Press.（久保秀幹訳（1987）『メディアの文明史——コミュニケーションの傾向性とその循環』新曜社）
Kato, M.（2006）The Matrix and the Cave : Reconsidering the Ontological Dimension of Education, in : *Educational Studies in Japan*. International Yearbook. No.1, pp. 15-24.
McLuhan, M.（1964）*Understanding Media : The Extensions of Man*. New American Library.（栗原裕／河本仲聖訳（1987）『メディア論——人間の拡張の諸相』みすず書房）
Mollenhauer, K.（1984）*Vergessene Zusammenhänge. Über Kultur und Erziehung*, München：Juventa.（今井康雄訳（1987）『忘れられた連関——〈教える・学ぶ〉とはなにか』みすず書房）
Postman, N.（1983）*The Disappearance of Childhood*. W. H. Allen.（小柴一訳（1985）『子どもはもういない』新樹社）
Sanders, B.（1994）*A is for Ox : Violence, Electronic Media, and the Silencing of the Written Word*. Pantheon Books.（杉本卓訳（1998）『本が死ぬところ暴力が生まれる——電子メディア時代における人間性の崩壊』新曜社）

[II]
主 体

6章　身と心——主体はいかに構築されるか

7章　成長・発達——子どもの成長はどのように語られてきたか

8章　人格——何にささえられているのか

9章　子ども——システムを侵犯する外部としての子ども

10章　自律性——漂流記物をとおして考える

6章 身と心——主体はいかに構築されるか

1 「身」の意味世界

人の情けが身にしみる

「身」というのは不思議な言葉である。この章の表題のように「身と心」と並べれば、それは「精神」に対置された「肉体」「身体」を意味する。しかし、たとえば「人の情けが身にしみる」と言えば、これは「心にしみる」というのとほとんど同じ意味になる。こうした「身」の用例を詳細に分析した市川浩（1978）は次のように述べている。

〈身〉は、肉から心までをふくむ生き身としての人間全体をあらわすことばである。……われわれは精神と物体の二元論というよりは、むしろ身心一如であり、かつ間柄であるような〈身〉のとらえ方において、〈身〉を生き、〈身〉のあり方の相対的な差異相として、二次的に〈身〉と〈心〉を弁別しているのではないだろうか。

ここにも示唆されているとおり、「身」と「心」の意味世界が部分的に重なるというだけでは十分ではない。「身」と「心」は、「精神と物体の二元論」では説明がつかないようなしかたで浸透しあっている。

市川に従ってもう少し用例を挙げよう。「他人の身になる」と言ったとき、そこでの「身」は、他者との関係で決まってくる当人の社会的位置をまずは意味する。ここには上の引用にもある「間柄」的な意味合いが表れている。しかし、「身になる」という言い回しには、「他人の立場に立ってみる」と言い換えたのでは失われてしまうようなニュアンスがこめられている。その人の身になって考える、というとき、私は、全体としてのその人に親身な関心を向けているはずである。ここでは「身」は、身体的/精神的/社会的のように分離できない、全体存在としての人間を含意している。「身にしみる」という言い方が、ほぼ同義の「心にしみる」よりもずっと切実なニュアンスを持つのはこのためであろう。

知識が身につく

　もうひとつ，教育の領域でもよく使われる「知識が身につく」という言い方を考えてみよう．このように言うとき，われわれは，単に命題的な知識が「頭の中」に入っているというのではなく，当人のものの見方や考え方の一部に知識が統合され一体化しているような状態を想定している．ここでも，「〈身〉は，いわゆる精神的自己を含んだ自己の全体を意味する」（市川, 1978）．

　教育，とくに学校教育が批判される場合の常套句のひとつは，それが「頭の中」の知識の伝達に終始しており，上に触れたような「身」の全体を考慮していない，というものだ．しかし，近代学校の現実は，実は「知識が身につく」のような意味での「身」のレベルに照準をあててきた．ただしこの現実が理論的に反省されたとき，奇妙なことに事態はあの常套的な「頭の中の知識」批判が妥当するようなしかたで理解されることになった．そうした理論的反省の枠組みとなったのが「精神と物体の二元論」である．以下では，まずこの二元論的な見方について簡単におさらいし，続いて，教育の現実を見通すための理論に目を向けることとしたい．

2　身心二元論の問題

身と心は別々？

　「精神と物体の二元論」とは，精神と物体が別々の原理・法則に従う実体（サブスタンス）（他のものに依拠せず独立に存在する何ものか）だとする考え方である．この物心二元論を，近代の世界観全体を決定づけるような形で定式化したのがデカルトである．デカルトに従えば，精神は思惟（考えること）を属性とする実体であり，物体は延長（広がりを持つこと）を属性とする実体である．物質界は精神的な要素を抜き取られた単なるモノの集合となり，人間が自らの理性によって認識し自由に利用できる対象となった．近代の科学と技術の全体がこの構図に立脚していると言っても過言ではない．

　同じ構図に従って，身体もまた物体の側に属するとみなすところから**身心二元論**が出てくる．後にライル（Ryle, 1949/1987）が「機械の中の幽霊のドグマ［教義］」だとこれを揶揄することになる．ライルに従って戯画化すれ

ば，考えるだけで広がりを持たない幽霊のような精神が身体に宿り，この精神が機械のような身体を操縦する，という図になる．「頭の中」の知識伝達をめざす教育論はこの図式に従っている．この教育論は，精神の部分にうまくプログラムが書き込まれさえすれば，それに従って身体も理知的に作動すると想定している．

　しかし，物心二元論ならまだしも，こうした身心二元論は明らかに直観に反する．頭痛がすれば気分が滅入り考える気力もなくなるだろう．精神は身体から独立しているどころか身体に深く影響されている．両者が別々の実体だとはとうてい考えられない．ここから，精神と身体の関係をどう考えるかという近代哲学の大問題——身心問題——が生じることになる．

「心」という想定の説得力

　なぜ「心」を排除できないのか　身心二元論の非常識を指摘することはたやすい．しかし，この指摘によって「頭の中」の知識伝達をめざす教育論もまた雲散霧消するかと言えば，決してそうではない．この教育論は，ライルが戯画化したような身心二元論の図式よりも，もっと深いレベルに基盤を持っている．物理的空間には還元できない「心」の空間の存在，がそれである．

　料理とレシピ　身心二元論の非常識を言うためによく挙げられる例が料理である．手慣れた料理を作るとき，われわれは頭の中でレシピを復唱しつつその命令に従って手を動かしているわけではない．にもかかわらず身体がほとんど自動的に理知的な動きをしていく．身心二元論ではこうした身体の能力を説明できないだろう．

　そのとおりである．ところがある日，私はいつもの料理に一工夫加えて，トマトだけでなくオレンジを使ってみようと考えたとする．そうしたとき，私は料理の手順全体を思い浮かべて，どこをどのように変更するかを考える．そして何よりも，その料理にオレンジのあの甘酸っぱさが加わったらどうなるか，思い描く（だから今日は最初に肉を炒めるとき塩を多めに使おう，などと）．そのように思い描かれた「料理の手順全体」「オレンジの甘酸っぱさ」等々は，ではどこに存在するのだろうか．私は，現実にレシピやオレンジを手に取るわけでも，ましてオレンジの果肉や炒められた鶏肉を今味わっているわけでもない．にもかかわらず，私はそれらの対象を言わば呼び出し

ている．

志向性の働き　このように対象（それは実在しない想像上のものであってもよい）を呼び出す働きを「志向性〔インテンショナリティ〕」と呼ぶ．「心」という想定の最終的な根拠となり説得力となっているのは，おそらくこの志向性という働きである．志向性の働きを物理的空間に位置づけることは困難だと思えるのだ．もちろん，何かを企てたり考えたりするとき，私の脳内には何らかの神経信号のパルスが走っているだろう．それが意図や思考を引き起こしているのかもしれない．しかしその神経パルスと，「料理の手順」「オレンジの甘酸っぱさ」等々とが同じものだと主張することは，精神と身体が別々の実体だと言うのと同じ程度に非常識と思えるのである．

あの「頭の中」の知識伝達をめざす教育論が暗黙のうちにあてにしているのは，たぶんこの志向性の働きである．手慣れた料理を作るといった慣習的な行動を越えて，それに一工夫加えるというような，優れて理知的な行動をわれわれが取るとき，身心一如ではない「心」の空間が必要になると思える．「頭の中」の知識伝達をめざす教育論がめざしているのは，身体に先回りしてこの「心」の空間を埋めることなのだ．

身心はどう形成されるか

以上のように論じることで，私は「頭の中」の知識伝達をめざす教育論を正当化したいのではない．逆である．以上のようにその根拠を探ることで，この教育論の，単に哲学的前提や実践的帰結の難点ではない，教育理論上の難点がはじめて明らかになる．

この教育論は，上に見たとおり「心」の空間の存在を前提にしている．教育が行うのは，この空間を命題的知識で埋めることだ．ところが，教育の現実において生じているのは，この空間そのものを，つまり「身」と一体化してゆく「心」を，構築することなのである．そしてそのためにこそ，二元論的な分割以前の「身」のレベルに教育は照準する．

だとすれば，身心二元論の教育理論上の問題は，身体と精神があらかじめ存在するものとして対置されてしまい，それらの生成・構築が主題化されないという点にある．ここに，前項で述べた，（学校）教育の現実とその理論的理解のズレの起源を見ることができる．「頭の中」の知識伝達をめざす教

育論は，教育の現実において生じていることの核心を視野の外に置くような仕方で現実を捉えているのである．

教育は「頭の中」の知識伝達に終始している，という常套的な教育批判によって，教育の現実はかえって覆い隠されている．この覆いを取るためにこそ理論が必要なのである．理論は特定の観点から現実に照明を当てるため，教育の特定の側面が浮かび上がる．そしてそれとともに，「心」を含んだ全体存在としての「身」の，様々な側面が浮上する．浮上してくる諸側面を，以下では，**規律訓練**（3節）とそれに対立する**意味生成**（4節），そして両者の基盤にある**慣習**や**儀礼**（5節），という順序で見ていくことにしたい．

3　規律訓練――「身」を対象化する教育

フーコーの大著『監獄の誕生』(Foucault, 1975/1977) は，近代教育が「身」のレベルに照準していたことを鮮明に描き出した．ただしそのことを説明するために，邦訳の書名にもある監獄の問題にまず注目する必要がある．

身体刑の消滅

『監獄の誕生』でフーコーが出発点に置いたのは，18世紀末から19世紀前半にかけてのヨーロッパ諸国において身体刑が消滅したという事実である．「切り刻まれ，手足を切断され，顔面や肩に象徴として烙印を押され，生きたままで，もしくは死体として晒し者になり，見せ物にされる，そうした身体は数十年のうちに消滅した」．代って，それまでは刑を待つ罪人の待機場所でしかなかった監獄が刑罰の中心に据わり，監獄に入れて自由を奪うことが刑罰の内容となる．

見せ物でありお祭り騒ぎであった刑罰は，一転して人目を忍ぶように行われる日常業務となった．こうした変化は，野蛮さの消滅として，人間性尊重の勝利として正当化されてきた．また法理論的には，身体から精神への処罰対象の移動として解釈されてきた．身体を懲らしめるものから精神を矯正するものへと，刑罰の性質が変化したというのである．

この〈身体から精神へ〉という解釈はフーコーを満足させない．精神を矯正すると称する新しい刑罰制度においても，処罰の直接的な対象となってい

るのはやはり身体であり,問題となっているのは依然として身体のコントロールなのである(精神そのものをどうやって罰するというのか).ただし,身体を攻囲する,その仕方が変化している.

監視が主体を作る

新しい方法の中心になっているのは監視である.監獄とはまさに体系的な監視の装置である.理想的な場合には,この装置は,〈誰かに見られている〉という意識のみによって人をコントロールすることができる.これが,フーコーが「**規律訓練**(discipline)」と呼ぶ近代的な権力の基本的なメカニズムである.同時に,監視という働きが精神に関するさまざまな知を組織しはじめる.観察,検査,調書作成といった監視の諸技術によって,ある犯罪者を犯罪へと至らしめた精神形成の過程や人格の欠陥が解明され,矯正の可能性が予測され,改悛(かいしゅん)の程度が測定される.

フーコーによれば,精神を対象とするこうした知が,実は精神という対象を構築したのである.身体と精神がまずあって,たまたま処罰の関心が身体から精神へと移った,ということではない.監獄という規律訓練的な権力メカニズムの出発点には可視的な身体の監視がある(図1のA).この監視の働きが,身体に精神を見出しその精神を解明していくような知を組織する.精神医学,心理学,教育学など,精神に関する諸科学の起源をフーコーはここに見る(B).ところがこれは,同時に精神なるものを身体に作り付けることでもあった.精神は,身体に結びつき身体をコントロールする審級とみなされるのである(C).しかも,このことによって,監視の前提となる可視性が個々人に付与される(B').精神に関する知が,身体の背後にある個々人の精神を解明し,そのことによって個々人の身体は本来の意味で可視的となる.個々人は,たとえば異常な/正常な,意志薄弱な/強情な,教育可能な/不可能な,等々の人間として監視の視野のなかに浮上してくる.こうしてメカニズムは一巡し,可視的な身体の監視(A)という出発点に戻るわけである.

規律訓練的な権力メカニズムは,このように,自己の前提を絶えず自ら産出していくようなシステムとして捉えることができる.この自己産出的システムによって,精神によって身体をコントロールすべき存在としての,身心

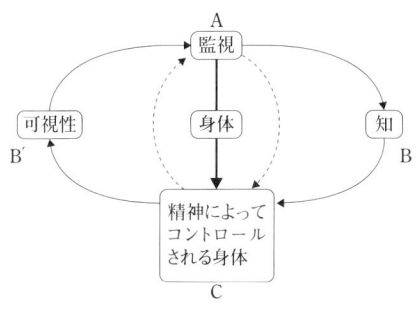

6章 身と心——主体はいかに構築されるか　　　79

```
            A
          ┌─────┐
          │ 監視 │
          └─────┘
   ┌─────┐ ┌─────┐ ┌───┐
   │可視性│ │ 身体 │ │ 知 │
   └─────┘ └─────┘ └───┘
    B'        │        B
          ┌──────────┐
          │ 精神によって │
          │ コントロール │
          │ される身体  │
          └──────────┘
            C
```

図1　規律訓練のメカニズム

二元論的な人間像も現実性を獲得する．

　そもそもなぜ単なる監視が人を強制できるのか，という理由もここに見出すことができる．監視が個々人を強制する力を持つためには，監視する眼を個々人が内面化し，監視する眼を通して自らをコントロールしている必要がある．その前提となるのが，精神が身体をコントロールするという身心の二元論的な構図なのである．ここでも，規律訓練的な権力は自己産出的である（図1中の点線部分）．

　学校のメカニズム

　以上は，監獄という装置に即して取り出された規律訓練的な権力メカニズムである．この権力メカニズムを創出した装置としてフーコーが監獄と並んで最も詳細に分析したのが学校であった．フーコーは学校を，**監視・制裁・試験**という，3つのメカニズムの複合体として分析する．

　階層秩序的な監視　ひとつの学級は，教師から様々な「係」へ，また班長から班員へといったピラミッド型の監視の体系をなし（図1のA），しかもこの監視そのものが教育の役割——自己管理や相互教育の促進——を担っている．権力を生み出しているのはこうした監視の体系そのものである．権力は，誰かによって所有されるというより，「一つの機械仕掛けとして機能する」．

　規格化を行う制裁　監視の効果は制裁(サンクション)によって保障される．制裁は逸脱の処罰に限定されない．たとえばテスト結果が貼り出され，点数順に席が決められるのも，制裁の一方法である．教育における制裁は，〈少しでも高い得点を得たい〉といった欲望に全員を巻き込み，得点においては差異化され

ながら同一の方向を目指して自己を律する点では同質的であるような個々人を作り上げていく（C）．ここでは，権力に服従することと自己を律する主体となることは表裏一体である．フーコーはこうした事態を，sujet（英語のsubject）という言葉の二重の意味（主体/臣下）を利用して「主体化＝服従化（assujetissement）」と呼ぶ．

試験　試験・検査は，個々人に可視性を付与することによって監視と制裁を結びつける．学力試験や能力検査の調書が個々人について積み重ねられると，最初は海のものとも山のものとも知れなかった生徒たちが教師にとって把握可能な存在として浮かび上がる．ここから各個人に対する対処の方策も出てくるし，それを実施した結果の積み重ねは教育方法に関する知を生み出すことになる（B→B'）．

　以上のように，フーコーの見方に従うと，学校は精神によって身体を律することができるような近代的な主体＝臣下を構築する装置であった．そして，そうした精神を構築するために，身体を含めた人間の全体を——その意味で「身」のレベルを——問題にしていた．こうしたフーコーの見方は，「潜在的カリキュラム」に着目していると言える．意図的に教えられる教育内容（「頭の中」の知識伝達をめざすような教育論が教育の主要任務として想定しているのはこれである）ではなく，そのような意図的な教育の前提と見なされ，通常は教育内容として意識されていない監視・制裁・試験といった手だてこそが伝達内容をなすと考えるのである．

4　意味生成——「生きられた身体」の経験

身体の解放

　フーコーが分析したような規律訓練のメカニズムが，教育，とくに学校教育の重要な部分を構成していることは確かである．しかし，身体と教育の関わりはそれだけなのだろうか．19世紀末から20世紀初頭にかけて展開された**新教育**の様々な試みのなかには，身体の規律訓練的なコントロールに対する批判を見ることができる（「新教育」については⇒1章参照）．新教育運動のなかで身体教育の改革を主張した人びとは，機械文明批判の時代風潮を背景に，教育による身体の規律化・機械化を批判し，身体の「自然」な動きや

「自然」な身体感覚の回復をそれに対置した．身体的なリズムの根源性が注目され，ダンスのような身体表現の教育への導入が試みられた．

そこには，規律訓練的身体とは異質な身体像が教育のなかに浮上している．浮上したのは「**生きられた身体**」という身体のあり方である．規律訓練的権力の分析においては，視野に入ってくるのは強制やコントロールの対象としての身体である．しかし身体とは，主観的に経験される何か，あらゆる経験の基盤にある何か，でもある．とすれば，身体は，単に教育の対象としてではなく，教育の可能性の条件，教育を根本的に規定している条件，としても現れてくるはずである．

身体そのものになる

矢野智司（1998）は，このような生きられた身体が教育にとって持つ重要性を，鉄棒で逆上り（あるいは蹴上り？）を試みる「僕」の経験を描いた村野四郎の詩「鉄棒」（『体操詩集』1939年）に即して鮮やかに描き出している．村野の詩は以下のようなものである．

　僕は地平線に飛びつく
　僅に指さきに引っかかった
　僕は世界にぶら下った
　筋肉だけが僕の頼みだ
　僕は赤くなる　僕は収縮する
　足が上ってゆく
　おお　僕は何処へ行く
　大きく世界が一回転して
　僕が上になる
　高くからの俯瞰
　ああ　両肩に柔軟な雲

矢野によれば，ここに描かれているのは「身体そのものとなった「僕」」であり，「その僕＝身体の移動による新たな世界との出会い」である．ここでは，鉄棒運動は筋肉を鍛えバランス感覚を養う，といった有用性の文脈は意味を失う．決まり切った有用性の文脈は破壊され，「自己と世界の間で新たな意味が生成する」．そこからは，「「私」と私を取り囲む世界との間の境界が消えていく」ような「溶解体験」（⇒9章）さえが生じうる．村野の詩に

おいては「おお」「ああ」といった感嘆詞で表現されている瞬間がそれである.

　この両者，つまり意味生成と溶解体験は深く結びついている．しかもこの鉄棒の事例では，「僕」が「身体そのもの」となることが双方を支え結合している．精神の意図的・目的合理的コントロールを解除し「身体そのもの」となることで，「私」と世界との日常的な境界は消滅し（「おお　僕は何処へ行く」），そこから世界の新たな相貌が「私」に対して現れてくる（「ああ　両肩に柔軟な雲」）．それは「私」の側の変容をも意味する．

　ここには，精神による身体のコントロールを，解除することを通してなされる人間形成のメカニズムが描き出されている．規律訓練の場合とは対照的な，反転図形のような形で，「身」のレベルに照準した教育のもうひとつの姿が示唆されている.

認知の基盤としての身体

　矢野が描き出したのは，溶解体験を通した非日常的なレベルでの意味生成であったが，身体は日常的な認知の基盤でもある．身体，とくにその動きが認知と深く関わっていることを明らかにした著書『からだ：認識の原点』のなかで，佐々木正人 (1987) は数々の興味深い実験を紹介している．そのなかのひとつに次のようなものがある（図2参照）.

　全長5メートル程度のこのルートを，被験者は目かくしをされ，「あなたは今，1にいて2の位置を正面に見ています」等の説明を受けながら1から5まで導かれて行く．被験者のうち，一方のグループ (A) は「頭の中の黒板に地図を描きながら」移動するよう指示を受けた．もう一方のグループ (B) は，「各地点の位置を実際に歩く床の上に強く意識しながら」移動するように指示された．Aのグループは「頭の中」に鳥瞰的な地図を描くように，Bのグループはそうした地図を描くことなく，自らの身体とルートとの関係を強く意識するように促されたわけである．さらにもうひとつ，実際の移動は行わず図のような地図を眺めるだけのグループ (C) も作られた.

　A, Bのグループの各人については一度だけ1から5へと誘導し，Cのグループには10秒図を見せた後，課題が出された．「2の地点の位置に立って1の方向を向いたとして4の位置を指さすとどうなるか」のような質問に答

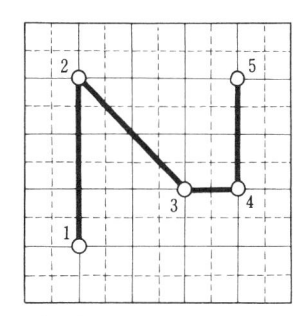

図2 被験者がナビゲートしたルート
各ブロックの1辺は30センチ．的場　暢「Cognitive Mapの向う側」(1984) より

えて方向を指さすという課題である．この質問例のような，実際の移動の方向と異なる質問が出された場合に，A, B, Cのグループの正解率に大きな違いが出た．「でたらめ指示」(実際の方向と90°以上ズレた指示) の発生率は，Bで10%程度だったのに対して，Aでは25%，Cでは50%以上となったのである．

この実験が示唆しているのは，慣れ親しんだ室内や街路での自在な移動を支えているわれわれの空間表象も，けっして「頭の中」に描かれた地図のようなものではなく，身体と深く結びついているということである．先に触れた志向性の空間それ自体に，身体的な要素が介在している可能性があるということだ．佐々木によれば，「日常，我々がそこを移動している広い空間の認識も，…そこを動くからだによってつくりだされている」のである．

5 慣習・儀礼の領域

規律訓練的身体が，身体を外側から対象化する者の視点に現れてくる「身」の姿であるとすれば，意味生成的身体は，身体を内側から経験する者の視点に現れてくる「身」の姿である．両者はだから，反転したり補完し合ったりすることはあるが，隔絶している．しかしこの両者の間に中間地帯がないわけではない．そのことを示唆する例として，生田久美子 (1987) が明らかにした「わざ」の世界がある．

「わざ」の伝承

生田が注目したのは，日本舞踊，歌舞伎，茶道，華道などの伝統芸道の世界である．伝統芸道において「わざ」の伝承は死活問題である．ところが，そのための体系化されたカリキュラムが見られないというのが，生田によれば，西洋の諸芸術と比べた場合の日本の伝統芸道の際立った特徴なのである．

たとえば日本舞踊では，弟子は入門の第1日目から，師匠の踊りを真似て踊ることを要求される．西洋のバレエのような，まずバレエを構成する基本動作を練習してから，それらを組み合わせたより複雑な動作に移る，といったカリキュラム体系は存在しない．その後も，稽古は師匠の踊りの**模倣**（ミメーシス，⇒9章）に費やされる．弟子に対する師匠の評価基準も曖昧で，「よし」「ダメ」と判定はするが，どこが，なぜ悪いのかを弟子に説明することはほとんどない．指示を出す場合でも，その指示はたいてい比喩的で，弟子がただちに理解できるようなものではない．

身をもっての理解

生田は，芸道におけるそうした比喩的言語の例として，「口でいわず腹でいうのだ」という指示を挙げている．これは，ある場面でのせりふについて，先輩の歌舞伎役者から若い役者がもらった指示である．彼は当初この指示の意味が分らない．彼は自問自答し，様々な試みを行ってみる．そして，自分がせりふを無意識のうちに観客に向かって発していたことに気づき，観客にではなく共演者の役柄にせりふを向けようと試みたとき，ようやく年上の役者は納得した．この瞬間にはじめて，若い役者は，指示が何を意味していたかを理解したのである．

せりふが共演者に向けられるべきだということを，なぜ年長の役者は最初から明示的に説明してやらなかったのか．明示的な説明がなされた場合，「頭の中」では理解できたが実際のせりふは変化しなかった，ということは大いにありうる．問題のせりふが共演者に向けられたものだということは，若い役者も最初から分っていたはずなのだ．理解困難な比喩的指示は，せりふの適切な発し方をまさに「身をもって」理解するような方向へと若い役者を駆り立てていたのである．

生田は，芸道の一見不合理な伝承システムが，こうした「身」のレベルで

の理解——それは芸道の中心理念である「型」の伝承と深く結びついている——をめざす，体系的で首尾一貫した教育方法を含んでいることを明らかにした．

規律訓練と意味生成の間

芸道の伝承システムにおける「身」の現れ方を考えてみると，そこには意味生成的身体に近い要素が見出される．上の若い歌舞伎役者は，身をもってせりふの発し方を探究し，そのことを通して演劇の世界の新しい意味を自分なりに見出していった．伝統芸道においては，このような身体を通しての意味発見が不断に行われていると見ていいだろう．「上達」とはそのようなことである．

しかし，このような意味発見は，師匠の形を模倣しその形に自分の身体を合わせるという厳しい制限の枠内ではじめて可能になる．科学的な知を生み出すことがないという点では規律訓練的な権力と異なるが（カリキュラムの欠如はおそらくこのことと関係する），身体に厳しいコントロールを課すという点では，芸道の教育方法は規律訓練に通じる部分を持つ．

慣習と儀礼——身のレベルでの伝承

生田が分析したのは芸道という非日常的な空間であったが，そこに現れた「身」のあり方をより日常的なレベルで捉えれば，それを「**慣習的（あるいは儀礼的）身体**」と呼ぶことができる．芸道における「型」のように洗練されていないとしても，われわれの日常生活は，ほとんど意識が介在することなしに進行可能な様々な行為のパターンによって支えられている（冒頭で挙げた，レシピの命令なしに手際よく料理の手順をこなしていく身体のように）．そうした行為のパターンを作り出しているのが，慣習であり，慣習より意識的構築の程度の高い儀礼である．

ドイツの教育学者ヴルフ（2009）は，こうした点に注目し，共同体形成および人間形成における儀礼の重要性を強調している．ヴルフは儀礼を，慣習，式典，礼拝，祝典を含む広い概念として捉える．こうした広い意味での儀礼が，共同体を形成する上でも，個々人が共同体に参加する上でも，決定的に重要だというのである．ヴルフによれば，たとえば若者たちが既成の大人社

会に対する反抗を企てる場合，あるいは革命によって新しい社会が形成される場合，そこには必ずと言っていいほど反抗や革新を可視化するための独特の儀礼の考案が見られる．

このように儀礼という視点から見ると，共同体の維持・革新も人間形成も，「頭の中」の観念の問題としてではなく，儀礼を演出しそこに参加する身体的遂行のレベルで捉えられることになる．儀礼における身体的遂行を通して，ある共同体の諸観念は「身」のレベルで伝承されることになる．

目立たずほとんど暗黙裡に進行するこうした「身」のレベルでの伝承が教育と人間形成の土台を作っている．規律訓練はまっさらな身体に働きかけるのではないし，意味生成もまっさらな身体から生まれるのではない．慣習的・儀礼的身体が，この両者の暗黙の前提条件になっているように思われる．

この章のまとめ

「頭の中」の知識伝達に終始しており人間の全体を考慮していない，というのが教育批判の常套句になっているが，教育の現実を見ればこの批判は当らない．現実の教育は，むしろ，身と心を含む全体としての主体の構築を視野に入れてきた．身体の監視・統制によって，身体を統制する精神を生み出し，つまりは「主体」を構築する規律訓練のメカニズムはその典型である．しかし，身体は教育の対象であるばかりでなく，教育の可能性を支える条件でもある．身体のこの側面は，身体を意味生成の場と見る教育論によって明らかになる．規律訓練と意味生成という2つの見方は反転図形のように共存不可能だが，この両者の間に中間地帯がないわけではない．それが慣習的身体という見方である．この慣習的身体が，規律訓練と意味生成の両者を支える基盤となっている．

〔今井康雄〕

キーワード

身心二元論／志向性／規律訓練／意味生成／慣習・儀礼／潜在的カリキュラム／新教育／生きられた身体／わざ／型／模倣／慣習的身体

ブックガイド

竹内敏晴『ことばが劈かれるとき』ちくま文庫，1988年．

著者は演出家で，演劇的状況のなかで「からだ」を解放するレッスンの試みを行ってきた．本書は，自伝的な部分も含めて自らの試みを総括している．身体を「意味生成」のレベルで捉えようとする様々な教育実践に与えた竹内の影響は非常に大きい．

樋口　聡『身体教育の思想』勁草書房，2005年．

スポーツを中心として，身体的な運動がいかに感性に，ひいては人間全体に作用を及ぼすかを考察する．著者もまた，精神から区別された意味での「身体」ではなく，「身」のレベルでこの作用を捉えようとしている．

ケーニヒ（山本徳郎訳）『身体―知―力――身体の歴史人類学的研究』不昧堂出版，1997年．

プラトンの場合と対比しつつ，近代における身体教育の理論の系譜を描き出す．ドイツが中心になるが，18世紀から20世紀初頭にかけて，フーコーが分析したような規律訓練的な教育の考え方が身体教育の領域でどのように展開されたかを知ることができる．

参考文献

生田久美子（1987）『「わざ」から知る』東京大学出版会（コレクション版，2008年）．

市川　浩（1978）「〈身〉の構造」『講座現代の哲学2．人称的世界』弘文堂，105-175頁．

ヴルフ（2008）「儀礼の再発見――ミメーシス・遂行性・儀礼的知――ベルリンにおける儀礼研究」今井康雄訳，矢野智司他編『教育学の変貌』世織書房，2009年刊行予定．

佐々木正人（1987）『からだ：認識の原点』東京大学出版会（コレクション版，2008年）．

矢野智司（1998）「非知の体験としての身体運動――生成の教育人間学からの試論」『体育の科学』48(10)，785-789頁．

Foucault, M.（1975）*Surveiller et punir : Naissance de la prison*. Paris：Gallimard.（田村俶訳（1977）『監獄の誕生――監視と処罰』，新潮社）

Ryle, G.（1949）*The Concept of Mind*. Barnes & Noble.（坂本百大/宮下治子/服部裕幸訳（1987）『心の概念』みすず書房）

7章 成長・発達——子どもの成長はどのように語られてきたか

1 未来に向かう矢としての子ども

成長に対する希望

レバノン出身でヨーロッパとアメリカ合衆国を渡り歩いた流浪の詩人カーリル・ジブラーンは，『預言者』（1922年）における「子ども」についての印象深い詩を残している．そのなかで，彼は，子どもを放物線を描きながら前方へと勢いよく飛んでいく矢に，また大人たちをその矢を放つ弓（とその射手）に喩えている．「あなたたちは弓であり，そこから子どもたちは生ける矢として放たれる／射手は無限の細道にある目標を見定め，力強くあなたを引き絞り，矢を速く遠くへ飛ばそうとする／射手の手にある弓を喜びに向けなさい／なぜなら，射手が飛び立つ矢を愛するように，矢もまた手堅い弓を愛するものだから」（Gibran, 2007）．

「無限の細道」を勢いよく前方に飛んでいく矢の軌道，ということで言い表されているのは，子どもの成長である．弓には矢を前方へと向かわせる推進力を与える力があり，矢はそれを必要としている．飛んでいく矢と弓，つまり，成長する子どもとそれを支える大人の間に成立する信頼関係に対する賛歌が，この詩の根底にある．

希望と表裏一体の不安

だが，ジブラーンの詩で目を向けてほしいのは，子どもの成長に対する希望そのものというよりは，むしろ，それと表裏一体の，詩のどの行にも明言されていないがその背景に潜んでいるはずの，成長の行く末に対する不安の方である．

弓は，射止めるはずの的を目がけて矢を放つが，実際に突き刺さる地点をあらかじめ知ることはない．矢の軌道は，思わぬことでコントロールを失うかもしれない．これと同様に，大人には，子どもの成長の到達地点をあらか

じめ確定することができるわけではない．子どもという矢は，往々にして，大人という弓が思い描いていた軌道を外れ，そのことによって大人を悩ませる．

　先行世代と後続世代との調和的な関係は，前者が「手堅い弓」であることによってもたらされるというのだが，「手堅い弓」になる万能の方法はない．ジブラーンは，子ども礼賛としての詩の表層とは裏腹に，子どもの成長に随伴する大人たちの側からの不安をも，弓と矢の喩えによって表現しているのではないだろうか．

　ジブラーンが子ども賛歌と教育への信頼とともに仄めかしているような，子どもの成長に付随する拠り所のなさと不安は，通常，どのように覆い隠されているのだろうか．ジブラーンの詩が全体として楽観的な雰囲気を保ちえているのは，弓の適切な支援さえあれば矢が前方へ飛んでいくという見込みが感じ取られるからである．こうした見込みが与えられるためには，子どもという矢が成長の過程で描く放物線の軌道があらかじめ記述される必要がある．19世紀後半から現在にいたるまで，子どもの成長過程が記述される際にキーワードであり続けてきたのは，「**発達**」である．「発達」について，これまでどのように語られてきたのだろうか．また，現在，それはどのように語られようとしているのだろうか．

2　成長の哲学から経験科学へ

子どもの成長に関する哲学的語り

　発達論的な思考の重要な源泉として，これまで注目されてきたのは，哲学的な考察である．そのような哲学的な源泉として，教育学においてよくとりあげられるのは，たとえばJ.-J.ルソーの思想である．彼は，幼年期，子ども期，青春期，大人期という4つの人生段階を設定して，各段階において発現する人間の内在性に即した働きかけ（＝教育）を行うことがいかに重要であるかを論じた．

　ドイツの有名な哲学者であり，大学における教育学の授業を最も早い時期に担当したカントによれば，子どもが大人へと移行するためには，自然的（性的）な成人性，法的な成人性，道徳的な成人性を獲得しなければならな

い，とされた．そして，こうした苦難に満ちた個人の成長が時代を経て繰り返されることをとおしてのみ，人類は「人間性の理念」(カント，1966) に到達できる，と考えられた．

個人が苦難を乗り越えて成長するイメージは，ヘーゲルを代表とする19世紀のドイツ・ロマン主義を潜り抜けることによって，否定をとおしてさらなる高みへと昇っていくような**弁証法**的過程として，より洗練されたかたちで描出されるようになった．とはいえ，総体として，以上のような哲学的な成長の段階設定と各段階の特徴づけは，まだ大まかなものであった．

「発達」に関する経験科学

19世紀も後半になると，そのような哲学的な思惟を基盤としつつも，哲学から独立して経験科学として確立してきた**心理学**，またその周辺の諸科学において，人間の成長について探究されるようになった．そこでは，〈development〉という語が人間の成長，つまり「発達」を表す術語として定着するようになり，その語を看板に掲げた「発達心理学」という分野も誕生した．

「発達」に関する科学の蓄積は，時間の経過にともなう個体の変化を理論に依拠して区分した成長の各段階およびその総体についての理論，つまり，**発達段階論**を生み出していった．たとえば，発達心理学者ピアジェは，認知構造が主体的に構成されていく過程に注目し，思考の発達段階論を提示した．発達心理学者であり精神分析家でもあったエリクソンは，人間の心理社会的側面に注目し，発達を各人生段階において経験する危機とその克服の過程として捉えて，独自の**ライフサイクル**論を展開した．また，心理学と教育学を専門とするコールバーグは，子どもたちが道徳性を獲得する過程を発達段階論的に把握した．コールバーグの理論にもとづく**モラルジレンマ授業**（道徳性の発達段階に応じて，道徳的な矛盾や葛藤の状態をつくりだすタイプの授業）に典型的にみられるように，発達段階の図式は，教育者が教育される者に対してどのように働きかけるべきかを判断する際の拠り所となっていった．

上昇していく成長物語としての「発達」

発達段階論における人間の成長は，階段を一段ごとに連続的に上っていく

ような成長のイメージでとらえられがちであるが，つねに単調な右肩上がりの上昇を示しているわけではない．発達段階の理論は，成長にともなう苦難を巧みに織り込んでいる．葛藤をとおして道徳性が階梯的に高まっていくとするコールバーグの場合が，その典型である．

ただし，それらは，克服されることが外部の観察者によってあらかじめ見込まれるような，そして，その後にさらなる高みへと移行することが約束されているかのような成長の物語であるといえる．そのかぎりにおいて，発達段階論は，基本的には哲学が準備した成長の物語に類似して，紆余曲折のさまざまなエピソードが織り込まれてはいるが，基本的に上昇していく個人の変容過程についてのプロット（筋書き）を，その軸として有している．

もちろん，発達論は，単に上昇していくイメージで捉えられるような誕生時から成人へといたる過程だけを扱うのではない．エリクソンの場合がそうであるように，人間の一生を円環的なライフサイクルとして捉えることもできる．人生を包括的に広義の発達として考察しようとする傾向は，いわゆる高齢化社会とよばれる現象を背景として次第に強まっている．とはいえ，一般的にいえば，発達論の中心をなしているのは，人生段階全体のなかでも，上昇のイメージで捉えられる子どもの成長期であることは否めない．

3 「発達」の日常言語化

プラスチック・ワード

「発達」に関する科学的な研究によって子どもの成長が実体として解明されるかのような印象を，私たちは受けがちである．実際には，子どもの成長にはもちろん個人差があり，その複雑さについて一概に語ることはできない．また，「発達」が個人によって異なるというだけでなく，それを観察する研究者が，どのような関心と図式を前提にして子どもを捉えようとしているかによって，導き出される発達観は異なってくる．それにもかかわらず，一般的な日常生活においては，「発達」は，子どもの成長をどことなく客観的に捉えたかのような安堵感を与える言葉として用いられることが多い．

そのような言葉を，ドイツの言語史学者であるウヴェ・ペルクゼンは，「プラスチック・ワード」と名付けている．「プラスチック・ワード」とは，

プラスチックでできた玩具のブロックのように，その語を組み合わせて用いさえすれば，多様な記述や発話をつくりだすことができるような「コノテーション［ある言葉のうちに含まれる意味］的ステレオタイプ」（ペルクゼン，2007）のことをいう．それらの語は，まず科学の領域に入り込み，再び日常言語として用いられるようになったことによって，記述や発話の内容に科学的な体裁を与えることができる．どのような立場であっても，その語を使用することによって，内容を曖昧なままに保ちながら言葉を繕うことができるので，その応用範囲は極めて広いとされる．ペルクゼンは，そのような「プラスチック・ワード」の典型として，「アイデンティティ」「コミュニケーション」「セクシュアリティ」などをあげている．

プラスチック・ワードとしての「発達」

　ペルクゼンによるこうした考え方にもとづいていえば，19世紀後半から20世紀にかけて，「発達」は，とりわけ児童心理学のような子どもの成長に関する経験科学の蓄積を経た後で，「プラスチック・ワード」としての条件を備えていった，といえるのではないだろうか．

　「プラスチック・ワード」化していくことの条件としてあげられるのは，第一に，「発達」の精密化である．19世紀後半から20世紀における心理学は，それ以前の哲学的な考察に比べて，人間の成長を「発達」のプロセスとして精密かつ細分化して描出するようになった．成長の「標準」がひとたび示され，〈正常〉と〈異常〉がそれを基準にして区別され，さらにその間のグラデーションが専門用語を用いて区分けされていった．

　第二に，「発達」の科学化およびそれにともなう自然（事実）化があげられる．「発達」は，科学をとおして権威づけられ，人間の成長に関する自然（事実）の過程とみなされるようになる．ルソーが人間の「自然性（本性）」について語るとき，その仮構性（フィクション）が意識されていたが，前世紀の「発達」をめぐる諸科学では「自然性（本性）」につけられていた括弧が外されて「発達」という事実を解明することが目指されるようになった．近年，**認知科学**や**脳科学**などが発展し，個人のうちで生じる情報処理の過程としての学習（認知科学では学習はこのことを指す．教科学習のことではない）とそれを積み重ねることによって生じる「発達」がより詳細に解明されつつあるが，

そのことによって，「発達」の科学化はさらに促進されつつあるといえるだろう．

第三に指摘されるのは，「発達」の科学的使用から日常的使用への移行である．「発達」は，科学言語の領域に入り込んだ後に，日常語として用いられるようになり，科学的な定義と肯定的な響きを携えて，あたかも個人の変容プロセスを自然の法則に従うかのように語る際に用いられるようになっていった．

発達段階論には，成長に関する特定の価値観や規範を人々に暗黙のうちに与えてしまい，個人が有するさまざまな可能性を制約してしまうという批判も提起されている（森田尚人，2000）．「発達」のプラスチック・ワード化は，そのように特定の成長観が無批判に受け入れられるために作用してしまいかねない．

「発達」は，科学言語の領域に入り込んだ際に，社会の「発展」と調和するようなイメージで捉えられてきたが（次節），日常言語として用いられる場合にも，暗黙のうちに個人の「発達」と社会の「発展」との調和状態というイメージが往々にして保持されている．その際に前提とされる社会の「発展」がどのようなものであるかということについては，つねに意識されなければならないだろう．

4　「発達」の前提としての「発展」

「発展」もまたプラスチック・ワード

ところで，個人の「発達」と社会の「発展」とが一対のものとして捉えられるということと関連して，そもそも双方が欧米の言語としては同根のものであるということは，注目しておくべきだろう．「発達」も「発展」も，同じ語（英語では development）で表される．その語は，まずは「発展」という意味において使用されてきた．そして，この「発展」という考え方が，「発達」という考え方をいわば背後から支えてきたのである．以下でみてみよう．

「発展」は，ヨーロッパでは 18 世紀に日常言語から科学言語の領域に入り込み，さまざまな分野において普及した後に，新たな科学的な定義を携えて

日常言語の領域へ再参入してきたという．17世紀には，巻物を「くるくる回してほどく」という意味で日常語として用いられ，そのイメージがもとになって「発展」という観念が芽生えていった．

「発展」という観念は，やはり18世紀の啓蒙期を通じて広く流布したとされる「**進歩**」の観念とともに広まっていった（cf. エマソン，1987）．限られた優秀な人間が絶対者との合一をとおして完全性へといたるという，古代ギリシアの哲学やキリスト教神学におけるかつての**完全主義**（パーフェクティビズム）は，18世紀に世俗化（＝脱宗教化）し，世代の移り変わりによって徐々に社会が発展して人類が進歩していくという意味の近代の完全主義に，王座を譲り渡すことになった（森田伸子，2000）．

それ以降にこうした観念が広まった背景には，社会がよい方向へと変化していくことに対する希望と信頼を拡大させていくような社会変化（科学革命，市民革命，産業革命など）があった．それとともに，哲学の領域においても，自然界の「発展」についてのみならず，人類の「発展」について，頻繁に語られるようになった．

今日では，この語が含み込んでいた「もともとの大胆で力強いイメージは，とうの昔に衰え」てしまい，その結果，「発展」は「中性的な抽象概念として，あるいはプロセスを言い表している」（ペルクゼン，2007）だけのものに変化してしまったといわれる．最初は目的語をとる他動詞（AがBを発展させる）として用いられるだけであった〈develop〉という語は，すでに1800年頃から自動詞的用法（何かが発展する）をみせるようになり，それとともに，「発展」は，あたかも自然のプロセスであるかのような外観を呈するようになった．科学性をまとった日常言語として用いられるようになった「発展」は，社会変化の内実を曖昧にしたままにその方向性を正当化することのできるような便利な言葉になった．ペルクゼンによれば，つまり，「発展」もまた，典型的なプラスチック・ワードなのである．

子どもの成長が「発展」を支える

社会の「発展」は，子どもの成長とどのように関連づけられてきたのだろうか．ユートピア研究は，この問いに対するひとつの回答を与えてくれている．ヨーロッパで18世紀から19世紀にかけて流布した「進歩」による人類

の「発展」という観念は，社会の像を描出する際の様式をも変化させたという．理想の社会を描いたテクストは，一般にユートピア作品と呼ばれる．ユートピア作品は，その語源となったトマス・モアの著作『ユートピア』(1516年) がそうであったように，理想社会を未踏の地に見出すというパターンが一般的であった．だが，18世紀になると，理想社会は，むしろ未来に設定されることが多くなり，どこかにある「空間化されたユートピア」から，いつか可能な「時間化されたユートピア」への移行がみられるようになった．そのような変化によって，ユートピアは，もはやそのときどきに現存するリアリティーに対する対立像としてのみではなく，実現への希望を予感させるような「仮説的に可能なもの」(Voßkamp, 1985) として記述されることを要件とするようになったという．

　未来に理想社会の状態が実現されるのではないかという物語のもっともらしさと信憑性が要求されるようになると，当然のことながら，現在と未来とを結びつけるような媒体が必要となるだろう．その重要な媒体とみなされるようになったのが，子どもであり，また子どもへの働きかけである教育であった．人類や社会の「発展」という観念は，人間の可鍛性（外部からの働きかけを受けてよい変化をすること）・完成可能性についての信奉と結びついて，教育の成果に大きな期待をかける記述を多く生み出すことになった (cf. エマソン, 1987)．近代教育は，基本的にこうした「発展」と子どもの成長との密接な結びつきの上に成り立っていた．すでに述べたように，子どもも含めた人間一般の成長は，後に，西洋の言語においては「発展」と同じ語句によって「発達」が指し示されることになる．

5　子どもの成長をめぐる今日的状況について

「発達」と「発展」の乖離が不安を呼び起こす

　「発達」と「発展」は，子どもの成長をめぐる不安を覆い隠すような同根の，とはいえ2つの「プラスチック・ワード」である．本章の冒頭で引用したジブラーンの詩との関連で表現すれば，「発達」は，矢の軌道をあらかじめ示してくれるような成長の地図であり，また，「発展」は，矢の向かう先が社会のよりよき未来像のうちに適合していることを確認できるような地図

であり続けてきた．

　だが,「発達」と「発展」の関係性は，今日，大きな変化の時期を迎えているように思われる．というのも，上述の両輪の一方である「発展」という観念が，理論上のみならず，実際の世界の動向においても，大きく揺らいでいるからである．また，それとの相関において，子どもの「発達」の捉え方にも変化の兆候がみえ始めている．

　「発展」に関する今日の大きな変化について簡明かつ説得的な議論を展開している論者として，社会学者の見田宗介をあげることができる．見田（2007）は，社会システムと日常の意識に関するデータを駆使しつつ，現在の私たちが，近代という高度に上昇してきた時代（物資や人口に関する量的な増大の時代）の最終局面を体験した後，やがて訪れる「安定平衡期」へと向かうために緩やかに「歴史の減速」がみられるような過渡期に位置していることを強調している．「歴史の減速」ということで見田が念頭に置いているのは，まずは1970年代以降の「高度成長期」（見田によれば，それは近代という高度成長期総体の典型的なモデル・サンプルにほかならない）以後の日本の状況である．だが，それは，世界の全体の人口増加率の変化などに示されるような，より巨視的な「歴史の減速」という現象と照応していると，見田はみている．

　見田は，「歴史の減速」の途上にあると診断された現状を必ずしも悲観的にみているわけではない．むしろ，その肯定的な側面を強調しているようにみえる．見田は，社会の上昇を支えてきた〈近代家父長制家族〉が瓦解しつつあることを指摘したうえで，そこに近代の構造的矛盾が「解凍」していく契機を見出そうとしている．彼によれば，「生産主義的な生の全域の手段化＝合理化という，高度成長期の時代の圧力から解き放たれた『自由』の理念，『平等』の理念が，はじめて社会の実体としての全域において生きられる社会を展望することができる」（見田，2007）のだという．そして，上昇運動の果てにやってくる安定平衡の局面を生成し続けるために，「人間と人間，社会と社会，人間と自然の関係の相克性を至るところで相乗性に展開する」ような〈共生の技術〉としての合理性」が重要になるのだとされる．

「発展」の終焉期における「発達」問題

　見田の所論にもとづきつつ、この章で論じてきた子どもの成長に関する議論に接近したときに、いったいどのようなことがいえるだろうか．近代教育における教育的権威は、基本的に、〈近代家父長制家族〉が有する父権とアナロジーをなしていた（父としての教師）．そして、この教育的権威は、向上する社会という基盤のうえで個人を向上させるべく人間形成に介入してきたが、歴史が「減速」して社会が安定平衡の局面に入り、向上する社会と向上する個人との間に成立していた相似関係がリアリティーをもたなくなると、そのような教育的権威は自明性を喪失し始めるのではないだろうか．

　そのような事態は、まずは既存のシステムの機能不全状況として危機診断されるであろう．日本に関していえば、1990年代以降、「学級崩壊」や「学校崩壊」といった言葉をもって把握されているような教師たちの権威が脅かされる事態が、そのことに対応する事例としてあげられるかもしれない．

　だが、同時に、見田が予言する「発展」なき時代への楽観性と期待を教育の議論に置き換えていえば、「発展」の終焉によって、子どもたちは矢として飛んでいかねばならないという圧力から解放されるかもしれないし、〈共生の技術〉としての教育技術が誕生し、〈強制（矯正）の技術〉から〈共生の技術〉への転換が生じるかもしれない（⇒規律訓練としての教育は6章参照）．

　そのような変化と呼応するかのように、すでに教育学の周辺では、近代的な成長観に対する見直しが開始されている．「アイデンティティ」の形成に価値を置く伝統的な成長観に対する批判的省察（cf. 上野, 2005）や、単線型の成長物語に代わるような折り重なる自己変容物語（cf. 東, 2007）を示唆する論考などは、その一例といえるだろう．それらは、教育学における子どもの成長に関する議論と接合する可能性を有しているが、目下のところ、教育学的議論にまだ十分になじんでいるとはいえそうにない．

　そうしたなかにあって、現代的な状況を前提にしてもなお有効な人間の成長に関する理論的な動向も生じつつある．ここでは、2つほどあげておこう．ひとつは、人間が環境から影響を受けつつ環境をつくりかえていく構築主義の立場から、主体的な過程として発達を捉え直そうとしているレイヴらの立場である（⇒教育システム論については、16章参照）．彼らの試みは、発達論が成長に関する特定の価値観や規範を人々に暗黙のうちに与えてしまう、とい

う批判にもとづいている．もうひとつは，ルーマンのシステム理論的な立場である．彼の理論は，**自己創出**（オートポイエーシス，⇒11章参照）をキーワードにして，複雑化する社会における自己変容のあり方を記述する可能性を有している（田中／山名，2004）．

この章のまとめ

この章では，19世紀後半から現在にいたるまで，子どもの成長過程を論じる際にキーワードであり続けてきた「発達」の語られ方について述べた後，「発達」と非常に結びつきの強い「発展」という概念に目を向けて，両者の関連性という視点から，再び子どもの成長について論じた．「発達」には，子どもの成長を明晰化すると同時に曖昧化するという，一見したところ，相矛盾するような特徴がある．そのことによって，それぞれの子どもが有するさまざまな可能性に対する視野が狭められてしまう可能性も生じかねない．

これまで長い間，善くも悪しくも子どもたちの成長は，「発達」の名のもとで，「発展」し上昇していく社会という潮流のなかに位置づけられてきた．現在，変容しつつある自己の位置を確認できると少なくとも信じられたような「発達」と「発展」とが重ね合わされた地図を，私たちは失いつつある．子どもたちの成長に関する次なる有力な地図は，「発達」を鍵として再制作されるのだろうか．それとも，別の概念を中心にして新たな地図が作成されるのだろうか．今，私たちは，そのような局面に位置している．

ちなみに，先述のペルクゼンは，「教育」そのものもまた，「プラスチック・ワード」のひとつとしてあげていることを，ここで付言しておこう（⇒学校教育，14章）．「教育」の「プラスチック・ワード」性を問い直し，その由来を確認し，そのうえで先行世代と後続世代との新たな関係性を構想することがなければ，見田の見解の延長線上に浮上するであろう「発展」なき時代の成長に関する肯定的な構想は，夢物語に終わらざるをえないだろう．

（山名　淳）

キーワード

発達／弁証法／心理学／発達段階論／ライフサイクル／モラルジレンマ／認知科学／脳科学／発展／進歩／完全主義（パーフェクティヴィズム）／可鍛性・完成可能性／共生

/自己創出(オートポイエーシス)/アイデンティティ

ブックガイド

森田尚人他編『教育学年報』第3巻，世織書房，1994年．
　森田尚人「発達観の歴史的構成——遺伝-環境論争の政治的機能」(101-138頁)を所収．〈遺伝-環境〉論争を中心に「発達」観の歴史を詳細に追究し，「発達」に付随する政治的な機能問題に鋭く迫った渾身の論文．

矢野智司『自己変容という物語——生成・贈与・教育』金子書房，2000年．
　「発達」を中心にして人間の自己変容について語るとき，何がとりこぼされてしまうのか．筆者は，そのことについて，「生成」概念を用いて，人間学の立場から回答の可能性を与えてくれている．

参考文献

東　浩紀（2007）『ゲーム的リアリズムの誕生』講談社．
上野千鶴子（編）（2005）『脱アイデンティティ』勁草書房．
エマソン，R. L. 他（桜井万里子他訳）（1987）『進歩とユートピア』平凡社．
カント，I.（原佑編訳）（1966）『カント全集』第14巻，理想社．
鈴木晶子（2006）『イマヌエル・カントの葬列』春秋社．
田中智志/山名　淳（編）（2004）『教育人間論のルーマン』勁草書房．
ペルクゼン，U.（糟谷啓介訳）（2007）『プラスチック・ワード』藤原書店．
見田宗介（2007）「近代の矛盾の『解凍』——脱高度成長期の精神変容」『思想』1002, 76-90頁．
森田尚人（2000）「発達」，教育思想史学会編『教育思想事典』勁草書房，558-564頁．
森田伸子（2000）「進歩」，教育思想史学会編『教育思想事典』勁草書房，435-439頁．
Gibran, K.（2007）*Von den Kindern*. München：Kanaur.
Voßkamp. W.（Hrsg.）（1985）*Utopieforschung*. Bd.3. Frankfurt a. M.：Metzler.

8章 人格——何にささえられているのか

1 人をささえるものは？

絶対的な孤独

1818年に21歳の女性，メアリー・シェリーが書いた『フランケンシュタイン』という小説は，たんなる怪奇小説ではなく，近代科学批判の書である，といわれている（cf. Lecercle 1994/1997）．医学者フランケンシュタインの生命（モンスター）の創造は，近代科学への過信の現れであり，人間の傲りを象徴する行為である，と．

しかし，この小説の主人公「モンスター」の話す言葉から，孤立した人の痛ましい運命を読みとることもできる．憧れのモデルもいなければ，いやでも似ているといわれる近親者もいない人は，絶対的な孤独を生きるしかない．このモンスターの懊悩は，父親であれ，母親であれ，友人であれ，自分に近しいだれかを見つけ出せないことである．

いいかえるなら，モンスターを絶対的に孤立させたものは，自分をこの世界のだれかに似せる・擬するという**アナロジー**の不可能性である．彼の言葉を引用しよう．「私の友や親戚はどこにいるのか．赤ちゃんの私を見まもってくれた父も，笑顔で愛撫してくれた母もいなかった．もしもいたとしても，私の過去のすべての生活は一つの汚点，まったくの空白であり，私は何も理解できなかった」（Shelly, 1818/1994：147 訳文変更）．

アナロジーの役割

この小説が暗示していることのひとつは，人間が基本的に自分になぞらえられる他者の存在に支えられていることである．いいかえるなら，人間を支えているものは，他者の具体的な援助だけでなく，近しいと思える他者がいること，近しいと思える他者の存在そのものである．

もうひとつは，樹木が根によって大地に立っているように，人がアナロジ

ーによって世界と結びついていることである．人は，自分に近しい他者をこの世界に見いだすことで，自分をこの世界に結びつけ，安心している．自分に近しいものを見いだせなければ，自分を世界に結びつけられず，安心もできない．アナロジーは，自己と世界を結びつけるメディアである．

こうした寓話的な教訓は，「**人格形成**」(personality formation/personality building) を考えるうえでも示唆的である．しかし，その含意を述べるまえに，人格の意味を確かめなければならない．教育学において，人格形成概念は，教育と同義と見なされるくらいに重要な概念であるが，その内実はわかりにくい．大きな理由は，「人格」という言葉が，文脈によって異なる意味で使われているためである．まず，人格のさまざまな意味を整理しよう．

2　教育の人格概念

3つの人格概念

私たち自身を指す言葉はさまざまである．たとえば，「人間」「人格」「個人」「ひと」「自己」「自我」「ヒト」などをあげることができる．

なかでも「人格」という言葉は，教育の世界でも盛んに使われてきたが，法学の世界でも，心理学の世界でも，そして哲学（道徳哲学）の世界でも使われてきた．つまり，法学的な人格概念，心理的な人格概念，道徳哲学的な人格概念があり，これらの人格概念が，教育の世界でも，厳密な定義を欠いたまま，使われてきた．

まず，これら3つの人格概念について，その意味内容を確認しよう．

法学的な人格概念

法学的な人格概念は，権利・義務の主体を意味している．たとえば，「子どもの犯罪や問題行動は，成長の過程で子どもの人格が十分に尊重されてこなかったことに原因がある」（日本弁護士連合会「子どもの成長支援に関する決議」2001年）といわれる場合，そこでいわれている「人格」は，自己決定できる権利・義務の主体を意味している．

医学の世界では，胎児に人格を認めるか否か，という論議が続いているが，この場合の「人格」も，法学的な人格概念である．治療技術の進歩とともに，

1995年ころから,「胎児は患者か」(Fetus as a Patient ?)と,問われるようになった．つまり,患者は人格をもたなければならないという前提の下に,胎児は「人間」か,胎児に「人格」は認められるのか,もしも認めるとするなら,それはいつからか,と問われるようになった．

　この問題については,「患者は人格をもたなければならない」という前提を否定する意見もある．患者は,権利・義務の主体であっても,**自己決定**できない場合があるからである．いいかえるなら,人格をもたなくても,ヒトは患者にはなれるからである．医療関係者の場合,治療が可能であるとわかれば,治療したいと思う．医療関係者にとって,胎児に人格があるかないかよりも,助けられるかどうかが問題だからである．

心理的な人格概念

　心理的な人格概念は,個人に内在する力動的組成(その人の心のうごきのありかた)を意味している．心理学においては,この意味での「人格」を用いた言葉がいくつもある．たとえば,「人格障害」「人格変容」「人格特性」などである．近年日本では,「パーソナリティ」とカタカナ表記されることも多い．

　この心理的な人格概念は,アメリカの心理学が 1930 年代から使いはじめた personality という言葉に由来している．この人格概念を広めた人物が,高名な心理学者のオルポートである．彼は,「人格(personality)とは,個人に内在する力動的組成であり,当人固有の環境への適応形態を決定する精神的かつ物質的なシステムの一部である」と定義している(Allport, 1937：48/1982：40 訳文変更).

　近年,よくとりざたされる心理学用語のひとつが「**人格障害**」だろう．人格障害とは,「DSM-IV」(Diagnostic and Statistical Manual of Mental Disorders, 4th ed.)と呼ばれる精神医学の診断基準で用いられている言葉である．それによると,人格障害とは「一定期間(過去1年)以上,持続的に示されている行動傾向・人格傾向が社会的・職業的・主観的に重大な苦痛を生みだしている状態」である．つまり,ある人の思考・行動が一定期間にわたり,他者・本人に甚大な苦痛を与えている場合,その人は「人格障害」と見なされる．

人格障害は，その特徴によって細かく分かれている．そのひとつが「反社会性人格障害」である．これは，他者の権利を平然と無視したり，他者の感情を平気で傷つける場合の人格障害である．もうひとつが「自己愛性人格障害」である．これは，自分は特別で偉大な人間であると思い込んでいるために，ありのままの自分を受け容れられなかったり，他者を支配しようとしたりと，他者・本人に甚大な苦痛を与える場合の人格障害である．

道徳哲学的な人格概念

道徳哲学的な人格概念は，西欧のキリスト教的思想に関係する概念で，個人に内在する道徳的規範を意味している．たとえば，「あの人は人格者だ」という場合もそうであり，また教育の目的は「人格の完成」である（旧「教育基本法」第1条，1947年）という場合もそうである．

道徳哲学的な人格概念は，2つの概念に由来している．ひとつはカントのペルゼンリッヒカイト（Persönlichkeit）である．ペルゼンリッヒカイトは，人間を「道徳的完全性」にみちびく内在性である．この考え方の背後にあったものは，18世紀の西欧思想界に広がっていた，人間は神のような「完全性」に到達できるというキリスト教的な完全性論である．

もうひとつの概念は，スコットランド道徳哲学の「キャラクター」である．キャラクターもまた，人間を「道徳的完全性」にみちびく内在性を意味していた．シャフツベリー，ハチソン，ウィザースプーンといったスコットランド道徳哲学者は，カントに先んじ，人間は神のような「完全性」に到達できると唱えていた．スコットランド道徳哲学の影響をつよく受け日本でも明治期以降，よく読まれていた作家のスマイルズは，1853年に「キャラクターは……人間の所有できる至高性であり，人間の高みをささえているものであり，普遍的な善の意志が示す状態である」と述べている（田中，2005）．

心理的な「パーソナリティ」という言葉が用いられるようになった1910年代あたりから，教育学においては，しだいに「キャラクター」と「パーソナリティ」が相互に同じように用いられるようになった．たとえば，1915年に刊行されたデューイの『民主主義と教育』には「パーソナリティの完全な発達」という言葉が使われている．文脈からすれば，このパーソナリティは，内在する力動的組成ではなく，内在する道徳的規範（キャラクター）を

意味している (Dewey, 1996, MW. vol. 9：13).

3つの人格概念の関係

　現在，教育実践において使われている人格概念はおもに，これらのうちの道徳哲学的な人格概念である．日本で心理学者が「人格障害」といわず「パーソナリティ障害」という場合，それは，「人格」という言葉にまとわりつく道徳的なニュアンスを避けるためだろう．いいかえるなら，なんらかの価値観から中立であり科学的であることを示すためだろう．

　これら3つの人格概念は，同じ「人格」という言葉で表現されていながら，大きく異なっている．これら3つの人格概念を統一的な理論のなかに位置づけることは困難である．

　ただし，教育界で心理学的な人格が道徳的な人格にとってかわりつつあることは，たしかな事実である．英語でいえば，パーソンの核が，道徳哲学的な意味のキャラクターから心理学的な意味のパーソナリティに変わりつつある．これは，キリスト教的な道徳規範よりも個々人の直接的な官能・知覚が重視されることであり，人びとがその違いによって差異化されることである (Giddens, 1991/2005：192-193; Sennett, 1977/1991：308). これは，俯瞰していえば，19世紀以来の西欧社会の「世俗化」（脱キリスト教化）の一環である．

3　心理的な人格の基礎

人間性をつちかうもの

　教育実践において語られる人格概念は，おもに心理的な人格である．「人格障害」をめぐり，識者が頭をかかえている現状を考えるなら，心理学的な人格の「**人間性**」（道徳性）という特徴がどのように形成されるのかが，もっと語られるべきである．

　もちろん，何が「人間性」なのか，一義的に決まっているわけではない．社会・時代がちがえば，「人間性」の意味もちがってくる．しかし，「人間性」が，人間として必要な最低限の倫理感情であると考えることに，異論はないだろう．最低限の倫理感情は，他者への配慮にともなう感情，たとえば，信頼・共感・寛容・誠実・正直などである．

しかし，人間は，こうした「人間的な感情」の諸要素を教育されることによって，「人間的な感情」をもつようになったのではない．「人間的な感情」は，一定の（情緒的な）「関係性」のもとで自然に生じる心情であり，広義の社会化の成果だからである．

この人間的な感情と関係性との関係については，1950年代からボウルビー，ウィニコットのような心理学者・精神科医がくりかえし語ってきた（Bowlby, 1958, 1988; Winnicott, 1957）．

アタッチメント

ボウルビーによれば，幼児期（1歳半から6歳までの時期）に子どもをとりまく「関係性」は，基本的に「**アタッチメント**」（attatchment，愛着）をふくんでいる．アタッチメントとは，おもに母親と赤ちゃんがくっついた状態であり，たとえば，子どもが何か不安を感じたときに安心を求めて母親に抱きつき，なかなか離れない状態である．

アタッチメントは，第一に「応答関係」を生みだす．子どもは，何かに感動すると，人にそれを伝えようとする．走って帰り，ドアを開けるなり，「ママ，あのね」と話し始める．このとき，母親が「なあに？」と微笑みながら応えることが，応答関係である．もしも，この子どもに「うるさい」と応じるなら，それは応答関係ではない．

応答関係は，子どもと母親の間に，他者への信頼を生みだす．子どもは，「きっと喜んで聴いてくれる」と母親の行動を予期し，母親は，「きっと嬉しそうに話し始める」と子どもの行動を予期する．そして，それぞれの予期が大まかながら現実化する．この肯定的な予期の現実化が，親子のあいだで，相手に対する「信頼」を生みだす．

アタッチメントは，第二に子どもにも母親にも「共感」（感情共鳴）を生みだす．これは，相手の感情（喜び・悲しみ）が自分の感情（喜び・悲しみ）になることである．子どもの喜びが母親の喜びとなり，母親の喜びが子どもの喜びとなることである．

こうした共感の経験は，相手に対する不平不満を減らす．「親があれをしてくれない，これをしてくれない」と，たびたび不平不満をいうことは，一般に「わがままだから」と考えられている．しかし，もうすこし踏み込んで

いえば，それは，親の喜びが自分の喜びになり，自分の喜びが親の喜びになる，という経験が乏しいからである．

ボウルビーが指摘するアタッチメントが生みだす応答関係，また応答関係が生みだす信頼と共感は，人間的な感情のもっとも重要な部分である．

基本的信頼

ウィニコットも，早期の親子の関係性を重視している．彼は，母親が幼い子どもに示す自然な愛情・保護を「ホールディング」（だきかかえ）と呼び，このホールディングに満ちた関係性が，幼い子どもを「人格存在」（善を指向し自律的に生きる人）にかえる，と論じている．「母親からのケアとともに，幼い子どもは，人格存在となりうる．そして，存在の持続と呼べるものを作りはじめる．この存在の持続という基礎のうえに，内在的な潜在力が子どもたちのなかで展開していく」(Winnicott, 1960)．

「存在の持続」とは，今あるものはこれからもありつづける，という人・物への信頼感情である．この感情の原型は，お母さんがいなくなっても，すぐにもどってくる，と思うことである．この思いはしだいに拡大されていく．すなわち，お母さんは，たとえ遠くに行って（死んで）しまっても，ずっと自分を見守っている，という信頼感情へと拡大され，自分がこの世に生まれたことを肯定する存在肯定感情につながっていく．

こうした親への信頼感情，存在肯定感情によって，子どもたちは，多少の困難に直面しても，勇気と希望をもちつづけるようになる．生きることは，つねに死のリスクにさらされることであるが，そのリスクに対し，多くの私たちは「自分は大丈夫だ」と，さしたる根拠もなく，思う．こうした前向きな態度は，幼児期の親への信頼感情に由来している．

4　関係性の意味

関係性のなかの人

冒頭に引いた『フランケンシュタイン』も，アタッチメント，ホールディングに満ちた「関係性」が幼い子どもに必要であることを示している．そしてまた，そうした関係性が欠けてしまうと，危険な状況が生まれることも暗

示している．もう一度，モンスターの言葉を引こう．「アダムは，完全な被造物として生まれた．彼は，神の手によって幸福で手篤い配慮を受けてきた．すぐれた人格者から知識をえることもできた．しかし，私はみじめなうえに信頼できる人もなく孤独だった．……［だから］サタンと同じように，家族のいる人の幸福な様子をみるたびに，苦い妬みと恨みが私のなかにわいてきたのだ」(Shelly, 1818＝1994：157 訳文変更)．

ウィニコットも，関係性の欠如が人格存在の欠如につながる，と述べている．そのような場合，人格は，殴られたら殴りかえす，怖くなればただ逃げだすといった判断を下し，理性・善性による自己制御を欠いてしまう．「もしも母性的ケアが充分でなければ，幼い子どもは，［人格］存在に到達しえない．存在肯定が持続しないからである．かわりに，人格は，環境の衝撃にただ反応するだけになってしまう」(Winnicott, 1960)．

交換と純粋贈与

前向きで自律的な人格の基礎を形成する関係性は，まぎらわしいが，いわゆる「社会関係」ではない．関係性と社会関係は，むしろ水と油である．

現代の社会関係は，基本的に「交換関係」である．交換関係は，お互いに損をしないような合理的な計算に基づく関係で，売買関係すべてである．互恵関係も，交換関係の一種で，お金を媒介にしないが，実質的にお互いが損をしない関係である．たとえば，「ギブ・アンド・テイク」は，この互恵関係である．このような社会関係においては，相手は，自分にとって役に立つものであり，役に立たないものは，たんなる風景でしかない．

こうした社会関係に対し，関係性は「**純粋贈与**」のコミュニケーションが常態化している関係である．純粋贈与とは，見返りを求めない贈与である．ただ，贈りたいから贈る行為，助けたいから助ける行為である．手段としての贈与ではなく，目的としての贈与である（⇒15章参照）．

純粋贈与は，「**配慮**」（**ケア**）の本態である（⇒2章参照）．臨床哲学を提唱した鷲田清一は，人を無条件に肯定し無条件に気遣う営みを「存在の世話」と呼んでいる（鷲田，1998：71）．さかのぼれば，古代キリスト教の神学者アウグスティヌスも「評価なしに愛すべし」と論じ，有名な経済学者アダム・スミスですら，「慈恵はつねに無償である」と述べている（Smith, 2002＝2003，

上：205).

　たとえば，私たちの命そのものが，純粋贈与である．人の命は，その人の「所有物」のように語られるが，よく考えれば，親から「贈られたもの」である．では，親がその所有者かといえば，そうでもない．親の意志だけで子どもの命を作ることはできないからであり，その親も，その親からその命を贈られているからである．つまり，命は所有不可能である．命は，自分の外，社会の外，世界からの贈りものである．

5　人格は作りなおせるのか

この章のまとめ

　教育の世界で使われている人格概念は，おもに心理学的な人格概念であるが，ほかにも，法学的な人格概念，道徳哲学的な人格概念も使われている．確認しておくなら，心理的な人格概念は，個人に内在する力動的組成（つまり「こころ」）を意味し，法学的な人格概念は，権利・義務の主体（つまり「エージェント」）を意味し，道徳哲学的な人格概念は，個人に内在する道徳的規範（つまり「良心・理性」）を意味している．

　社会不安が広がるなかで，心理学的な人格のうちで問われるものが**人間性**である．人間性を人間として必要な最低限の倫理感情であると考えるなら，この倫理感情は，教育の成果というよりも，一定の（情緒的な）「関係性」のもとで自然に生じる社会化の成果である．アタッチメント，ホールディングは，この関係性を象徴する言葉である．

　この関係性を欠いた生育過程は，心理学的な人格を大きくゆがめる．最後にふれておきたいことは，このゆがんでしまった心理学的な人格はなおせるのか，という問題である．

課題――人格は更生可能か？

　2005年のある調査報告書によれば，アメリカの刑務所には，420人の「恩赦なしの終身刑」を科せられた10代の少年（少女）が収容されている．最年少の受刑者は入所したときに14歳だった．彼（女）らは，その人格の「**矯正・更生**」は不可能である，という宣告を受けている（Human Rights

Watch, 2005)．10代で「恩赦なしの終身刑」を宣告された少年の心は，本当に治せないのだろうか．

こうした問いにはっきりと答えることは，きわめて難しい．たしかに有名な教育学者，齋藤喜博は1969年に「人間は誰でも，無限の可能性をもっている」と述べているが（齋藤，1969：5），人工知能のプログラムを書き換えるように，人の心を書き換えることはできない．しかし，この問いに，はっきり「治せない」と答えることもできない．殺人を犯した少年が矯正教育をつうじて更生した例は，すくなくないからである．

すくなくとも，歴史的に見るなら，**矯正可能性**（更生可能性）は，実験的に検証された概念ではなく，歴史的に制度化された概念である．この概念は，西欧社会で1830年代から50年代にかけて形成された．このころに，犯罪・逸脱は，人間の自然本性のどうしようもない部分ではなく，責任ある市民形成を行わなかった共同体が生みだした人為的な事象である，と考えられるようになったからである（Giddens, 1991/2005：178-179）．

しかし，私たちは，歴史的に制度化された概念を，科学的に検証されていないという理由だけで否定するべきではない．可能性にかけることは，人間のもっとも崇高な行為のひとつだからである．ボウルビーの言葉を引いておこう．「発達的に変化する可能性が加齢とともに減少しても，変化は，生涯をつうじて続く．よりよい方向への変化も，よりわるい方向への変化も，いつも可能である．……効果的な治療を行う機会を与えてくれるものは，まさにこの持続する変化の可能性である」（Bowlby, 1988/1993：175）． （田中智志）

▶キーワード

アナロジー／人格・人格形成／自己決定／パーソナリティ／人格障害／教育可能性／アタッチメント／ホールディング／良心／存在信頼／関係性／矯正／更生／矯正可能性

▶ブックガイド

加藤尚武『子育ての倫理学——少年犯罪の深層から考える』丸善ライブラリー，2000年．
　赤ちゃんに体罰を加えること，甘えて抱きつこうとする幼児を突き放すこ

とは,「しつけ」ではなく「虐待」である.加藤は,そうした「しつけ」と偽られた「虐待」が,凶悪な少年犯罪の背景であるという.

河合隼雄『「子どもの目」からの発想』講談社 (＋α文庫), 2000 年.
大人は,成長とともに「いぬは わるい めつきはしない」といった詩に示される,子どもならではの感性を失っていくという.しかし,子どもならではの感性をささえられるのは,大人なのである.

参考文献

加藤尚武 (2000)『子育ての倫理学』丸善.
河合隼雄 (1996)『大人になることのむずかしさ——青年期の問題』岩波書店.
河合隼雄 (2000)『「子どもの目」からの発想』講談社 (＋α文庫).
齋藤喜博 (1969)『教育学のすすめ』筑摩書房.
田中智志 (2005)『人格形成概念の誕生——近代アメリカ教育概念史』東信堂.
田中智志/山名 淳 (編) (2005)『教育人間論のルーマン』勁草書房.
浜田寿美男 (2005)『子どものリアリティ 学校のバーチャリティ』岩波書店.
鷲田清一 (1998)『悲鳴をあげる身体』PHP 研究所.
Allport, G. W. (1937) *Personality : A Psychological Interpretation.* Henry Holt. (詫摩武俊ほか訳 (1982)『パーソナリティ』新曜社)
Baron-Cohen, S., Tager-Flusberg, H., & Cohen, D. Eds. (1993) *Understanding Other Minds : Perspectives from Autism.* Oxford University Press. (田原俊司監訳 (1997)『心の理論——自閉症の視点から』(上・下) 八千代出版)
Bowlby, J. (1958) "The Nature of the Child's Tie to His Mother," *International Journal of Psycho-Analysis,* 39 : 350-373.
Bowlby, J. (1988) *A Secure Base : Clinical Applications of Attachment Theory.* Routledge. (二木 武監訳 (1993)『母と子のアタッチメント——心の安全基地』医歯薬出版)
Dewey, J. (1996) *The Collected Works of John Dewey, 1882-1953. The Electronic Edition,* edited by Larry A. Hickman. InteLex Corporation.
Giddens, A. (1991) *Modernity and Self-Identity : Self and Society in the Late Modern Age.* Polity Press. (秋吉美都/安藤太郎/筒井淳也訳 (2005)『モダニティと自己アイデンティティ』ハーベスト社)
Human Rights Watch (2005) *The Rest of Their Lives : Life without Parole for Child Offenders in the United States.* Amnesty International/Human Rights Watch.
Lecercle, J.-J. (1994) *Frankenstein, Mythe et Philosophie.* Paris : Presses Universita-

ires de France.（今村仁司/澤里岳史訳（1997）『現代思想で読むフランケンシュタイン』講談社）

Luhmann, N.（1988）*Soziale Systeme : Grundriß einer allgemeinen Theorie.* 3 Aufl. Frankfurt a. M.：Suhrkamp.

Luhmann, N.（2002）*Das Erziehungssystem der Gesellschaft.* Frankfurt a. M.：Suhrkamp.（村上淳一訳（2004）『社会の教育システム』東京大学出版会）

Luhmann, N. & Schorr, K. E.（1988）*Reflexionsprobleme der Erziehungssystem.* 2 Aufl. Frankfurt a. M.：Suhrkamp.

Sennett, R.（1977）The Fall of Public Man. Cambridge University Press.（北山克彦/高橋　悟訳（1991）『公共性の喪失』晶文社）

Shelly, M. W.（1818）*Frankenstein : Or, The Modern Prometheus.*（山本政喜訳（1994）『フランケンシュタイン』角川書店（文庫））

Smith, A.（2002）*The Thory of Moral Sentiments.* Cambridge University Press.（水田洋訳（2003）『道徳感情論』岩波書店）

Winnicott, D. W.（1957）*Mother and Child : A Primer of First Relationships.* Basic Books.

Winnicott, D. W.（1960）"The Theory of the Parent-Infant Relationship," *International Journal of Psychoanalysis*, 41：585-595.

Winnicott, D. W.（1984）*Deprivation and Delinquency.* Tavistock Publications.

9章 子ども——システムを侵犯する外部としての子ども

　ここに子どもを描いた1枚の絵がある（片山健『いる子ども』）．力強く立つ子どもの背には，この世のものとも思えないほど巨大なザリガニがへばりついている．その姿はとてもグロテスクでもあるが，しかし，子どもという生の在り方には「人間」に収まりきらない得体の知れない過剰さがあり，たしかに子どもにはザリガニがへばりついていると思われる節がある．それだけではない．私自身の背中にも，かつてはこの子どものようにザリガニがへばりついていたに違いないと思えてくるのだ（いまもついているのだろうか）．この直感は，私たちがあたかも自然な姿と確信している「子ども」を捉え直し，あらためて子どもとは何者かを問ううえで重要な手がかりである．このザリガニを背負う子どもの考察に先だち，まずは私たちにとって自明とも思える「子ども」の姿を象ることから始めよう．

1　子ども期の歴史学

「子ども」は歴史的な概念である

　フランスのアナール派の歴史家アリエスは，『〈子ども〉の誕生』（1960年）において，今日のような「大人」とは異なる教育と特別の配慮を必要とする「子ども（期）」という捉え方が，西欧近代における家族形態の変化と学校制度の広がりと共に誕生したことを明らかにした（Ariés, 1960）．「子ども（期）」というのは，いつの時代にもどこの地域にも見ることのできる普遍的な年齢段階などではなく，歴史的に構築された制度だというのである．もちろんこれは，生物としてヒトの幼年期の存在を否定するものではなく，社会に共有されている年齢段階としての「子ども観」の在り方について述べているのである．この歴史学の成果は，「子ども」という存在を普遍的な存在と見なし，そこから教育を論じてきた近代教育学にたいして，根本的な反省をもたらすものとなった．

9章 子ども――システムを侵犯する外部としての子ども　　113

片山　健「ザリガニ1」
『いる子ども』PARCO 出版，1986 年より

　このような近代的な意味での「子ども（期）」の誕生は，見方を変えれば子どもと大人との間に大きなギャップが近代に生じたことを意味してもいる．それまで連続的にスムーズに移行していた子どもから大人への移行が，近代において不連続になり，その結果，「子ども」を他の人生段階から特徴づけることになったともいえるのである．その意味で子どもの誕生は，同時に子どもと大人との間の中間段階である「**青年（期）**」の誕生でもあった．つまり「青年」も近代において生まれたというわけである．青年心理学のような青年を対象とする学問が 19 世紀末に生まれるのは，このような青年期の「発見（＝誕生）」と結びついている．そして青年期の発見以来，今日にいたるまで青年期の性格は変化し続けている．青年期の研究ほどすぐに時代遅れになってしまう研究はない．1970 年代の「モラトリアム」論から 2000 年代の「ニート」論まで，5 年もすれば時代の最先端だった青年論も同時期の青年に当てはまらなくなるのである．このように子ども期にかぎらず，ライフサイクルの作られ方からその年齢段階の分け方や特質に至るまで，歴史的社会的な構築物なのである．

子ども期の消滅

　話を「子ども」に戻そう．この子ども期の歴史をめぐる理論は，子どもを固定的なものと捉えず，時代のなかで家族制度と教育制度と共に変化していくことを予感させてくれるのに有効なものである．理想化された子ども像を設定し，その子ども像から問題を論じたり解決策を講じたりする立場や，あるいは自分の子ども時代の経験を定点にして，今日の子どもを評価し議論しようとする不毛な立場にたいして，子どもを歴史的に捉える立場は別の議論の可能性を開いていく．それというのも子どもが近代の発明品なら，近代に子どもを誕生させた条件そのものが変われば，子どもの姿も当然変わるわけだし，場合によれば，近代的な意味での「子ども」そのものも消滅するのだと考えることができるようになるからだ．

　事実，アリエスの議論は今日の子どもの問題理解にすぐに応用された．例えば，ポストマンは『子どもはもういない』(Postman, 1982) のなかで次のような議論を展開した．西欧中世には今日のような「子ども期」はなかった，それが誕生したのは印刷術の登場とともにである（子ども期と印刷メディアについては⇒5章）．印刷機の発明によって出現した読み書き能力習得の必要性が，子ども期という大人と区別された特別な時期を生みだした．読み書き能力をもつ大人と，それを未だもっていない子どもとの間に大きな情報格差が生じるようになる．そして，読み書きを教える学校が必要となり，読み書き能力のレベルで子ども期が定義されるようになり，長期にわたり子どもを教育する必要からアリエスのいう近代家族が生まれ，また読み書きを学習することによって自制心や羞恥心が生まれてきたというのだ．ところが，読み書き能力を必要としないで，さまざまな情報を得ることのできるテレビのような映像メディアの出現によって，暴力抑制の機構である羞恥心，自制心，そして概念的に順序だててものを考える能力，このような読み書き能力によって支えられていた近代の価値がすべて揺らぐことになる．そして，子ども期はいまや消滅しようとしているのだと (Postman, 1982 = 1985)．

　しかし，1980年代のこの予言はまだ実現していない．ただ子どもの問題が歴史的社会的な問題であるというアリエスの命題は，教育学の常識となっており，私たちは子どもの問題を子どもの本質から議論するのではなく，歴史的社会的な構築物としての子どもという理解から論じるようになった．

2 子ども‐大人の人間学と，子どもについての物語

遊ぶ子どもの人間学

たしかに子どものあり様そしてその捉え方は，歴史的社会的に規定されてはいるが，冒頭に述べたように，**子どもという生の在り方**は，そのような歴史的社会的な次元とは異なるところで，何かしら大人とは異なった在り方をしているのではないだろうか．その違和感をどのような観念によって捉えるのか，またどのように評価するのかは，それぞれの時代のライフサイクル観によって異なっている．しかし，子どもについて語ることは，あとで詳しく述べるように，たんに子どもについての単独の物語ではなく，子どもと大人との関わり合いについての大人の側からの表現である点では，時代を超えて共通している．子どもについての言説は，子どもにたいする態度を規定し，そのような子どもへの働き方を組織し，その結果の受け取り方の枠組みを用意するのだが，そのことはあらためて子どもに関わる大人の在り方に跳ね返り，大人自身の生（生活・人生）への反省を生みだす．そこから翻ってまた新たな子どもについての言説が生まれてくる．子どもについて語るときには，このような循環運動に巻き込まれることを逃れることはできない．つまり子どもについて語るとは，物理現象や経済事象について語ることとは異なり，自己と関わる他者としての子どもについての主体的な道徳あるいは倫理を語ることであり，さらに自身が子どもであったことを考えるなら，自己のなかの他者としての子どもを思い出すことでもある．

この循環する語りの運動を自覚しながら，子どもとそれを語る大人とが共に生成する物語を語ってみたい．そのさい子どもという生の在り方へアプローチするには，私たち大人の生の在り方と比較して特徴的と思われる子どもの事象を取りあげて考察することである．そのような子どもの事象とは「**溶解体験**」である．遊びに夢中になっているとき，あるいは自然の風景に溶け込むとき，自己と自己を取り囲む世界との間の境界線が消える体験をすることがある．体験とは，このような自己と世界とを隔てる境界が溶解してしまう，陶酔の瞬間や脱目的な恍惚の瞬間，そしてめまいの瞬間を指す．このような体験を社会学者の作田啓一にならって「溶解体験」と呼んでみたい（作

田, 1993, 1995). 子どもはしばしば自然においてこの溶解を体験する. 子どもが蝶を追いかけいつのまにかその蝶と一体化してしまうその瞬間, 手のひらのなかでとらえられた甲虫がもがくその瞬間, あるいは雨がやんだあと空にかかる美しい虹を見たその瞬間, それは「おお！」とか「ああ！」といった言葉以外では表現しがたい子どもが生命とダイレクトに結びつく瞬間である.

心理学者のシャハテルが明らかにしたように, 子どもという在り方は, 世界との関係において乳児のように防衛的ではなく, また大人のように有用性にとらわれてもおらず, 世界にたいして純粋な関心に開かれているところに特徴がある. 私たち大人の日常世界への関心は有用性の関心と結びついており, そのために世界は企図を実現する場所であり, 目的─手段関係として断片化・部分化される. それにたいして, 子どもという在り方を特徴づける純粋な関心は, 世界そのものへの全体的な関わりを可能にする (Schachtel, 1959). その結果, 子どもは世界のさまざまな事象にたいして驚嘆することができるのである. 世界の不思議に出会うたびに, 子どもが「おお！」とか「ああ！」とか言葉にならない感動の声をあげるのはそのためである.

純粋な関心という子どもの在り方から捉えるとき, ミメーシス（模倣）の体験も, 何かの事象の模倣・再現といったような, オリジナルにたいするコピーの体験などではない. 子どもは純粋な関心から, 自己と世界との境界線が溶解し, 世界と一体化する体験を得やすい. 子どもは蝶に出会うと蝶になり, 風が吹くと風になる. この子どもが他のものに「なる」ことは, 心理学では模倣と呼ばれているが, それは大人が何かの「ふり」をしているような意味での模倣などではない. このような子どもの「なる」力はごっこ遊びにおいて顕著である. ごっこ遊びに興じているとき, 子どもは何か事象をモデルとして模倣し再現しているのではなく, その事象を再創造してもいる. それというのも, 子どもはある事象から特定の相を選択し解釈し変形させ創造するからである. このような遊びの体験も溶解体験にほかならない. この連続性の体験は脱自＝エクスタシーの体験であり, 過剰な快楽の体験でもある. そこでは素材としての環境にではなく, 世界の全体性（生命性）に触れることになる. この遊びの体験は見方を変えれば, 通常なら有用な仕事に費やすことのできる時間とエネルギーを惜しみなく蕩尽することであり, さらには

道徳の彼岸に立つことでもあり，その結果，社会的道徳を侵犯し破壊することでもある（⇒このことについては13章参照）．

子どもの時間と子どもについての物語

この溶解を体験する子どもの在り方を「**子どもの時間**」と呼ぶことにする（矢野，1995）．このとき「子ども」という言葉は，もはや実体的なヒトの幼年期を指し示す用語ではなく，人間存在の独特な生の在り方を示す用語となる．大人もまた「子どもの時間」を生きることができる．それは不思議なことではない．実際，子どもと一緒に遊んでいるときにそれは実現するのである．子どもに「遊んであげる」つもりではじめたものが，いつのまにか我を忘れて一緒に「遊ぶ」瞬間が生起する．このとき大人は知らず知らずのうちに「子どもの時間」を生きているのだ．また「子どもの時間」は自身の子ども時代を想起するときにも実現する．このような子ども時代の想起は「**ノスタルジー**」と呼ばれているが，ノスタルジーとは自己のなかの他者としての子ども，有用な社会的生の背後に流れる生の根源の生命に立ち還る在り方を示している．その意味でいえば，子どもという生の在り方は，大人が新たな生命を得て，どのように十全に生きるかという大人の人間学の主題でもある．

このように，子どもについての物語は，たんに対象としての子どもの客観的な叙述といったものではなく，大人の個人的あるいは世代的な過去の経験や体験さらに未来に結びついた欲望や願いからなる「子ども観」を，そしてそれと緊密に関係づけられた大人自身の「大人観」を，つまりは「人生観」を示してもいるのである．このように，ライフサイクルの諸段階の意味づけは相互に関連し合い緊密に結び合っている．したがってある人生段階の危機は，同時に他の諸段階の危機でもある．今日，子どもという在り方に大人に危機感があるとすれば，それは大人の子ども観の危機でもあると同時に，大人という在り方自体の危機でもあり，ライフサイクル全体の危機でもあるといえよう．

このように考えてくると，大人の紡ぎだす子どもについての物語には，大人の生の在り方が映しだされているといえる．例えば，遊ぶ子どもについての物語は，大人にとって自己の生の在り方が揺さぶられる物語であり，とりわけ近代において大人の生が社会のなかで手段化され断片化されていくなか

で，アンビバレントな物語であり続けている．このような遊ぶ子どもの姿を，啓蒙主義者は啓蒙がなされねばならない野性・野蛮な存在として否定的に捉え，また 19 世紀のロマン主義者たちは大人のような功利的な社会に汚染されていないイノセントな存在として理想化した．しかし，それは有用性の世界においては無用ともいうべき生の過剰さを生きている遊ぶ子どもに直面した大人のアンビバレントな解釈と見なすことができるだろう．そして，ベンヤミンの『1900 年前後のベルリンにおける幼年時代』，ナボコフの『自伝』など……，子どもの在り方を描くさまざまな文学作品のなかに，このような具体例の優れたものを豊富に見いだすことができる．

3　子どもとシステムの外部

システムの外部を生きる子ども

　子どもについて語るということが，宇宙について語ったり，経済について語ったりすることとは異なり，結局，再帰的に自身の生を語ることと関係せざるを得ないということを述べた．そして子どもという在り方を「溶解体験」という用語でもって明らかにしようとした．しかし，ここにきて私たちは子どもを語る本来的な困難さに直面することになる．それというのも溶解体験とは，すでに述べたように，自己と世界との境界線がなくなる体験であるから，対象との距離がなくなる体験である．対象との距離のないところでは観察も反省もなく，観察・反省のないところで言語化はできないから，この体験を概念的な言葉でもって記述分析することはできない．子どもが深い体験のさなかに，「ああ！」とか「おお！」と言葉ならざる言葉を発するのは，彼らが自らの体験を言い表すだけの言語能力が欠けているからではなく，体験とは本来そのようにしてしか言い表すことのできないものだからである．そして，子どもとはこのような体験を生きることであるとするなら，子どもという在り方は概念的な用語でもって記述分析することができないということになる．

　もちろん具体的な個々の子どもは，忘我的な溶解体験にいつも生きているわけではなく，私たちと共通する「経験」の次元を生きてもいる．そのような経験を重ねることで，子どもはさまざまな社会的な能力を発達させ「人

間」となっていく。このことの重要性についてはいうまでもないことだろう。しかし，溶解体験という本来的に語りえない意味の外部を生きているからこそ，大人にとって子どもという生の在り方はアンビバレントな存在としてあり続けるのである．子どもとは，一方で野性を示しコントロールできない野蛮な存在であるがゆえに否定されねばならないものでありながら，しかしだからこそ大人の疎外された生の向こう側を示す，あるべき生の可能性を開く，限りなく魅力的なものである．この両極性は，そのまま大人の自身の生の課題でもあり，翻って子どもの教育の課題でもある．

教育の二重の課題

　子どもという在り方は，私たち大人のように手段−目的関係の有用性に支配された世界にではなく，純粋な関心のうちに生きている．つまりは子どもとはこのシステムの外部を生きることのできる存在である．しかし，そのようなシステムの外部を生きる子どもを，このシステムの世界に定着させることが教育の課題でもある．教育の課題はこのとき二重となる．

　一方では，子どもはこの有用性を原理とする市民社会のなかで一人前になるべく，市民社会で評価されているさまざまな能力を発達させなければならない存在である．そのため概念的用語では記述不可能な生の在り方を根本とする子どもを，記述可能な対象となるようなマトリクスを作りだし，そのマトリクスの上に子どもの生を位置づけ理解し，教育の対象とする必要があった．近代の教育学のテクストの歴史は，そのような不定形な子どもの生を理解可能な物語に翻訳しようとする努力と工夫の歴史であったといえよう．そのとき心理学のような経験科学は子どもの生を捉えるうえで大きな力となった．教育学がこのような経験科学の成果に裏打ちされた「発達」という概念を重視するのは当然といえよう（⇒8章参照）．学校の機能はこのような子どもの能力を開発・発展させることにあることはいうまでもない．ここで教育が作りだしてきた子どもについての語りを分析する紙幅は残されていないが，それはこのような「発達の物語」に収束していくことだろう．

　しかし，教育の課題はこのような社会的に有用な能力の開発・発展だけにあるのではない．他方で，子どもは有用性の原理に基づく世界を破壊し，生命に深く触れる体験が必要がある．子どもという生の在り方は本来的にこの

方向に向いているが，それはたんにこの方向に向いているというにすぎない．子どもはより深く人間であることを超えていかなければならない．例えば，幼児教育はこのような子どもの課題にさまざまな**メディア**を発展させることで応えてきた（⇒5章参照）．形をもった遊びはこの課題をより深く推進するメディアである．また絵本や玩具といったメディアも，そのような生命世界への通路をそれぞれにふさわしい回路でもって開く．例えば，砂場もそのようなメディアのひとつである．砂場では子どもに穴を掘る，土を盛り上げる，水を流すなどの活動を方向づけるのだが，そのことでその活動がもたらす特有の体験・経験の可能性を最大限に深める．このように砂場の特質（大きな石のないなめらかな砂質で，子どもの力でもどこまでも掘り進めることのできる加工の容易さ，枠に囲まれた場所の安全さなど）によって，活動が方向づけられ，組織立てられることで，子どもは砂場を通してはじめて可能になるような独自の世界体験（砂との一体感のなかでの自己の溶解など）へと開かれていくのである．

また優れた芸術体験はこの生命世界の深度を際限なく深めていく．しかしなにもこのようなものだけが溶解体験を生起させるのではない．ホイジンガが明らかにしたように，「文化」は遊びによって生みだされ遊びの力によって育ってきた．このように解するならすべての「文化」は，子どもをこのような体験に向かわせる可能性をもっているといえるだろう．その際，メディアが子どもの不定形な過剰さに形を与えるとはいっても，溶解体験は善悪の彼岸にわたることであり，調和的な喜びを超えて，不気味なものあるいはおぞましいものへと近づくこともあり，さらにまた意図的なコントロールが原理的に不可能であるところからも，いつもつねに危険性をはらんでいることに注意が必要である．

芸術の力と子どもの力

先に溶解体験を描きだすことの根本的な困難さ，したがって子どもという在り方を語ることの困難さについて述べたが，文学とはこのような体験の深みを概念用語ではなく詩的な言葉によって描きだそうとしてきた．このとき文学はそのような体験を表象として再現するのではなく，同様の体験を生起させるものとなる．このような作品例として宮沢賢治の一連の作品をあげて

おこう（矢野，2008）．また芸術作品は同様にこの体験の深さにさまざまな表現を与えようとしてきた．だからこそ私たちは子どもという在り方に触れる手がかりをまず最初に絵画に求めたのだった．その絵画に戻ろう．

　私たちもかつて子どもとしてこの過剰な存在＝ザリガニでもあったし，目前の子どもも「子どもという生の在り方」を生きているときには，背中のザリガニと一体となってもいる．そのときは彼らはこの世界の住人ではない．「彼ら」という複数ではなく［子ども－ザリガニ］というべきだろうが，このザリガニとの一体化は世界と連続して生きる大いなる快楽であるとともに，その連続性にすべてが呑み込まれてしまう危険性をもはらんでいる．社会的な生がこのザリガニによって侵犯されるのだから当然ともいえる．ザリガニに侵犯された具体的な姿を，私たちはあとで「第13章　悪――悪の体験と自己の変容」で詳しく見ることになるだろう．もちろん教育とはザリガニを子どもの背中から取り除くことではないのだ．ザリガニに呑み込まれたままにならず，そしてザリガニをさらに大きく強く育てることなのである．

　あなたの背中のザリガニはまだ生きているか？　　　　　　　　　（矢野智司）

キーワード

　子ども（期）／青年（期）／溶解体験／子どもの時間／ノスタルジー／発達の物語／メディア

ブックガイド

アリエス（杉山光信・杉山恵美子訳）『〈子供〉の誕生――アンシァン・レジーム期の子供と家族生活』1981年，みすず書房．
　子ども観の歴史を学ぶ者にとってまず読まねばならない古典ともいうべきテキスト．詳細な歴史的記述が興味深い．

矢野智司『意味が躍動する生とは何か――遊ぶ子どもの人間学』2006年，世織書房．
　手前味噌ながら，子どもという在り方とはどのようなものか，そして遊びが子どもという在り方にどのように関わっているのかを論じたテキスト．

参考文献

片山　健（1986）『いる子ども』PARCO出版局．片山健のこの絵については，発達心理学者の麻生武氏から教えてもらった．

柄谷行人（1980）『日本近代文学の起源』講談社．

木村直恵（1998）『〈青年〉の誕生』新曜社．

作田啓一（1993）『生成の社会学をめざして——価値観と性格』有斐閣．

作田啓一（1995）『三次元の人間——生成の思想を語る』行路社．

矢野智司（1995）『子どもという思想』玉川大学出版部．

矢野智司（2006）『意味が躍動する生とは何か——遊ぶ子どもの人間学』世織書房．

矢野智司（2008）『贈与と交換の教育学——漱石，賢治と純粋贈与のレッスン』東京大学出版会．

Ariès, Ph.（1960）*L'enfant et la vie familiale sous l'Ancien Régime*. Paris : Éditions du Seuil.（杉山光信・杉山恵美子訳（1980）『〈子供〉の誕生——アンシァン・レジーム期の子供と家族生活』みすず書房）

Postman, N.（1982）*The Disappearence of Childhood*. Dell Publishing Company.（小柴一訳（1985）『子どもはもういない——教育と文化への警告』新樹社）

Schachtel, E. G.（1959）*Metamorphosis : On the Development of Affect, Perception, and Memory*. Basic books.

10章　自律性——漂流記物をとおして考える

1　壊れた未来に子どもたちが隔離される

人間形成の物語としての漂流記物

　俗世間から隔絶された状況のなかで，主人公たちが，さまざまな苦難と挫折を味わい，自らの知力や出会いをとおしてそれらを克服していく物語．いわゆる漂流記物は，現代においてもなお人気の高い作品群である．多くの漂流記物には，冒険心をくすぐる多様な要素とともに，人間の喜怒哀楽に関する豊かな描写が満載されている．〈漂流〉は，それゆえ，しばしば人生そのものの比喩として読み込まれてきた．

　漂流記物における〈漂流〉の過程は，また同時に，しばしば，人間形成の道程にもたとえられてきた．たとえば，漂流記物の不動の地位を確立したといえるデフォーの『ロビンソン・クルーソー』（1719年）．ロビンソンは，無人島に漂着して文明の庇護を失った後，自力で小屋を建て，猟・漁や食用植物の栽培をとおして命を繋ぐ．自然災害や飢餓の危機に耐え，「人食い人種」と格闘し，そして，最後に生還を果たす．『ロビンソン・クルーソー』が，本来は大人の読者を対象として執筆されたにもかかわらず，しばしば児童文学に位置づけられるのは，冒険物としての側面が子どもたちを惹きつけるだけでなく，たくましく自律的に生きていく主人公の姿が子どもたちにとっての将来あるべき模範像としてみなされるからである．

教育学者は漂流記物を好む

　『ロビンソン・クルーソー』が近代の思想家や教育学者にとってお気に入りの物語であったことは，したがって，何ら驚くべきことではないだろう．たとえば，社会進化論で有名な思想家であるハーバード・スペンサーは，彼の門下生たちに近代人のロビンソンとして必要な知識を身につけるように要求した．ドイツの田園教育舎系学校（19・20世紀転換期に創設された自然

環境を重視した寄宿制学校)の創設者であるヘルマン・リーツは,隔絶された世界でたくましく生きるロビンソンを,自らが理想とする自然のなかでの教育活動をとおして成長する子どもたちの姿を重ね合わせて,折に触れて賞賛している.

教育的に評価されたのは,オリジナルの『ロビンソン・クルーソー』だけではない.よく知られるように,デフォーの作品が世に出て以来,さまざまなバリエーションが加えられた数々の類似本が出版されたが (cf. グリーン, 1993),そのなかには,カンペによる『新ロビンソン物語』(1779/80 年)のような,教育的な意図をより明確に前面に押し出した物語も多く含まれている.

やがて,大人ではなく,子どもが主人公となって漂流し,そして成長を遂げるような,数々の物語が誕生するようになる.漂流記物は,昔話から連綿と続く子どもが困難を乗り越えて成長する物語群のなかで,ひとつの新たな潮流をなし始めるのである.

『漂流教室』——異色の漂流記に人間形成論を読み込む

子どもが漂流する物語のバリエーションは多様である.いくつもの困難な状況を孤島に漂着した少年たちの協力によって乗り越えるよく知られたヴェルヌの『十五少年漂流記』(1880 年)のような物語もあれば,それを反転させて,孤立した少年たちのおぞましい戦いを描いたゴールディングによる『蠅の王』(1954 年)のようなアンチ・ユートピア的な物語もある.隔絶される場所は,何も孤島だけであるとはかぎらない.漂流記物を広義に捉えるならば,たとえば都市のなかで子どもたちが大人の庇護を受けない状態を描いた映画『だれも知らない』(是枝裕和監督,2004 年)のような作品も,新たなタイプの漂流記物といってもよいかもしれない.

楳図かずおの『漂流教室』(1972-74 年)は,そうした一連の物語のなかでも,ひときわ異彩を放っている子どもの漂流物語であろう.この作品は,『週刊少年サンデー』に掲載された漫画である.ある日,突然,大和小学校周辺で局所的に生じた大きな揺れとともに,そこに通う子どもたちが,学校ともども一瞬にして消滅してしまう.正確にいえば,彼らは消滅してしまったのではない.滅亡しかかった未来の地球へと瞬時に移動していたのである.大和小学校の方からみれば,したがって,現在の世界が一瞬にして消滅して

しまったことになる．『漂流教室』は，どの漂流記物よりも，子どもたちの孤立度が高い．何しろ，彼らは，空間的にのみならず，時間的にも，はるか遠くに隔絶されているのだから．近未来の地球とおぼしき死の砂漠に取り囲まれた大和小学校を舞台として展開するのは，子どもたちがさまざまな困難に遭遇しつつも，生き残りを試みる壮絶な物語である．

　『漂流教室』は，ほんとうに恐ろしい物語だ．異界や魔界の世界がそこに描かれているわけではない．だが，次々に生じるおぞましい出来事の描写は，空想と同時に現実とも結びつき，ありそうもないことと同時にいかにもありそうなこととも接続している．読者は，未来の生き地獄に取り残された子どもたちと容易に同一化してしまい，社会と大人による庇護性を完全に喪失した子どもたちの震える心をリアルになぞってしまう．読者が子どもである場合は，なおさらそうである．私のような1970年代の連載時に少年時代を過ごした世代にとって，『漂流教室』は，そうした読後の恐ろしさが強烈に残ってしまって，その含意が上手く汲み取れないまま記憶のなかにいわば放置されてしまっている物語ではないだろうか．

　楳図は，『漂流教室』によって，核戦争や環境汚染など地球規模の危機状況を招くおそれのある社会問題の深刻さについて，未来における孤独な戦いを強いられる子どもたちの恐怖を描出することによって，大きな衝撃をもって世に訴えかけた．『漂流教室』の意義については，とりあえずそのように説明することができる．この思考実験は，高く評価され，1975年に小学館漫画賞の受賞作品となった．

　この作品の含意は，さまざまな観点からより多様に読み解かれるべきであろう．ここでは，子どもが自律していく物語という観点を取り出して，『漂流教室』を眺めてみることにしたい．子どもたちの，とりわけ主人公である高松翔の，自律していく人間形成の物語として『漂流物語』を再読してみると，教育化されたロビンソン・クルーソーの末裔が，グロテスクなかたちで，そこに描かれていることがわかるのである．

2 〈大人/子ども〉関係のなかの子ども

「未成人」としての子ども

　物語の最初において，主人公の翔は，まったくの未成人として描かれている．ここでいう「**未成人**」とは，ただ単に法的に成年の年齢に達していないということを意味していない．そうではなく，他に依拠するばかりで自律的に振る舞おうとしないという意味において，つまりカントが啓蒙について論じたときの定義（彼は，自ら思考せず専門家や権威に頼った状態を未成人の典型とみなし，そのような状態からの脱却を訴えた）に即して（cf. 山名, 1989），翔は未成人なのである．

　そのような未成人としての翔の様子は，起床の場面において典型的に描かれている．朝，時計が鳴っても目覚めなかった翔は，なぜ学校に遅刻することをわかっていながら起こしてくれなかったのかと，母を咎める．自分のことは自分ですべきだとあえて起こさなかった母に対して，翔はますます腹を立てる．机の中の「ガラクタ」を勝手に母に捨てられたことなども癪に障り，彼は，「もう二度と帰ってこないから」という捨て台詞を残して，学校に向かう．母もまた，「もう二度と帰ってきてほしくないわ」と言い放って，翔を送り出す．

　この売り言葉に買い言葉が，2 人が交わした最後の会話になるのだが，ともかく，親を目覚まし時計代わりとして当てにするという，一般的にもよく見受けられそうな子どもの姿，つまり上述したような意味での未成人の姿が，ここでは描出されているのである．

保護と依存の堂々巡り

　子どもは，未成人状態であるからこそ，**保護**を必要とする．だが，未成人は，往々にして，保護されることによってつくりだされる**依存**の状況に甘んじてしまう．保護する側がそれではまずいと判断して，保護の度合いを小さくすると，未成人は，突如として生じるうまくいかない状況に対して，保護する側にその責任をなすりつけようとする．この堂々巡りを，私たちは，教育の場面において，いやというほど何度も経験するのではないだろうか．

自らの言動に責任をもたず，悪ふざけばかりをする翔に対して，母は，「あれでちゃんとした社会人になれるのかしら」というのが口癖だった．「ちゃんとした社会人」ということで意味されているのは，自らが自らを律する人物，つまり大人になるということであろう．それに対して，翔の方は，大人になるということは，自分とは何か無縁のこととしてしか感じられなかった．楳図は，「どちらかというと自分がいつか必ず大人になるなんてことは，どんなに考えても信じられなかったから，おかあさんの心配はただうるさいだけだったのです」と翔に語らせている．

ここにみられるのは，子どもの自律状態ではなく，**他律**状態である．翔を律する力は，まだ自らのうちにではなく，その外部（＝母親）にある．彼は，それを疎ましく感じている．翔の場合，こうした他律状態から自律状態への移行は，どのようにして生じたのだろうか．

3 〈大人/子ども〉関係の消滅

自律性を「かかわり」との関係において捉える

翔は，多くの子どもたちと同じように，未成人の状態でいることがどれほど楽なことであるかを知っており，また，その状態でいることに甘んじていた．翔がこの自覚的な未成人状態から脱却して自律していく物語として『漂流教室』を読み解こうとする場合，ポイントになるのは，翔とその他の人物たちとの関係性である．**自律性**とは，一般に，自らの意志にしたがって言動・行動し，その責任を負う状態のことをいう．ただし，子どものうちにそのような自律性が生じるということは，外部からの刺激にまったく反応しない自己完結性や独善的な態度とは異なっている．このような理解のもとでは，自律性は，自らの外部との関係性や「**かかわり**」（cf. 岡田，2004）のなかでのみ成立する態度であるとみなされる．

大和小学校が地球滅亡寸前の未来に吹き飛んだとき，他との関係性においてまず生じた大きな変化は，〈大人/子ども〉関係が消滅し，子どもたちが大人たちによる保護を受けられなくなったことである．とはいえ，最初の時点では，子どもたちは，まだ継続して大人たちによって保護されるかにみえた．子どもたちと一緒に，小学校の教師たちもまた，未来の世界へと移動してい

たからである．教師たちは，常識では理解できない状況に戸惑いながらも，子どもたちを保護するように努めている．それどころか，彼らは，家族的な保護をも引き受けようとする．翔の担任で最も信頼のおける教師として登場する若原先生は，「きみたちがかえれる日がくるまでは，先生はきみたちの……おとうさんになるつもりだ」と子どもたちに伝えて，彼らを安心させようとしている．

子どもたちだけの世界

だが，まもなくして，教師たちによって子どもたちが保護された状態は，いとも簡単に崩壊してしまう．その際に重要人物として登場するのは，「給食屋のおじさん」の関谷である．彼は，給食のパンを学校に届けにきたところを運悪く未来へ吹き飛ばされてしまい，究極の隔離状態に直面して，いつものにこにこした優しそうな仮面を脱ぎ捨て，暴力によって限りある食糧を独り占めしようとする．生存への欲望を剥き出しにする関谷に対して教師たちが手こずる光景を目の当たりにして，翔は，「もうぼくたちは，先生たちにばかりたよっておれない．なんとかするんだ」と仲間たちに呼びかけ，大人の保護下に甘んじる状態からの決別を宣言する．

やがて，大人たちは，だれもいなくなってしまう．精神的な極限状態に耐えきれず，ある教師は卒倒し，ある教師は自殺してしまう．一番頼もしくみえた若原先生は殺人鬼と化し，他の教師たちを殺害してしまい，子どもたちの命をも狙うようになる．翔は，若原先生との戦いを征するが，その結果として残されたのは，子どもたちだけの世界であった．もっとも，関谷は，物語の終幕直前まで生き延びることになるが，ただし，子どもたちを保護する意志の持ち主である大人としてではなく，私利私欲のために彼らを襲い利用しようとする不気味なモンスターとしての役割を負っているにすぎない．

4 〈子ども(大)/子ども(小)〉関係の発生

子どもが子どもを保護する

〈大人/子ども〉関係が消滅し，大人による保護を受けられなくなったとき，大和小学校の子どもたちは，彼らの命をも奪うほど危険な剥き出しの環境と

の対峙を余儀なくされることになる．そこには，極端な，とはいえ〈保護の防護柵〉（⇒ 14 章参照）をもたない社会にみられる子どもたちの一般的な姿の戯画を見て取ることができる．

　だが，〈大人/子ども〉関係とそれによって形成される〈保護の防護柵〉の消滅は，はからずも，保護されているがゆえに保護に依拠してしまうという状況から子どもたちが脱却し，自律していくための飛躍の契機ともなりうる．物語のなかでは，保護状態に依存して自律できなかった翔が，まず変化を遂げてゆく．そして，その変化は，何よりも彼と他の登場人物との関係性のうちに反映しているように思われる．

　他の登場人物のなかでも，翔の自律化を考えるうえで最も重要なのは，下級生たちである．彼らに対する配慮をとおして，翔や彼の同級生たちは，変容を遂げていく．今まで大人の保護下に甘んじていた翔たちは，緊急事態を前にして，今度は自分たちよりも小さい子どもたちを保護する使命を自覚するようになる．教師たちが誰もいなくなった後，翔は，最上級生である 6 年生たちに対して，小さい子どもたちの親代わりになろうと呼びかける．翔は，まだ頼りない存在である自分たちがもっと小さい子どもたちを保護する側に回るその心細い境遇に対して，他の 6 年生たちとともに嗚咽をかみしめる．翔たちは，低学年の児童たちを弱気にさせないように自分の弱音を飲み込み，また，彼らを励ますために，ときには嘘をつく．ここで描かれているのは，子どもたちが子どもたちのために〈保護の防護柵〉を設える姿である．

大人たちによる間接的な保護

　さらに，楳図は，低学年の児童たちとの関係性とは別に，さらにもう一人の登場人物を配して，より徹底的に〈子ども（大）/子ども（小）〉関係の形成について描出しようとしている．その登場人物とは，ユウちゃんという 3 歳児である．ユウちゃんは，翔を慕う男の子で，下校後に彼に遊んでもらおうと思って大和小学校内で三輪車に乗って遊んでいたところを，一緒に未来に吹き飛ばされてしまう．翔はユウちゃんのおとうさんとして，また翔を慕う咲子という女の子はおかあさんとして，最後まで振る舞うことを誓い，そしてその誓いを守ろうとする．翔と咲子だけではない．小学生たち全員は，関谷から奪ったパン 1 個と牛乳 1 本を，空腹に耐えて涙を流しながら，どの

子よりも小さいユウちゃんに与えている.

　もっとも，極限のサバイバル状態において，子どもたちが子どもたちを保護して窮地をすべて免れるというのは，いかにもありそうもない展開である．何度か陥った絶体絶命の危機から子どもたちを救うために，楳図は，現在の世界にいる母からの間接的な保護というからくりを，物語のなかに密かに挿入している．翔は，西さんという女の子の不思議な交信能力を通じて，時空を超えて母と会話し，救済のための施しを受ける．殺人鬼と化した若原先生に追い詰められたとき，翔は，西さんを通じて母と交信し，ナイフを手に入れて窮地を脱する．ほぼ全児童がペストに冒され，もはやこれまでと思われたときも，やはり，翔は，西さんを介して窮状を母に説明し，特効薬を奇跡的に手に入れる．楳図は，子どもたちだけで困難を乗り越えていくというありそうもない状況を，そうしたもうひとつのありそうもない状況を設定することによって，物語としての整合性を確保しているのである．人間形成という観点からみれば，大人との関係性から閉ざされた世界において唯一残されたこうした間接的な保護は，思春期にさしかかった子どもたちに対する大人の「かかわり」方と類似的であり，その意味において，教育のリアリティーを含み込んでいる．

5　〈子ども(大)/子ども(小)〉関係の危機

「私」とは何か

　自律した人間は，律する自己と律される自己とを自覚する．カントの哲学にもみられるそのような「私」の在り方については，20世紀に入ってからはとくに心理学や精神分析の影響のもとで引き続き理論化されていった．たとえば，社会心理学者のG. H. ミードは，「私」を主体としての「**自我 (I)**」と客体としての「**自己 (me)**」に区分して人間を理解しようとした．フロイトは，衝動的な「**エス**」と規制的な機能を司る「**超自我**」を想定したうえで，それらの作用を調整し，現実に適合する行動を選び取る働きを担うものとして，「私」(＝**自我**) を位置づけている．

　自らが自らの主人になるそのような「私」は，通常，〈大人/子ども〉関係における保護状態のなかでゆっくりと形成されていくものだ．だが，翔たち

は，不幸にして生じた未来への隔絶という環境と他者とのかかわりのなかで，大きな犠牲をともないながらも，一挙に自律した「私」に目覚めていく．奇形肥大した怪虫の襲撃，病（ペスト）の流行，飢えと渇き，大洪水，食べると背中に巨大な目玉がある「未来人類」へと変身してしまう未来キノコ．困難に直面するたびに，とりわけ年長の子どもたちは，自分を律し，忍耐し，他の児童のために犠牲となって命のバトンを受け渡していく．

実際のところ，一般的な人間形成にしても，つぶさにみてみれば，他律的状態から自律的状態への移行など，あたかも階段を上っていくようなかたちで進行するようなものではなく，カントがほのめかしているとおり，決死の「跳躍」としか形容できないものであるかもしれない (cf. 鈴木, 2006)．そうであるとすれば，『漂流教室』における翔たちの姿は，日常に潜む決死の「跳躍」をグロテスクなかたちで凝縮して示しているといえるのではないだろうか．

規律と制度を創出する

自らを律するだけでは，しかし，生き残りのためには限界がある．漂着者たちは，**文明**による庇護が失われた後で，自らその文明を模倣し，または創造し，そのような文明によって自分と仲間たちを守る砦を形成するようになるだろう．この場合の砦とは，つまり，**規律**と**制度**である．この点においても，『漂流教室』は，ロビンソン以来の漂流記物の伝統のうちにある．

翔は，全体への演説のなかで，規律が生存のための不可欠な条件として意味を帯びることを訴えている．たとえば，楳図は，翔に，ある場面で次のように語らせている．「いままでは，学校の規則やエチケットなんて，あまり守らなかっただろう．でも，これからは，そんなことは許されないんだ．自分勝手なことをし始めたら，みんなめちゃくちゃになってしまうからだ．」

一方，制度の形成として典型的に示されているのは，子どもたちによる疑似的な政治システムを確立しようとする場面である．「大和小学校国の総理大臣」を決定するために，全児童による選挙が実施され，翔が総理大臣として選出される．その後，「日本の国会のまね」をして，他の大臣が任命される．翔は，判断力に富む元クラス委員の大友くんを厚生大臣に選び，勇気のある池垣くんを防衛大臣に任命し，また，知力を誇る我猛くんを文部大臣と

して選出する．また，人為を超えた頂点の設定による希望を創出するために，宗教システム（翔が工作の時間に制作した母の石膏像を神に見立てて，元の世界へ戻れるようにお祈りをする）をつくりだし，経済システム（食料や水の管理・維持）の形成を試みる．

そのような規律と制度を確立する際に，中心的な役割を果たしているのは，翔である．この点において，翔は，『蠅の王』のラルフさながらの役割を演じている．それに対して，規律を重んじるラルフたちから離反し，欲望のままに狩猟を繰り返して抵抗者に暴力をふるうジャックに相当する人物は，『漂流教室』のなかでは，大友くんである．敵対の可能性をつねに感じさせながらも翔を救ってきた大友くんが，物語の最高潮の場面において，翔と決裂するのである．

ついに大和小学校に備蓄されていた食糧が尽きかかったとき，大友くんは，モラルと規律を重んじる翔の方針に反旗を翻して，「みんな好きなようにやればいいんだ」と言い放つ．そして，彼は，小さな者たちを保護するという役割を放棄する．かたや翔の方は，自分のなかに生じる敵愾心や攻撃心にさいなまれながらも，モラルと規律にぎりぎりのところまで執着し，小さい子どもから順番に並ばせて，残されたわずかな食糧や植物の種子を公平に分配しようとする．

飢えと渇きの極限状態に「けだもの」と化した子どもたちは，戦闘を開始し，限られた食糧を奪い合う．人肉を焼く炎のまわりで狂喜乱舞し，敵グループの各メンバーを「一匹」と呼ぶようになる．闘争に参加する衝動に駆られる翔を最後まで秩序の側にとどまらせたのは，小さな子どもたちはどうなるのかという咲子の一言だった．ここでも，小さき者とのかかわりが，決定的なポイントとなっている．

6　子どもから大人へ

『漂流教室』と『蠅の王』との決定的な相違

飢えと渇きで無秩序状態に陥った子どもたちは，翔が見出した最後の望みに自らの運命を託すことになる．翔は，富士山麓のレジャーランド「天国」に残されたコンピュータ・ロボットが教えてくれたヒント——時間の壁が破

れたところ（学校）に巨大な衝撃が起こるとき，時間の壁が広がって元の世界に戻ることができるかもしれない——にしたがって，火山の爆発に合わせて，校庭で輪になって手を繋ぎながら「帰りたい」と強く念じて，ダイナマイトを爆破させる作戦を思いつく．だが，楳図かずおは，「無事に子どもたちが帰還するという甘い結末」（川本，1998）——それは多くの読者の願いでもあっただろうが——を用意せず，あくまでも彼らを未来の砂漠にとどまらせている．『蝿の王』において，子どもたちが巡洋船の兵士たちに救助されて，もとの世界へと帰還していったのとは，ここでは対照的である．だが，そのどちらが幸福な物語であるかは，一概にはいいがたい．

たしかに，『漂流教室』の子どもたちとは異なって，『蝿の王』の子どもたちは，救出劇のおかげで，慣れ親しんだ日常生活へと舞い戻り，家族との再会を果たすことになるだろう．だが，無人島において彼らのうちに発現した人間の「獣」性のおぞましさは，何らの希望と結びつけられることもなく，彼らのうちで密かに蠢き続けるほかはない．ちなみに，ゴールディングは，無人島で繰り広げられた子どもたちの不気味な世界が，同時に，戦争に満ちた大人の世界と相似形をなしていることをほのめかして物語を結んでいる．無人島のおぞましい世界からの子どもたちの「救出」は，もうひとつのより大きなおぞましい世界へと彼らを回収することをも意味しているのである．

それに対して，『漂流教室』の子どもたちは，愛する家族に再びまみえることはない．だが，翔たちは，自分たちも現代へ帰りたいという「せまい範囲での判断」をやめ，自分たちだけが絶滅に瀕する未来の地球に撒かれた希望の種であることを悟り，この未来こそが「ぼくたちの世界」であることを受け入れる．この点において，『漂流教室』は，外観の類似性にもかかわらず，漂流記物のアンチ・ユートピアとしての『蝿の王』とは，まったく性質を異にしている．『漂流教室』は，ロビンソン・クルーソー的な世界を素地としつつ，『蝿の王』のようにそれを反転させ，さらにそれを裏返して先鋭化させた人間形成の物語として再生させた作品として，理解可能なのである．

自己を未来へ投げ入れる

物語の終局場面．火山の爆発によって，地下水が湧き出るようになり，風も吹き始める．子どもたちに分け与えられたわずかに残された植物の種子が，

犠牲となった彼らの屍を養分として，芽を出し始める．学校の畑で，キュウリや豆が収穫されるようになる．最後に，翔の母が祈りを込めて海に放った手紙を手にしたアメリカの科学者によって，生き残りのために必要な物資がロケットに積載され，未来の翔たちのもとへ届けられる．『漂流教室』では，孤立した子どもたちによって未来社会が立て直されていく予感が，エンディング部分において漂っている．

楳図かずおは，小さき者との関係を，やはり，この最終場面でもひとつのエピソードとして挿入することを忘れてはいない．火山の噴火とダイナマイトのエネルギーを借りて未来から現在の世界に帰還する先述の作戦では，ただひたすらお母さんのもとへ帰りたいと泣き叫ぶ幼いユウちゃんだけが，翔の日記を携えて，元の世界へと舞い戻ることに成功するのである．このことは，西さんの不思議な力が作用して初めて可能であったのだが，その力はユウちゃんの帰還とともに使い果たされる．その後，翔の母との交信は，途絶えることになった．この物語のなかでは滅亡することがほぼ確実な現代へとユウちゃんを帰還させることは，幸福な終幕であるとはいいがたい．だが，楳図は，巧みにも，ユウちゃんが帰還することによって，地球の滅亡のシナリオに変化が生じうるという希望を付け加えている．

『漂流教室』における最後の数頁に描かれている場面．母と父に背を向けて，想像上の翔たちは，夜空を駆け上がって遠のいていく．物語の最初の場面において「家にいたときは，あんなに頼りない」と思われた未成人の象徴としての翔とは対照的に，ここでは，自律していく子どもの普遍的な姿が，自己を開かれた未来へと投げ入れることで自らの可能性を見出そうとする翔たちをとおして想起されるだろう．

7 自律していくことの心象風景——この章のまとめにかえて

以上，子どもが自律していくとはどういうことか，ということについて，『漂流教室』の主人公と他の登場人物との関係性に注目して論じてきた．〈保護の防護柵〉が解除されるという状況が，子どもにとって，いかに過酷なことであるか．しかし，そのことが契機となって，同時に，子どもが自律していくという「跳躍」を可能にすることもある．「私」ができあがっていくと

いう,「跳躍」にしか喩えられないそのような不確かな歩みは,実際には,大人に保護されながら人間形成されるかのようにみえるときでさえ,教育という極めて計画的な営みの水面下でのみ密かに進行しているのではないだろうか.教育に関する特段の妙技があるとすれば,そのような次元における本来は計画化することが困難な子どもの自律化の援助ということにこそ見出されるべきだろう.近代教育に関する数々の思想は,このことを主題としてきた.だが,社会的な選抜(よい成績を取って学校に入り,よい社会的地位を勝ち得ること)という教育機能の一部と教育そのものとを同一視してしまうような場合には,このことは容易に看過されてしまうにちがいない.

さて,夜空を駆け上がっていく翔たちの姿に重ね合わせて読むことのできるメッセージとして思い起こされるのは,長田弘の詩「あのときかもしれない(四)」である.長田は,「遠くへいってはいけないよ」といつも遊びに出かける際にいわれていた「子どものきみ」への呼びかけによってこの詩を綴り,そして次のように締めくくっている.

> 「遠く」というのは,ゆくことができても,もどることのできないところだ.おとなのきみは,そのことを知っている.おとなのきみは,子どものきみにもう二どともどれないほど,遠くまできてしまったからだ.
> 子どものきみは,ある日ふと,もう誰からも「遠くへいってはいけないよ」と言われなくなったことに気づく.そのときだったんだ.そのとき,きみはもう,一人の子どもじゃなくて,一人のおとなになってたんだ(長田,2003).

長田の詩から感じられるのは,自律するということの心象風景である.「おとなのきみ」に「遠くへいってはいけないよ」と声をかけてくれる者は誰もいなくなり,いつしか〈保護の防護柵〉の外部へと位置している自分に「おとなのきみ」は気づく.「子どものきみ」が過去へと取り残されるだけでなく,「おとなのきみ」が「子どものきみ」に取り残される.自律していくことに付随する寂寥感が,この詩には漂っている.

だが,同時に,ここで示されていることは,「おとなのきみ」が,かつて「遠くへいってはいけないよ」と保護してくれた者たちの位置へと,近づいたということでもある.「子どものきみ」を取り残し,また「子どものきみ」から取り残されながら,「おとなのきみ」は,自分よりも小さき者たちを見守ることを請け負い,そして彼らが立ち去る後ろ姿をみつめることにな

る．未来へと駆け上がる翔たちと，現在において彼らの背中をみつめる父母を，窓ガラスが隔てている図像が，長田の詩と重なり合うのは，そのためである．翔たちの背中をみつめる母と父の姿は，自律していく子どもに対する大人の喩えでもあると同時に，駆け上がっていった子どもたちがやがて辿り着く地点をも予示している．

(山名　淳)

キーワード

未成人／保護／依存／他律／自律性／かかわり／自我 (I) と自我 (me)／エス・イド・自我／文明／規律と制度

ブックガイド

岡田敬司『「自律」の復権——教育的かかわりと自律を育む共同体』ミネルヴァ書房，2004 年．
自律と教育に関する教育哲学者の著作．現代哲学にも目を配りながら，自律と教育に関する真摯な考察が，「かかわり」をキーワードにして展開されている．

森田伸子『テクストの子ども——ディスクール・レシ・イマージュ』世織書房，1993 年．
子どもが成長していく物語を論じた好論「意味されるものとしての子ども——成長・無垢・異化」を所収．漂流記物に関する考察との関連においても，示唆に富んでいる．

参考文献

楳図かずお (1998)『漂流教室』第 1-6 巻，小学館（『週刊少年サンデー』に 1972 年第 23 号から 1974 年第 27 号まで掲載）．
長田　弘 (2003)『長田弘詩集』角川春樹事務所．
川本三郎 (1998)「悪夢のイマジネーション」『漂流教室』第 1 巻，小学館，314-318 頁．
カンペ，J.H.（田尻三千夫訳）(2006)『新ロビンソン物語』鳥影社．
グリーン，M. (1993)（岩尾龍太郎訳）『ロビンソン・クルーソー物語』みすず書房．
ゴールディング，W. (1975)（平井正穂訳）『蠅の王』新潮社．
鈴木晶子 (2006)『イマヌエル・カントの葬列——教育的眼差しの彼方へ』春秋社．
山名　淳 (1989)「カントの啓蒙意識に見る『導く』ことの問題——カントの『成人

性(Mündigkeit)』をめぐって」,教育哲学会編『教育哲学研究』59, 88-101 頁.

[III]
関　係

11章　学ぶと教える――何のために行うのか

12章　教育評価――だれのために行うのか

13章　悪――悪の体験と自己変容

14章　学校教育――教師はいかにして教育を行っているか

15章　関係性――教育関係とそれを侵犯する贈与の出来事

11章 学ぶと教える——何のために行うのか

1 教育はサービス労働か？

サービスとしての教育

1980年代あたりから，教育を「サービス」ととらえる人びとがふえてきた．経済学的な考え方に立ち，教育をサービスとみなす分析が行われるようになったためか，1990年代に登場したさまざまな教育改革論も，しばしば教育をサービスととらえていた．

この，教育をサービスととらえる傾向は強まり，2000年代に入ると，教師は，実質的に授業という商品を提供し，その対価（給与）を受けとるという「サービス労働の従事者」と見なされるようになった．このように見なされる場合，教育サービスと対価の関係は**等価交換**である．

サービスと対価が等価であるか否かを判断する人は，もちろん教育サービスを受ける学習者（その保護者）である．学習者が受けとった教育サービスに満足しなければ，その教育サービスは，「失敗」「問題」として否定される．したがって，教育サービスにおいては，「評価」の名のもとにその品質（クオリティ）がつねに問われる．

デューイの等価交換論

ふりかえってみると，教育を等価交換と見なすという考え方は，すでに高名な教育学者のデューイに見いだせる．デューイは，どんなに教師が一生懸命に教えても，子どもが学ばなければ，教えたことにならない，と考えていた．そこから，デューイは，子どもの学びと教師の教えることは等価交換である，と考えたのである．

たとえば，1933年にデューイは「教えること」を「売ること」に喩えている．「教えることは，商品を売ることに喩えられる．買ってくれる人がいなければ，だれも商品を売ることはできない．私たちは，だれも買わないの

に，たくさんの商品を売ったという商人を［嘘つきと］あざけるだろう．しかし，人が何を学んだのか，それを慮らずに，充分に教えたと思う教師はいるだろう［これは誤りである］．売る／買うと同じように，教える／学ぶはつりあうものである．子どもをもっと学ばせる唯一の方法は，実際の教えることの質・量の増加である」(Dewey, 1996 HWT, LW. 8 : 140).

このように，教える／学ぶという相互行為を，売る／買うという相互行為と理解するなら，教師の仕事は，まさに「商人の仕事」にひとしい．教師は，マーケット・リサーチのように，学習者の興味関心をリサーチし，テレビCMによる商品アピールのように，授業のおもしろさ，わかりやすさ，有用性（資格試験の合格者数）をアピールすることになる．

しかし，教える／学ぶという営みを，売る／買うという営みに結びつけることで，見失われるものがある．教育を市場のアナロジーで理解することで，見過ごされるものがある．その大切なものを確認するまえに，まず学ぶ，教えるという営みの特徴を確認しよう．

2 学ぶこと

学ぶことの概念

1990年代から，日本の教育界では「学び」という言葉が使われるようになった．きっかけは「学びの共同体」論が広く注目を集めたことである．学びの共同体論は，教育実践を教師中心から学習者中心にシフトさせ，個人の認知的事象から協同の文化的実践にシフトさせるべきだ，という主張である（佐藤，2006；佐伯，1995a；1995b；佐伯／藤田／佐藤，1995）．

こうした学びの共同体論は，旧来の心理学が説いてきた学習論から一線を画している．旧来の学習概念は，「教授（教示）」によってもたらされる子ども個人の行動パターンの変化を意味していたからである．つまり，学習は，教授がなければ生じないもの，個人の内部に生じるもの，教授から分離されたもの，と考えられていた．

ここでは，「学びの共同体」論を参照しつつ，学ぶことを次のように定義しよう．学ぶこととは，人が自発的に他者を模倣することに始まり，**協同**活動をつうじて知識・技能を習得し，自己を変容させる過程である，と．この

ように定義する場合，学ぶことは，自発性，協同性，自己変容の3つの言葉で特徴づけられる（協同的な学びについては⇒2章）．

自発性

　学ぶことは第一に，むりやり強いられる苦役ではなく，自発的な営みである．事実，子どもたちは，乳幼児のころから，自発的に学んでいる．子どもたちの記憶力・想像力はたくましい．自分の身近にいる人が思考し行動しているように，自分も思考し行動しようとする．また，子どもたちの思考力もたくましい．たとえば，幼い子どもは，なんでもかんでもなめるが，これは，食べられるもの/食べられないものという区別を行うことである．これは，ものを可食/非可食という規準から二分するという思考である．

　しかし，今も子どもたちは，学校で強制的な主体化に追いやられがちである．たとえば，理科の時間に「さあ，これこれを観察しましょう」といわれ，子どもたちが「観察項目」に縛られて観察することも，国語の時間に「では，この本を読んで感想文を書きましょう」といわれ，感想文を書くために本を読むことも，自発的な学びとはいえない．

協同性

　学ぶことは，第二に，学ぶ人がともにささえあうという意味で協同的である．もちろん，ひとりで本を読みながら学ぶことも不可能ではない．しかし，もっとも効果的な学びは，複数の子どもたちが学びあい，たずねあうことである．この協同的な学びは，真摯な試みの結果である失敗を許容し，それぞれの固有な存在に深甚な敬意を払う「冗長性」（redundancy：少々の失敗・誤謬を吸収し緩衝する度量）をふくんでいる（田中，2002）．

　すぐれた成果を生みだす研究会が，そのいい例だろう．すぐれた研究成果は，他人の研究を罵倒し非難し自分の研究の正当性を強調する場からは生まれない．すぐれた成果を生みだすものは，真実・真理に迫ろうとする「探究の精神」であり，この精神をふるいたたせるものは，たがいをささえるくつろいだ雰囲気である．そうしたくつろぎが仲間にひろがるときに，本当の壁を越える集中力が生まれる．学校の勉強も同じである．

自己変容

　学ぶことは，第三に**自己変容**（自己創出^(オートポイエーシス)）である（Luhmann, 1984 = 1993/1995）．これは，自分の考え方（視界）をみずから刷新することである．人は新しい経験とともに自分の考え方を少しずつ変えていくが，ときにドラスティックにも変えていく．たとえば，有用性（実益性）だけで人を価値づけていた人が，大きな病気，親の死をきっかけに，命のかけがえのなさから人を価値づけるように変わったりする．

　自己変容は，肯定的な場合もあれば，否定的な場合もある．肯定的な自己変容を生みだす基本的な条件は世界受容である．**世界受容**（存在信頼）は，幼い子どもが愛情深い母親とのかかわりを重ねる（関係性をつくる）なかで生みだされる心情である．否定的な自己変容を生みだす契機はさまざまであるが，もっとも重要なその契機は，他者との愛情深いかかわり（関係性）の欠落である．たとえば，非行少年が社会すべてに嫌悪感をつのらせ，あばれるのも，基本的に彼をささえ受け容れるかかわりが欠けているからである．

3　教えること

教えることの概念

　自発性，協同性，自己変容という学ぶことの特徴を踏まえるなら，**教えること**（教授）は，次のように定義されるだろう．すなわち，教えることとは，ある人が，他の人の学びを促進するために，不確実さを了解しつつ，その人に意図的に関与し，その人の自発性を誘発する行為であり，見返りを求めない行為である，と．このように考える場合，教えることは誘発性，関与性，純粋贈与，の3つの概念によって特徴づけられる．

誘発性

　教えることは第一に，何かを伝達する行為というよりも，学習者の自発性を**誘発**する行為である．いわば，「教えないで，教えること」である（佐伯，1995a：18）．どんなに言葉をつくしても，教師は子どもに思いを伝えきれない．教師は，その言葉・動作・環境によって，学ぼうとしている人に，一定の方向を示唆し暗示し誘導するだけである．

しかし，旧来の学校教育は，より長く・より繰りかえし・より厳しく教えたほうが教育の効果が高まる，と考えていた．こうした考え方の背後にあったのは伝達論的教授観である．これは，子どもの心をからっぽの容れもの，白いキャンバスと見なし，知識・技能をそこにつめ込めば，子どもはどんどん有能になる，という考え方である．

　この伝達論的教授観は誤りであるが，根強く残っている．たとえば，より早く教えれば，より大きく発達するという「早期教育」という考え方も，この伝達論的教授観を前提にしている．また，「「いじめは絶対してはならないことだ」と教えてきたのに，なぜこんな事件がおきたかわかりません」という教師も，伝達論的教授観を前提にしている．

関与性

　教えることは，第二に効果の不確実さを了解しつつも，学習者に意図的に関与することである．教育者は，学習者に一定の意図をもって働きかけるが，その働きかけの妥当性を完全に保証するものはない．いいかえるなら，教育者は，教えた内容と学んだ内容のずれを受け容れ，つねに意識しなければならない（cf. 上田，1995：178-179）．教育者は，学習者の行動が具体的に変化してはじめて「教えた」といえるが，その変化を精確に制御する方法は存在しないのである．これは，教育者が，生成する固有な存在である学習者のことも，その学習者と知識・技能の相性も，充分に知りえないからである．

　教育者が学習者の変化を完全に制御できないという事実は，2つの教育者の態度を生みだす．ひとつは，教育者が，あきらめの気持ちをもちながら，学習者にかかわることである．この場合，教育者は，学習者のニーズに対して個別的な対応を積極的に行いにくいだろう．もうひとつは，教育者が，不即不離の距離感覚をもちつつ，学習者にかかわることである．教育者が，学習者に近づきすぎず，離れすぎず，臨機応変に近づいたり，離れたりすることである．この場合，教育者は，学習者のニーズに対して個別的な対応を積極的に行いやすいだろう．どちらの態度をとるかは，教育者の人生観しだいであるが，一言そえるなら，後者の距離感覚は，簡単には身につかず，日々の経験と反省をつうじて深められていくものである．

純粋贈与

教えることは第三に，見返りを求めないプレゼントつまり**純粋贈与**（⇒15章）である（矢野，2007）．たとえば，通りすがりの人に道を教えて，代金を求める人はいないだろう．同じように，保育所で保育者が行う養育は，たしかに労働という側面つまり交換という側面をもつが，家庭で親が行う養育は，見返りを求めないという意味で，純粋贈与である．赤ちゃんを抱っこする，オムツをかえる，一緒に遊ぶ，という行為に，値段はつけられない．

たしかに親は，子どもへの行為によって，子どもが喜ぶ姿を見たいと思っているが，それは「見返り」ではない．学校の教師は，何かを教えたとき，子どもが「なるほど」と理解し顔を輝かすことに，大きな喜びを感じる．喜びそのものは，価値ではあっても，利益（利潤）ではない．つまり，喜びへの喜びは，共鳴現象であり，見返りではない．

学びの環境設定

教えることが学びの促進を目的とした働きかけであるかぎり，教師は，子どもたちを自在に動かそうとする（操作しようとする）定型的授業のかわりに，個々の子どもの固有性に即して「学びの環境設定」を行わなければならない．いいかえるなら，子どもたち一人ひとりの模倣・理解・探究が促進される条件を，ととのえなければならない．

先に述べたように，子どもたちは自発的に学ぶが，その学びは一定の条件のもとで促進される．とりわけ重要な条件は2つある．第一に心理学的な人格が存在論的に安定していること，第二に学ぶ人が学び方を学んでいることである．人格の存在論的な安定については，別に述べているので（⇒8章），ここでは，学び方の学びについてのみ述べよう．

4 学びの存立条件

マニュアル化

子どもの学びを促進する条件といえば，**解法のマニュアル化**を思いだすかもしれない．解法のマニュアル化は，問題の解き方だけを把握させ，反復問題によって記憶させることである．これは，たしかに早く問題を解くうえで

有益である．しかも，難しい問題もどんどん解けるようになり，成績も上がるので，子どもたちは，しばしば自分の思考力が高まったと思いこみ，教師も，子どものその喜びの表情についつられてしまう．

しかし，マニュアル化は，「思考の省力化」という否定的な側面をもつ．これは，マニュアル化が「どのように」（How）という方法に熟達することだからである．Aの問題にはBの方法を適用することを熟知するが，その方法を適用する理由を看過してしまうからである．「なぜ」（Why）という問いを立てないからである．Aの問題にはなぜBの方法を適用すればいいのか，その理由を考えず，ただ機械的に適用するのである．

いわゆる「パターン学習」によってマニュアル化をくりかえしていると，子どもの思考力は減退していく．子どもは一般に，9歳くらいから13歳くらいまでに「抽象的思考」ができるようになるが，この時期にパターン学習ばかりを子どもにさせていると，しばしば「具象的思考」から「抽象的思考」へと飛躍できなくなる．

学びの学び

さて，学びを促進する基本的な要素は，デューイの言葉を借りていえば，学ぶ人が「学びを学ぶこと」（learning [how] to learn）である．そのひとつは，**内発的動機づけ**を生みだすことである．これは，いいかえるなら，学び自体が目的となってやる気を起こすことである．他人に誉められるために学ぶよりも，また他人にしごかれていやいや学ぶよりも，自分が学びたいと思って夢中になって学ぶほうが，よく学べるからである（佐伯/藤田/佐藤，1995：175）．

もうひとつの学びの学びは，ルールの把握に慣れ親しむことである．これは，経験した事象をふりかえり，分類・整理したり，時系列でつないだり，因果律をみいだしたりして，そこに「AならばB」という法則を見いだし，規範を見いだすことである．たとえば，火が燃えるためには酸素が必要である，という法則を見いだし，気密性の高い部屋で石油ストーブを使うときは，換気をするべきだ，という規範を見いだすことである．

もうひとつの学びの学びは，**アナロジー**の活用である（⇒8章参照）．これは，はじめて経験した事象をなんらかのよく知っているモデル（「メンタル

モデル」）によって把握することである．いいかえるなら，はじめての事象を，すでに経験している事象を理解した方法で，理解することである．たとえば，小学生がはじめてならう「電流」を，よく知っている小川の「水流」になぞらえて理解したりすることである．

5　市場のアナロジーが見失うもの

この章のまとめ
　以上の考察をまとめておこう．学ぶことについては，それが基本的に自発行為であり，個人行為というよりも協同行為であり，さらに自己変容にいたる営みである，と確認した．これに対し，教えることについては，それが伝達行為というよりも誘発行為であり，不確実性に耐える関与行為であり，さらに見返りを求めない純粋贈与にとどまる，と確認した．
　さらに，学びを促進する条件として，2つのことを確認した．第一に心理学的な「人格」が存在論的に安定していること，第二に学びを学ばせることである．人格を安定させるものは，基本的に関係性である（⇒8章参照）．学びの学びとしては，内発的動機づけの形成，ルールの把握に習熟すること，アナロジーを活用することを確認した．
　学ぶと教えるは，それぞれ独立しているときではなく，表裏一体の関係にあるとき，もっとも効果的である．それは，教師が子どもに教えながらあらたに学ぶときであり，子どもが学びながらだれかに教えるときである．人は，わかっているつもりで他者に教えるときに，自分のわかっていること，わかっていないことにはじめて気づくからである．それは，読者を想定して書くことによって，はじめて自分の考えていたこと，考えていなかったことに気づくことに似ている．他者に教えるという営みをつうじて，他者を鏡として，人はより深く自分の理解を理解することができるのだろう．

課題——市場のアナロジーが見失うもの
　こうした学ぶ・教えるに対し，これまでさまざまな目的が与えられてきた．「何のための教育か」「何のために学ぶのか」といった，いささか仰々しい問いのもとに語られてきたものが，それである．「国家繁栄のため」「人類平和

のため」「立身出世のため」「幸福のため」など，さまざまな教育の目的・学びの目的が語られてきた．

　今，世界をよりよくする，という生きるうえでの志(こころざし)をかかげるなら，学ぶ・教えるの目的は，既存の世界像を批判し，よりよい未来の世界像を構築することとなる．このような目的をかかげる場合，教える人の使命は，この目的を命題化し子どもたちに覚えさせることなどではない．どのような道に進むのか，どのような知識を学ぶのか，学ぶ人それぞれが自律的に選択できるように準備させることである．

　このような世界をよりよくするという志を立ててはじめて，教育の市場アナロジーによって見失われるものがあきらかになる．これまで述べてきたことからただちにわかるように，教育の市場アナロジーが強まれば，教えることは純粋贈与としてとらえられなくなる．また，所有的個人主義（私有財としての知，⇒2章）が強調され，学ぶことの協同性も見失われるだろう．そしてなによりも，この世界をよりよくするという志そのものが軽視されるだろう．なぜなら，志ほど，確かな見返りが期待できないものはないからである．

（田中智志）

キーワード

　サービス／学び・学びの共同体／自発性／協同／自己変容／教える／伝達／誘発／純粋贈与／マニュアル化／アナロジー／内発的動機づけ

ブックガイド

デューイ（市村尚久訳）『学校と社会――子どもとカリキュラム』講談社（学術文庫），1998年．
　教育理論とは教育過程の本態を描きだすことであり，教育過程の中心は，成熟者と未成熟者との相互活動であり，もっとも十全で自由な相互活動を促進することが，成熟者つまり教育者の役割である，という．

ブルデュー（今村仁司・港道　隆訳）『実践感覚』1, 2, 新装版，みすず書房，2001年．
　繰りかえされる実践のなかでいつのまにか身体化されるやり方を「ハビトゥス」という．それは，実践者の意識をすり抜けて形成されるために，

「なくて七癖」といわれるようにとらえがたいが，すべての学びの前提である．

参考文献

上田　薫（1995）『人が人に教えるとは──21世紀はあなたに変革を求める』医学書院．
佐伯　胖（1995a）『「学ぶ」ということの意味』岩波書店．
佐伯　胖（1995b）『「わかる」ということの意味』岩波書店．
佐伯　胖（1998）「学びの転換」佐伯胖ほか編『岩波講座現代の教育第3巻 授業と学習の転換』岩波書店．
佐伯　胖/藤田英典/佐藤　学編（1995）『学びと文化1──学びへの誘い』東京大学出版会．
佐藤　学（2006）『学校の挑戦──学びの共同体を創る』小学館．
田中孝彦（1994）『人が育つということ』岩波書店．
田中智志（2002）『他者の喪失から感受へ──近代の教育装置を超えて』勁草書房．
矢野智司（2007）『交換と贈与の教育学』東京大学出版会．
Bourdieu, P. (1980) *Le Sens Pratique*. Paris：Editions de Minuit.（今村仁司・港 道隆訳（1988/90）『実践感覚』1, 2．みすず書房）
Dewey, J. (1929) *The Quest for Certainty : A Study of the Relation of Knowledge and Action*. Putnam.
Dewey, J. (1996) *The Collected Works of John Dewey, 1882-1953*：*The Electronic Edition*, edited by L. A. Hickman. InteLex Corporation.
　HWT = How We Think. (1933　LW. 8).
　CC = The Child and the Curriculum（1902 MW. 2）（市村尚久訳(1998)「子どもとカリキュラム」『学校と社会 子どもとカリキュラム』講談社（学術文庫））
Garrison, J. W. (1997) *Dewey and Eros : Wisdom and Desire in the Art of Teaching*. Teachers College Press.
Hirsch, E. D., Jr. (1999) *The School We Need and Why We Don't Have Them*. Anchor Books.
Lave, J. & Wenger, E. (1990) *Situated Learning：Legitimate Periperal Participation*. Cambridge University Press.（佐伯　胖訳（1993）『状況に埋め込まれた学習──正統的周辺参加』産業図書）
Luhmann, N. (1984) *Soziale System : Grundriseiner allgemainen Theorie*. Frankfurt a. M.：Suhrkamp.（佐藤　勉監訳（1993/95）『社会システム理論』（上・下）恒星

社厚生閣)
Rosenthal, R. & Jacobson, L.(1968)*Pygmalion in the Classroom*. Holt, Rinehart and Winston.
Tomasello, M.(1999)*The Cultural Origins of Human Cognition*. Harvard University Press.

12章 教育評価——だれのために行うのか

1 教育評価とは何か

評価を怖れる子ども

　数学者の森毅は，勉強は楽しんでやらなければ，けっして身につかない，と考えている．「ぼくなんか，無理にやったことで，勉強が身についた記憶がない．いやなのを無理に努力するのが「勉強」だと考えている人もあるらしく，なかにはそれで身につく人もあるかもしれないが，少なくとも，ぼくはダメだった」と（森，1989：174-175）．

　その森によると，勉強をいやなものにしている原因の一つが，いわゆる「**評価**」である．森は，どんなにマンガが好きな子どもでも，「毎週［ごと］に3冊マンガを読むことを義務づけ，週末にレポートを課し，学期末にテストをして内申書に点数をつけること」にすれば，マンガぎらいになってしまうにちがいない，と述べている（森，1989：122-123）．

　評価の結果がよければいいかもしれないが，わるい場合は，まちがいなく勉強がいやになる．実際，何度もわるい評価を下された子どもは，しだいに自分で描いたもの・書いたものを他の人（教師）に見せようとしなくなる．彼らは，絵を描きはじめても，すぐにグチャグチャにしてしまうし，ノートに字を書きはじめても，すぐに消したりする．他の人が近づくと，手でおおったりして隠そうとする（佐伯，1995：110）．こうした子どもたちにとっては評価の言葉は，自分の存在を否定するおそろしい宣告なのである．

　評価を怖れる子どもたちの姿が暗示しているように，一般に学校で行われている評価は大きな矛盾をかかえている．教育学者の佐伯胖の言葉を借りるなら，それは，評価する人と評価される子どもの関係が「本来，人間と人間の関係ではない」ということである（佐伯，1995：109）．そこでは，評価する者が上位者，評価される者が下位者という，上下関係が設定され，評価する者と評価される者が分離され，独立した個人として位置づけられるからであ

る．つまり，応答関係も協同関係も成り立たないからである．

しかし，評価の言葉は，工夫しだいでうれしい言葉にもなるのではないだろうか．評価は，自分でどこまでわかっているのかわからないときに，専門家がことこまかくわかっていること，わかっていないことを教えてくれることにならないのだろうか．どこをどう変えれば，その「恐ろしい宣告」を「うれしい言葉」に変えられるのだろうか．

教育アセスメントの広がり

教育評価の在り方を変えようという動きは，アメリカの場合，1900年代からあるが，近年，とみにその動きがはげしい．とくに1990年代に入ってから「**アセスメント**」を標榜する新しいタイプの教育評価が登場した (Gipps, 1994＝2001；Linn & Miller, 2004)．このアセスメントを強調する教育評価のおもな特徴は次の2つである．ひとつは，教育者を教育評価によって学習者を競わせる立場ではなく，学習者一人ひとりの学びを支援する立場におくことである．もうひとつは，学習者を受け身の立場ではなく，教育者の作成した評価規準を参照しながら，自分自身の思考・行動を追尾（トレース）し自己評価する立場におくことである．

簡単に対比しておこう．このアセスメント型の教育評価も，旧来の**テスト**型の教育評価も，評価の手段そのものは，それほど大きくちがわない．アセスメント型の場合，ペーパーテストに具体的な活動（ハンズオン活動．実物を見て・さわって・試す体験活動）が加わるくらいである．しかし，ペーパーテストの場合でも，解答方法は大きく異なる．アセスメント型の場合，択一式・短答式ではなく自由記述式である．また評価規準も，正誤の二分法ではなく，多元的な観点・水準から評価するという方法である．さらに，評価活用の方法も，一方的な通告ではなく，学習者と教育者がともに自己点検のために利用するという方法を採っている．

以下，旧来のテスト型の教育評価と，新しいアセスメント型の教育評価（教育アセスメント）との違いを，公平性，序列化，評価主体の3点について，いくらか詳しく確認したうえで，最後にアセスメント型の利点・課題を述べることにしよう．

2 評価は公平に行えばいいのか

公平（客観性）

近代化とともに，社会の各所で平等が追求されるなか，従来のテスト中心の教育評価においてもっとも重視されてきたことは，評価の「公平性」（「客観性」）である．この評価の公平性を確保するために採用された方法が，評価の数量化，信頼性（reliability）と妥当性（validity）の確保である．

評価の数量化は，評価を数値で表すことである．「まあまあです」とか「もうちょっとです」といわずに，「素点で69点です」とか「偏差値で51です」ということである．数量化しておくなら，他の評価の数値と加算し，総計をだすことができる．数字で示される [n]段階評価（3段階評価，5段階評価，など）も，そうした総計の数量的評定である．

また，公平性は「偏りがない」こと，すなわち「測定者によるずれがなく，かつ測定方法にずれがない」ことでもある．この偏りのなさを示す概念が信頼性と妥当性である．この2つの概念は似ているようで異なっている．

信頼性と妥当性

信頼性は，いつでも・どこでも・だれが測定しても同じ結果が得られることである．いいかえるなら，同一の個人に，同一の条件で，同一のテストを複数回，行った場合，同一の結果が出ることである（信頼性は「信頼性係数 ρ（ロー）」で数値化される）．

妥当性は，測定する方法（たとえば，テストの設問）が測定しようとする対象にふさわしいことである．いいかえるなら，テストの課題・質問が，測定したいものをふくんでいることである．たとえば，総合的な学力をはかる場合，文系の学力だけでなく，理系の学力をはかる問題が，テスト問題にバランスよく配置されていることである．

たとえば，巻き尺で距離をはかる場合，いつでも・どこでも・だれが測っても，およそ同じ結果になる．この場合，この測定の妥当性は高いといえるし，信頼性も高いといえる．また，体重をはかる場合，体重計の針がゼロよりも3キログラムずれていれば，測られる体重はいつも3キログラム重い

(軽い) 結果となる．この結果は，体重自体が変わらないかぎり，変わらない．この場合，測定の信頼性は高いといえるが，その妥当性は低いといえる（もし，体重計が3キロ狂っている，ということなら，信頼性も低いのでは，といわれるかもしれない．しかし，それは機器の信頼性の問題で測定の信頼性の問題ではない）．

学習者に肯定的に働きかける

　アセスメント型の教育評価においても，評価は公平（客観的）でなければならない．学校や教師との相性で評価されたのでは，学習者の状態はわからなくなるからである．しかし，公平であるだけでなく，学習者に肯定的にはたらきかける契機でなければならない．

　たとえば，算数の得意な子どもがある算数のテストで90点をとり，算数の苦手な子どもが同じテストで70点をとったとしよう．このとき，90点をとった子どもは，70点をとった子どもよりも高得点であるという評定は「公平」であるが，そう評定したところで，70点をとった子どもは，釈然としないだろう．彼は，算数が得意/苦手であるという，2人の「出発点」の違いを無視された，と感じるからである．

　アセスメント型の教育評価は，学習者間の「**パフォーマンス**」(**表出行動**) 上の違いを序列化するよりも，学習者のパフォーマンスそのものを高め，学習者それぞれの出発点の違いをできるかぎり減らそうとする働きかけである．つまり，アセスメント型において学習者を評定することは，学習者のパフォーマンスのよしあしにかかわらず，教授者が個々の学習者に対して肯定的に働きかけることなのである．

3　評価は子どもを序列化するためか

相対評価

　従来のテスト型の教育評価は，評価方法という観点からみれば，しばしば「**相対評価**」を採用してきた．相対評価とは，学習者の属する集団（学年・性別・年齢など）のなかに各学習者の成績を位置づけること（「評定 [rating]」という）である．

典型的な相対評価は,「偏差値」による評定である.相対評価は,他の学習者に対する自分の位置をはっきりと示すので,競争指向のつよい学習者・保護者につよくアピールするし,学習者の学習意欲をかきたてる,と考えられてきた.

　偏差値には他にも利点がある.それは,点数（素点）だけでは比較できない学習者の位置を比較可能にすることである.たとえば,物理のテストも60点,化学のテストも60点のとき,点数だけでは学習者の力を比較することができない.問題が違うからである.しかし,それぞれの偏差値が50,45であるとわかれば,両者を比較することができる.

　しかし,偏差値の弱点は,個々人の到達度・努力が隠されてしまうことである.たとえば,100点満点で30点しかとれなくても,平均点が25点なら,偏差値は60を超える.また,がんばって前回よりも点数をあげても,他の学習者がもっとがんばれば,偏差値が下がることもある.相対評価においては,なにごとも相対的なのである.

絶対評価

　こうした従来型の教育評価に対し,新しいアセスメント型の教育評価でおもに採用されている方法は,相対評価ではなく,「絶対評価」(「到達度評価」)である.それは教育目標・単元目標を「規準」とし,それからの隔たりによって学習者の到達度を定めることである.

　ここでいう「規準」は,たとえば,「2桁の足し算ができる」とか「3年の国語の教科書に掲載された漢字が読める・書ける」などである.規準を達成しているか/いないかの判断の方法は,おもに一問一答式の設問による〈できる/できない〉の確定である.

　現在,日本の学校では,相対評価も行われているが,「学習指導要領」にもとづいて行われている評価形態は,絶対評価である.その多くは3段階の「評定」であり,その表現は「できる」「もう少し」「がんばろう」などである.念のためにいえば,「すぐれている」「ふつう」「おとっている」という表現は,絶対評価ではなく相対評価である.

学習者支援のために

絶対評価（到達度評価）によって，個々の学習者が全体内の自分の位置ではなく，自分の達成度が示されるとき，学習者の学びは，二重の契機によって加速される．

第一の契機は，学習者本人の自己認識である．絶対評価によって，学習者は，自分がどこまでわかっているかを自分で理解し，次の学習プログラムを立てられるからである．前提になっている考え方は，人は自己認識によって自己修正するという考え方である．

第二の契機は，教育者の教育プログラム評価である．絶対評価によって教育者は，個々の学習者の学びを具体的に支援することが可能になるからである．教育者もまた，絶対評価をつうじて，自分の教育プログラムの効果の大きさを確認し，教育プログラムを修正できるからである．いいかえるなら，教育者もまた，自分が個々の学習者にたいする学習支援の方法をどこまでわかっているかを理解するからである．

4 評価は教育者が行うものか

だれが評価するのか

従来のテスト型の教育評価は，おもに教育者が行うものである．たとえば，偏差値の算出のような，相対評価を学習者本人がしているところは，想像しにくい．また，知能テストを被験者が自分で作成し，自分で採点しているところなど，想像できないだろう．

一般に，テストされるものが知識・技能などであるかぎり，テストする者は，その知識・機能の所有者であると見なされている．そして，学習者は，学習者であるかぎり，その知識・技能の十全な所有者であると確認されていない．したがって，学習者は，テストする者になりえない．こうした自明性は，長く教育学を支配してきた（私有財としての知識は，⇒2章参照）．

パフォーマンス評価

もちろん，アセスメント型の教育評価も，このような教育者による評価（テスト）を否定していない．アセスメント型の教育評価が新たに主張して

いることは，学習者による自己認識・自己修正という「**自己評価**」も大事である，ということである．

学習者の自己評価をうながすと考えられている評価方法が**ポートフォリオ**やパフォーマンス課題をもちいた「**パフォーマンス評価**」である．ポートフォリオは，学習者が自分が書いたもの，考えたもの，作ったものをひとつのファイルに収め，自分の学びを追尾することである．アルバムを整理するように，自分の思考・感情・態度をふりかえり整理することである．パフォーマンス課題は，学習者の経験に近い内容の問題，たとえば，算数の文章題について，自由記述で解答させ，学習者の思考を追尾可能にしたものである．

パフォーマンス評価においては，学習者の学力そのもの，すなわち**コンピテンス**そのものは把握不可能である，と考えられている．把握できるものは，問題を実際に解くこと，音楽を実際に演奏することといった，学習者のパフォーマンスである，と考えられている．コンピテンスは，このパフォーマンスを一定の評価規準によって評定した後で構成される抽象概念である．

パフォーマンスを評価する規準は「**ルーブリック**」（rubric）と呼ばれている．ルーブリックは，複数の評価観点と評価段階とをかけあわせた評価のための多次元規準表である．たとえば，①問題が理解できる，②主要な概念が理解できる，③解法を実行できる，④解法の技法を習得している，⑤論理的に推論できる，⑥自分の思考を説明できる，⑦自分の思考を他者にわかりやすく説明できる，といった観点が設定される．そして，それぞれの観点がどのくらい達成されているか，その度合いが3段階か4段階にわけられている（松下，2007）．

ルーブリックの不断の更新

こうしたパフォーマンス評価を成功させるも失敗させるも，学習者の自己評価しだいである．学習者が自分のパフォーマンスをふりかえり，自分で自分のパフォーマンスを理解してはじめて，パフォーマンス評価は，学習者のパフォーマンスを向上させることができる．

学習者の自己評価を充実させるうえで重要なことが，教育者が充分に詳細で明晰なルーブリックを構築していることである．ルーブリックは，学習者が自分の思考を追尾するために不可欠な地図だからである．ルーブリックが

一人ひとりの学習者の思考の地図ないし行路図として役に立ってはじめて，学習者の自己評価も充実したものになる．

　ルーブリックが単純すぎる場合，学習者は自分の思考を追尾することができない．どこでミスをしたのか，何がわかっていないのか，わからないからである．その場合，いくらポートフォリオをつくっても，それはただのスクラップブックである．学習者のリフレクションは，教師のルーブリック作成という支援によって効果的なものとなる．

　教師は，このルーブリックを状況を踏まえながら，不断に更新しなければならない．課題によっても，単元によっても，教科によっても，そして子どもによっても，パフォーマンスは大きく異なるからである．パフォーマンス評価における教師のもっとも大切な役割は，ルーブリックをより詳細かつより明晰なものに変えていくという不断の努力である．

　ルーブリックの更新は，教師の専門的力量を高度化するはずである．ルーブリックの更新は，子どもがどこでつまずくのか，それをどのようにたてなおすのかという，教職においてもっとも重要な知見を深めることだからである．その営みは，教師個人がひとりで行うことではなく，子どもとともに，そして他の教師と協同して行われるべきである．

5　有用性と選抜

この章のまとめ——有用性の背景

　これまで確認してきたように，アセスメント型の教育評価は，従来のテスト型の教育評価とちがい，学習者への支援，学習者の自己省察，思考追尾のためのルーブリックを強調している．こうしたアセスメント型の教育評価は，子どもの学びを促進するうえで，たしかに有効である．

　しかし，アセスメント型の教育評価は，テスト型の教育評価と同じで，学習者の有用性（問題解決力）の多寡を問うている．できない状態よりもできる状態がよいという価値判断を前提にしている．いいかえるなら，アセスメント型であっても，教育評価は，有用性概念を指向している．

　有用性指向は，教育システムだけの指向性でなく，近現代社会全体に見られる指向性である．これは，近現代社会が，位階的秩序よりも機能的秩序を

重視する社会だからである．家元制度のような例外はあるにしても，基本的に，年齢・家柄・血統・性別などの**生得性**（ascribed status/ascription）よりも，能力・学力・資格などの**達成性**（achived status/achievement）を重視する社会だからである（Parsons, 1967; Luhmann 1984; Heyns, 1986）．

人がどういう人であるかが，生得性ではなく，達成性で決まる，有用性指向の社会では，人の顔が見えにくくなっていく．人の生得性は，他の人と交換できないものをふくんでいるが，人の達成性は，すべて他の人のそれと，原則上，交換可能だからである．

課題──選抜と表象

こうした有用性指向の社会では，達成性は有用性と大きく重なり，それが**選抜**の規準となる．だれを入学させ，採用するかが，能力・学力・資格などの多寡によって判定される．そうした有用性による選抜の制度が，一定の定員のもとに行われる入学試験であり，入社試験である．

こうした選抜の制度は，学校のなかの教育評価と同じように，有用性の多寡を問う営みである．こうした選抜の制度は，テスト型の教育評価とはよく似ているが，アセスメント型の教育評価とは一線を画している．なぜなら，アセスメント型の教育評価は，学習者の序列化ではなく，学習者の学びの支援を目的としているからである．

ここで考えなければならないのは，企業の入社試験はともかく，学校・大学の入学試験は，現状の選抜の制度のままでよいだろうか，という問題である．現在の入学試験は，これから教育を受ける資格があるかどうかを，受験者の達成度から判定する選抜試験である．しかし，アメリカ，ヨーロッパで一般的に見られるように，入学時には，選抜試験を課すかわりに，これまで教育を受けてきたという事実を確認するだけにとどめ，選抜そのものを学校・大学のなかで行うという方法もある（堤・橋爪, 1999）．かりに選抜を入口でなく内部で行う場合，入学試験に必要なものは，これから教育を受ける資格があることを示す資格や熱意となるだろう．

最後に，評価される人と評価結果とのずれを確認しておきたい．実際に生きている子どもは，その子どもの点数や合否ではない．評価結果はひとつの表象（代理記号．⇒レプレゼンテーション，14章）である．私たちは今，成績,

学歴，履歴書などの評価結果を経由してはじめて，人とかかわる社会を生きている．この評価という表象をメディアとする生は，はたして避けられないのだろうか．それとも，評価という表象がなくても，人は生きられるのだろうか．

　社会は，表象としての評価をこれからも必要としつづけるだろうが，もっとも重要な評価は，人生の自己評価である．そして，自分の人生を本当に評価できるのは，自分以外にいない．その意味では，「本当にこれでいいのか」と自分に問いかける不断の自己評価が，本当に必要な評価である．

（田中智志）

キーワード

評価／アセスメント／テスト／[n]段階評価／相対評価／偏差値／絶対評価／信頼性／妥当性／自己評価／ポートフォリオ／パフォーマンス（評価）／コンピテンス／ルーブリック／有用性／達成性／選抜

ブックガイド

ギップス（鈴木秀幸訳）『新しい評価を求めて——テスト教育の終焉』論創社，2001年．
　学力・能力（コンピテンス）をパフォーマンス（ふるまい）という見えるものにするうえで，ペーパーテストはひとつの方法であるが，短答式・選択式のペーパーテストは充分なパフォーマンスを引き出せない，という．

松下佳代『パフォーマンス評価——子どもの思考と表現を評価する』日本標準，2007年．
　パフォーマンス評価の要であるルーブリックを具体的に例示しながら，テスト中心の教育評価よりも，パフォーマンス評価中心の教育評価のほうが，学習者を支援するうえで効果的である，という．

参考文献

佐伯　胖（1995）『「わかる」ということの意味』岩波書店．
堤　清二／橋爪大三郎（1999）『選択・責任・連帯の教育改革［完全版］』勁草書房．
田中耕治編（2005）『よくわかる教育評価』ミネルヴァ書房．

松下佳代（2007）『パフォーマンス評価——子どもの思考と表現を評価する』日本標準.

森 毅（1989）『学校ファシズムを蹴っとばせ』講談社.

Bauman, Z. (2004) *Wasted Lives : Modernity and Its Outcast*. Polity Press.（中島道男訳（2007）『廃棄された生』大月書店）

Cole, D. J., Ryan, C. W., & Kick, F. (1995) *Portfolios Across the Curriculum and Beyond*. Corwin Press.

Gipps, C. V. (1994) *Beyond Testing : Towards Theory of Educational Assessment*. Falmer Press.（鈴木秀幸訳（2001）『新しい評価を求めて——テスト教育の終焉』論創社）

Heyns, B. (1986) "Educational Effects : Issues in Conceptualization," in : J. G. Richardson, ed., *Handbook of Theory and Research for the Sociology of Education*. Greenwood Press.

Linn, R. L., & Miller, D. (2004) *Measurement and Assessment in Teaching*, 9th ed. Prentice Hall.

Luhmann, N. (1984) *Soziale System : Grundriseiner allgemainen Theorie*. Frankfurt a. M.：Suhrkamp.（佐藤 勉監訳（1993/95）『社会システム理論』（上・下）恒星社厚生閣）

Luhmann, N. (1991) "Strukturelle Defizite : Bemerkungen zur System-theoretischen Analyse des Erziehungswesens," in Oalkers, J., Tenorth, H.-E. (Hrsg.), *Pädagogik, Erziehungswissenschaft und Systemthorie*. Weinheim / Wasel：Beltz.

Luhmann, N. & Schorr, K. E. (1988) *Reflexionsprobleme in Erziehungssystem*. Frankfurt a. M.：Suhrkamp.

Parsons, T. (1967) *Sociological Theory and Modern Society*. Free Press.

Pellegrino, J. W. (2001) *Knowing What Students Know : The Science and Design of Educational Assessment*. National Academy Press.

Popham, W. J. (1978) *Criterion-Referenced Measurement*. Prentice Hall.

Rychen, D. S. & Salganik, L. H. (2003) *Key Competencies for a Successful Life and a Well-functioning Society*. Hogrefe & Huber.（立田慶裕監訳（2006）『キー・コンピテンシー——国際標準の学力をめざして』明石書店）

Wilson, J. & Wing J. L. (1993) *Thinking for Themselves : Developing Strategies for Reflective Learning*. Heinemann.（吉田新一郎訳（2004）『「考える力」はこうしてつける』新評論）

13章 悪——悪の体験と自己変容

1 悪の体験と自己の変容

破壊＝死の体験によって人間は変容する

　スティーヴン・キングの半自伝的な作品といわれている小説『死体』が原作のアメリカ映画，『スタンド・バイ・ミー』（1986年）は，4人の少年たちが夏休みに，列車事故でなくなった子どもの死体を探すために旅に出るという奇妙な物語である．この旅によってこのなかの2人の少年にとても大きな自己変容が生じる．そのひとりゴーディ（13歳前）がこの物語の語り手である．彼にとって旅に出る前には自分の町が世界のすべてであったのに，旅から戻ったときには，町はもはやちっぽけなものでしかなくなる．これは「変容」という言葉にふさわしい変化だ．もうひとり自己変容した少年，ガキ大将のクリスは，旅に出る前は自分は大人になっても犯罪者になるしかないと思いこんでいた．それなのに，その旅から戻り彼はやがて弁護士となった．なぜゴーディ少年にとって町はちっぽけなものになったのか，またなぜもうひとりの少年クリスは生きる方向を変えることになったのか．

　古来より旅はイニシエーションの側面をもっていた．旅は狭く閉じられたあるいは庇護された家や故郷の外に出ることを意味している．旅するなかで，人は予想もできない困難と出会い，その困難を克服することで経験を深め，また異性をはじめさまざまな人と出会うことで成長する．ゲーテの『ヴィルヘルム・マイスターの修行時代』（1795年）がそうであるように，人間の成長を描く教養小説が遍歴＝旅の小説であったのは偶然のことではない（今日ではロードムービーが同じ構造をもっている）．しかし，少年たちに変容が生じたのは，彼らが親元から離れ旅で自信をつけたからではなく（彼らは親から見放されている），死に出会ってしまったからだ．ここにこそ本章のテーマである「悪」と呼ばれてきた体験を考察する糸口がある．

　人間が大人になるためには，肉体的な成長や有用な知識や技術の獲得・習

得だけではなく，日常の生活とは不連続な死に触れ生命の次元を体験することが不可欠なのである．そのような日常生活を侵犯する体験が「悪の体験」なのだが，それは語ること自体に困難さが伴うような体験なのである．

悪は善の反対ではない

これから考えようとする「悪」とは，通常，悪が論じられているように「善」や「正義」の概念の反対の意味ではなく，理性による計算を破壊することそれ自体が目的であるような至高の体験を指す．このような悪の主題を人間学として深めたのは，フランスの思想家ジョルジュ・バタイユである（Bataille, 1957; 1967＝1949）．バタイユは，人間や動物を殺害し有用性を破壊する「供犠（くぎ）」，無意味なものに蓄財を惜しげもなく使い果たす「蕩尽（とうじん）」，自我の孤立性を否定し限りなく死に触れる「エロティシズム」，あるいは一切の見返りを求めることない「純粋贈与」（⇒15章参照），といった合理主義的な思考の方法においては捉えがたく，それゆえ学問の概念的用語では語りがたく，また市民道徳においては否定されるべき出来事を「呪われたもの」と呼んでいる．そして，このような「呪われたもの」を悪として捉えようというのである．

このようにバタイユによれば「悪の体験」とは，市民道徳の次元においてはその本質は捉えがたいものであるだけでなく，市民秩序を攪乱するものであるがため，本来は忌避すべきことでもある．ところが不思議なことには，このような悪の体験は人間を惹きつけてやまない．そればかりか，悪の体験は目的－手段関係に限定された有用性の原理を破壊することによって，自己と世界との境界線を失わせ，世界との連続性を生起させ，人間を生命の根幹に触れさせるのである．このように悪の体験とは，人が十全に生きるためには不可欠なことでもあるのだ．

例えば，供犠は供犠の対象が人間でなくても，他の生命を奪う行為にかわらず破壊であり，破壊は一般に有用性を損なうことだから悪である．しかし，この生命を破壊する体験は，有用な家畜を破壊することで，家畜を目的－手段関係から解き放ち，何ものの手段ともなることのない目的そのものというべき「聖なるもの」を出現させる．そして供犠の参加者たちは，この供犠の瞬間に，供犠に供される動物と一体化する．すなわち，その動物が殺害され

るとき，その殺害を見る私たちもまた自ら死を生々しく体験するのである．動物が殺害によって有用性の環からはずされるように，そのとき私たちは何ものかのために生きることをやめ，自己の孤立性は否定され生きること自体に生きることができる．そして，私たちはそのようにして日常の生においては体験しがたい**聖なる次元**を体験することになる．

　このように，バタイユにしたがえば，悪は善や正義の反対概念なのではない．しかも悪の体験は，共同体を維持する法や掟あるいは市民道徳を超えた生命の倫理の問題と深く関与しているのである．悪の体験とは人間が深く生きるための不可欠な体験なのである．しかし，このような悪の体験は大人の生の課題であっても子どもの生活とは関係なく，むしろ子どもは安全にそのような出来事から遠ざけられ守られるべきだと考えるかもしれない．ところが，子どもの生を特徴づけている遊びも，また上述のような意味において悪の体験のひとつなのである．

2　悪の体験としての遊び・性愛・暴力

悪の体験としての遊び

　ここでは悪の体験として遊びと性愛と生命の破壊について考えてみよう．たしかに賭けの遊びは市民社会の道徳観にしたがえば悪である．西欧中世においてもたびたび「賭けの遊び」は禁止されてきたが（フランス語の「遊び」を表す言葉 jeu は「賭け」を表す言葉でもある），労働を規範とする近代においては，その初期において遊ぶこと自体が罪悪として否定された．禁欲を基調とするピューリタンたちは遊びや音楽を罪悪と見なし楽器を破壊し，ただ美しいだけで役に立たない庭園を実利のある畑に変えてしまった．そこでは労働に役立つものだけが認められてきたのである．

　労働＝経験を発達のモデルとする近代の教育においてもこの事情は変わらない．たしかに子どもの自発性や自由な表現を重視する**新教育**運動が登場して以降は，教育学者は遊びを子どもの成長にとって重要なものと見なすようになった（新教育については，⇒1章参照）．それでも遊びは子どもの発達と結びつくところでのみその意義が認められてきたにすぎない．そのため，バタイユの思想的盟友カイヨワが指摘しているように，遊びのなかでも重要な位

置を占める「賭けの遊び」と「眩暈の遊び」は，それが子どもの発達に寄与しないという理由で，さらには市民道徳と対立するという理由で，教育関係者からは批判されてきた．「眩暈の遊び」とは滑り台やブランコの遊びを思い浮かべればよいだろう．最も強烈な眩暈の体験のひとつはジェット・コースターの体験である．そこで人は知覚が揺らぎ一時的に意識を失い眩暈を体験する．しかし，このような遊びは教育関係者が望む「発達」とは無関係である．何度眩暈を繰り返したところで，眩暈は決して経験として蓄積されないからだ．「賭けの遊び」については説明は不要だろう．近代的な市民や国民を形成しようとする近代学校が，ルーレットやトランプゲームのように努力ではなく運に賭ける生き方を肯定できるわけがない（Caillois, 1958 = 1970）．

　教師は合理的に損得を計算して将来の生活を設計し，目的実現に向けて細心の計画を立て，その計画にしたがって努力すべき生のスタイルを教えるのである．このように教育においては，子どもの遊びの大切さが語られることがあっても，ただ有用な能力の発達に役に立つ遊びだけが認められてきたのである．「遊びの教育的機能とは何か」といった教育学的あるいは発達心理学的な問い方が，そのことをよく示している．

　しかし，賭けの遊びのように一部の遊びが「悪」なのではない．バタイユの論にしたがえば，遊びはすべからく悪なのである．それというのも，遊びは，労働（勉強）に振り向ければ有用な生産性を高めるはずのエネルギーと時間とを，惜しげもなく有用性とは無関係な無駄なことに蕩尽するからである．つまり遊びは有用性の原理で動いているこの功利主義の世界を侵犯し破壊するから悪なのである．実際，遊びにおいて，本来なら有用な用途を持ちえた事物を惜しげもなく破壊したりもする．子どもが積み木を注意深く積み重ねるのは，高く積み上げた構築物を壊したときの一瞬に生じる知覚の変容がもたらす快感が大きいからでもある．作り上げることがそうであるのと同じように，破壊や蕩尽もまた人間の本来的な喜びなのである．この合理的な計画と我慢強い忍耐によって構築された秩序を，一瞬に崩壊させるときの喜びや解放感は，蕩尽の喜びそのものである．その意味でいえば，遊びは先に述べた蕩尽のひとつであるといえよう．

悪と性愛の体験

　性に関わる事象は，大人のみならず子どもにとっても秘密と悪とに関わる重要なエレメントである．子どもは性にたいして強い関心をもつが，そのような関心をあからさまに両親に告げるようなことはない．性教育が授業としてなされ，パッケージ化された性の知識（情報）が白日のもとで伝達されようとも，性の体験自体は親や大人と自由に語り合うことを禁じられた秘密の体験である．性の目覚めは，知ってはいけない何か恐ろしいことを知ってしまう体験でもある．

　性愛はそれまでの家族愛や兄弟愛あるいは友情とは異なる他者への愛である．しかし，相手が異性・同性であるにかかわらず，性愛の体験は他者と真剣に向かい合う体験であり，これまで経験したことのない強度でもって他者を求めることになる．そのため憧れたり，苦悩したり，嫉妬したり，歓喜したりと，深い感情の起伏が内的世界を分節化することになり，驚くほど深く自己を変容させることになる．

　また性愛の体験では，特定の相手の選択（他者の排除），相手からの選択（他者からの排除）があり，あるいは他者の思いに応ずることのできない自分を見つめることがあり，さらには親しい友人を裏切るような事態が生じることがある．とりわけ恋愛における三角関係は，モデルとなる他者の欲望を模倣する「**欲望模倣**」を生きる今日の人間にとって避けがたい事態であり，私たちはすべからく他者へのライバル心をかきたてられ羨望と嫉妬に苦しめられることになる（Girard, 1961＝1971）．欲望模倣による三角関係を描いた作品は数多いが，夏目漱石の『こころ』（1914年）は，このような性愛が引き起こす不可避的な人間の罪を最も深く描いた作品のひとつである．「君，恋は罪悪ですよ．解っていますか」という「先生」の言葉の意味を若い「私」には理解することができない（矢野, 2008）．性愛は他者との関わりにおいて心に襞を作り暗い影を生みだす．思春期の子どもや青年は，好もうと好むまいとこのような事態に直面することになる．

　しかし，このような性愛の体験はこのような通例の理由で悪だというのではない．性愛の体験は，合理的な思考を失効させ，理性的な判断力を攪乱するがゆえに悪なのである．さらに性の体験のもたらす快楽は，それまで体験することのなかった身体全体に広がる陶酔感の深さゆえに悪の体験なのであ

る．この性を特徴づけるエロティシズムは**死の体験**となる．バタイユはエロティシズムについて「エロティシズムとは死を賭した生の讃歌である」と述べている．性交は大きな快楽をもたらすだけでなく，深い陶酔感や脱自の体験をもたらす．それは自己と世界との境界線を溶かし相手との心身の融合をもたらす（溶解体験，⇒9章）．この世界との連続性の体験は自我の孤立性を否定することであり原理的にいえば死の体験なのである．

動物殺害とイノセンスの喪失

古代より動物は人間にとって自分の存在の意味を明らかにする手がかりだった．子どももまた動物と出会うことによって，人間と動物との境界線を認識するようになる．しかし，動物は人間の鏡以上の存在である．動物性は一方で忌避すべきものであると同時に魅力に満ちたものでもある．動物性がもたらす戦慄や驚異や畏れは，日常的な世界を超えた驚嘆を生みだす．自ら巨大なザリガニを背負う子どもは（⇒9章），野性の存在と出会うことによって，自分と動物との境界線を超えでて，あたかも動物のように世界との連続的な瞬間を生きることができる．子どもはイヌに会えばイヌとなり，蝶を追いかければ蝶となる．そのとき世界に溶ける**ミメーシス**（模倣）の体験によって，生命に十全に触れることができる．

言葉をもたない動物との交流は，言葉によって作りだされる自己と世界との距離を破壊する．動物は言葉をもっていないので，より直接的に子どもの生を，人間世界の外の生命世界へと開くのだ．ここでは，動物とは，子どもに有用な経験をもたらす「他者」としてだけではなく，有用性の世界を破壊して社会的生を超える導き手としての「他者」でもある．「何の役に立つのか」は私たちの日常生活の最も基本的な関心の在り方のひとつだ．しかし，この「何の役に立つのか」という有用性への関心は，前に述べたように，世界を目的−手段関係に分節化して限定してしまい，対象として生命を「モノ」と見なし，いきいきとした世界全体に関わることから遠ざかることになる．それにたいして動物は言葉をもたず無為であるがゆえに，動物との関わりはそのような有用性の関心を超えて世界そのものと出会うことを可能にしてくれる（『スタンド・バイ・ミー』のなかのゴーディが明け方に鹿と出会う美しい場面を参照）．

子どもと動物との関わりを描いた作品で，この動物の殺害が幼年期の終わりを示すものとして描いたものが少なくないのは興味深いことである．例えば，アメリカの開拓農民家族の生活を描いた名作『子鹿物語』(1938年) では，少年ジョディが育てている子鹿を家族のために自ら殺害する姿が描かれている．ここでは動物殺害がもつ意味とその危険性が描かれている．それというのも，それはたんに動物の殺害に留まるものではなく，同時に自己に働く子どもという生の在り方＝動物性の殺害であり，**イノセント**な子どもからの離脱を意味するからである．子どもは「子ども」の項でも述べたように，動物と同様，生命との連続性に近いところで生きており，子どもにとって動物との友愛は重要な意味をもっている．だからこそ動物の殺害は「子どもの時間」との別れを意味している．

　しかし，このような動物殺害は，先に述べた供犠と同様，生命に触れる体験でもありえる．哺乳類の殺害の例は希だろうが，子どもは昆虫や両生類といった生き物の殺害を通して生命に触れていく．食べる行為は動物殺害を含意しているが，食べる行為とその動物殺害との関係を明示することで，あらためて命の問題を捉え直そうとした鳥山敏子の実践もまたこの文脈から理解できるだろう (鳥山, 1985)．

3　悪の体験と教育の限界点

　悪の体験をいくつか取りあげてみた．このような悪の体験はデリケートな体験であり，深く生命に触れる契機ともなれば，人の道を踏み外しダークサイドへの入り口ともなりうる．これまで述べてきたような子どもの悪の体験にたいして，親や教育関係者はどのように関わればよいのだろうか．例えば，「人が成長するには悪の体験も不可欠である」といえばよいのだろうか．たしかにこれまでの議論からもそのようにいえそうである．また悪から子どもを何が何でも遠ざけねばならないという道徳主義的な教育観に職業上立ってしまう教師が，子どもが大人へと成長するときには悪の体験をくぐり抜ける必要があることをあらためて知り，そこから子どもへの関わり方の視野を広げることは無意味なことではないだろう．

　しかし，それにもかかわらず，悪の体験と教育との関係をこのように命題

化してしまうことにたいして,私たちは慎重でなければならない.それというのも悪の体験をこのように「教育的意義」といった視点から捉えてしまうと,悪の体験は子どもが成長するための「手段」のように見なされ,そのあげく成長のためには悪の体験を周到に用意しなければならないと考え,さらには悪の体験自体を教材化するといった転倒した思考に向かう危険性があるからである.

悪の体験は,多くの場合,事後的な解釈においてその評価が見いだされるものである.あらかじめ悪の体験が子どもを成長させるといった教育的なレベルに留まる保証はどこにもなく,むしろその体験は強度が強すぎて子どもを丸ごとすっぽりと呑み込んでしまうかもしれない.予期できない危険性があるからこそ,そのような体験は「悪の体験」と呼ばれうるのである.

重要なことは,悪の体験はその性格上,結果をあらかじめ予想することもまた計画することもできないということである.例えば,先にあげた動物をまた例に取りあげて考えてみよう.動物を飼うとき,その教育的意義の説明のなかに動物を飼うことで同情心や責任感を養うこととならんで,動物の死を体験することで死の準備教育になるというものがある.たしかに結果としてそのような「教育的成果」を子どもにもたらすこともあるだろう.しかし,そのような動物の生命を手段化しようとする構え自体が,死に直面するという悪の体験を作為的にしてしまい,その結果,体験そのものの価値を損なってしまうことになる.手段化された動物の生命に触れることは,反転して子どもにたいして生命の手段化を学習させることになる.動物の死を子どもに体験させる意図をもって動物を飼ってはいけないのだ.

実際のところ悪の体験は意図せずとも,あるいは避けようと努力しても,あちら側からやってくる.人は生きているかぎり悪に触れ続けている.私たちはそのような悪の体験に触れてしまった子どもにたいして,あるときは知らぬふりをして遠くから見守り,ときには向かい合って話し合いアドバイスをしたり,またダークサイドに落ち込む瞬間に間髪をいれず叱責したりする.あるいは芸術や文学作品のような深い体験を生起させる優れたメディアに触れる機会を用意したりする.しかし,そのような子どもの直面する悪への対応は,一般化したりマニュアル化したりできるようなものではない.正しいときに,正しいやり方で,それをなすのは決して易しいことではない.

私たちは『スタンド・バイ・ミー』の謎から出発した．そもそもなぜ子どもたちは死体を発見しようなどという奇妙な旅に出ることになったのか，そしてなぜそのような旅で2人の少年は変容したのか．その理由はこれまでの議論から推測されるように，この旅が死に触れる悪の体験だったからである．かつての**イニシエーション**（**通過儀礼**）は，子どもにそのような悪の体験を与える出来事であった．イニシエーションにおいて，子どもは家族から引き離され，死の体験を経て，自己変容し，そして共同体へと戻っていった．死体を探すこの旅の構造はそれ自体このイニシエーションの体験と変わらない．
　しかし，それにしてもこの4人の少年たちのうちに語られなかった2人の少年は一体どうなったのだろうか．彼らは肝心のときに生を賭する勇気をもつことができず，最後までこの旅を遂行することができなかったのである．このように考えていくと，この映画には5人目の少年が存在していたことに思い至るのである．あの列車にはねられて死んでしまった少年（ゴーディと同年）も，また家を遠く離れ夜の線路を「死体」を求めてひとりで歩いていたのではなかったか．彼はブルーベリーを摘みに森に出かけて道を迷ったことになっているが，彼もまた4人の少年たちと同じように親に秘密に「死体」を探しに森に入ったとはどうしていえないだろうか（原作はこの解釈の可能性を支持してくれるだろう）．しかし，この少年は無念なことに旅から戻ることはできなかった．悪を十分に体験することはそれほど簡単なことではないのだ．
〔矢野智司〕

キーワード

　悪の体験／供犠／蕩尽／エロティシズム／純粋贈与／呪われたもの／聖なる次元／新教育／欲望模倣／死の体験／イノセント／イニシエーション（通過儀礼）

ブックガイド

亀山佳明『子どもと悪の人間学――子どもの再発見のために』以文社，2001年．
　子どもの秘密や嘘などを手がかりに，子どもの悪の体験について思考を深めてくれる社会学的人間学の成果．

バタイユ（生田耕作訳）『呪われた部分』二見書房，1973年．
この章でも紹介したように，通常の理解を超えて悪の意味について考えるには絶好のテキスト（ちくま学芸文庫，中山元訳，2003年）．

参考文献

亀山佳明（2002）『子どもと悪の人間学――子どもの再発見のために』以文社．
河合隼雄（1997）『子どもと悪』岩波書店．
作田啓一（2003）『生の欲動』みすず書房．
鳥山敏子（1985）『いのちに触れる――生と性と死の授業』太郎次郎社．
中村雄二郎（1994）『悪の哲学ノート』岩波書店．
矢野智司（2006）『意味が躍動する生とは何か――遊ぶ子どもの人間学』世織書房．
矢野智司（2008）『贈与と交換の教育学――漱石，賢治と純粋贈与のレッスン』東京大学出版会．
Bataille, G. (1957) *La Litterature et le Mal*. Paris：Éditions Gallimard.（山本　功訳（1998）『文学と悪』筑摩書房）
Bataille, G. (1967=1949) *La Part Maudite*. Paris：Éditions de Minuit.（生田耕作訳（1973）『呪われた部分』二見書房）
Caillois, R. (1958) *Les Jeux et les Hommes*. Paris：Éditions Gallimard.（清水幾太郎・霧生和夫訳（1970）『遊びと人間』岩波書店）
Girard, R. (1961) *Mensonge Romantique et Vérité Romanesque*. Paris：Éditions Bernard Grasset.（古田幸男訳（1971）『欲望の現象学――ロマンティークの虚偽とロマネスクの真実』法政大学出版局）
King, S. (1982) "The Body," *Different Seasons*, vol. 1. Kirby McCauley.（山田順子訳（1987）『スタンド・バイ・ミー』新潮社）

14章 学校教育——教師はいかにして教育を行っているか

1 「青い目 茶色い目」の教育実践でエリオットが試みたこと

エリオットの実験授業

1969年の秋，アメリカ合衆国アイオワ州の小学校教員ジェーン・エリオットが小学校3年生16人を対象にして行った「青い目 茶色い目」授業の模様が，ABCニュースのスタッフによって録画され，1970年5月に『目の色が巻き起こした嵐』というドキュメンタリー番組として全米ネットで放送された．この番組は，大きな反響を呼んだ．1985年3月には，さらにエリオットによる授業と子どもたちのその後を追った『分離された教室』というドキュメンタリー番組が制作され，エリオットは再び注目されるようになった．エリオットの授業実践は，教育，とりわけ学校で行われる教育がどのようなものであるかを考えるうえで示唆に富んでいる．まずは，彼女がどのような授業を行ったのかを確認することから始めよう．

エリオットが「青い目 茶色い目」の授業を最初に試みたのは，1968年であった．同年4月，アメリカ合衆国において人種差別が大きな社会問題としてクローズ・アップされる状況のなか，被差別者の立場から積極的な発言をしていたマーティン・ルーサー・キング牧師が暗殺された．かねてから人種問題に心を痛めていたエリオットは，このことに大きなショックを受けた．彼女が教鞭を執っていたライスビルという町は，農業地帯に囲まれた人口900人たらずの小さな町で，住民はみな「白人」のプロテスタントであった．この町では住民の同質性が極めて高く，したがって，子どもたちは人種差別問題を身近に感じる環境にはいなかった．しかも，エリオットが担任であった小学校3年生は，まだ幼さが残る年頃であり，彼ら彼女らに社会で起こっている人種差別をめぐる問題を言葉だけで理解させることは，不可能であると思われた．

そこで，エリオットは，子どもたちに対して，人種差別に関するある実験

的な授業を行うことを思いついた．エリオットが考案したのは，目の色を基準にしてクラスを2つの集団に分け，両者を差別化し，そしてある時点で役割を交代させて，最後に境界線を取り除き，再びより強固な一体感を子どもたちが味わうという2日間にわたる授業であった．

クラスは青い目の子と茶色い目の子に二分され，まず青い目の子どもたちが「優れている」とみなされて，さまざまな優遇措置を受ける（遊び時間が5分間延長される，昼食を先に食べ始めてもよい，バスには最初に乗り込むことができる，など）．それに対して，茶色い目の子どもたちは「劣っている」とみなされ，その象徴として黒い襟の着用を義務づけられると同時に，彼らに対して学校生活に関するさまざまな制限が設けられる（遊具使用の禁止，昼食のおかわり禁止，水を飲む際の制限，「すぐれている」子どもたちに対する話しかけの禁止，など）．

教室で何が起こったか

子どもたちは，ほとんど「ごっこ遊び」に参加するかのような気軽さで，喜びの表情さえ浮かべながら，エリオットの提案を受け入れた．だが，彼女が設定したさまざまな生活の条件にしたがって学校生活を送り，また差別的な発言で子どもたちの差別心・被差別心を煽り立てるうちに状況は急変し，開始からわずか15分間で，教室は「[アメリカ]社会の縮図」と化したという．青い目の子どもたちは高慢な言動をとりはじめ，「茶色い目」という言葉を侮蔑語として用いるようになった．かたや，茶色い目の子どもたちは，無気力な表情や態度をみせるようになった．簡単な計算のテストなどの結果によれば，差別を受ける側に立つことによって「学習能力」（正答率や解答にかかる時間で測定されるかぎりでの能力）も低下した．青い目の子どもによるからかいに耐えかねて，思わず暴力をふるってしまう茶色い目の子どももいた．

そのような学校生活を一日中過ごした翌日の午前中，エリオットは，青い目の子どもたちと茶色い目の子どもたちの役割を交代させ，今度は「優れている」茶色い目の子どもたちを優遇し，「劣っている」青い目の子どもたちにハンディ・キャップを与えた．差別と被差別の双方を疑似体験した2日目の午後，エリオットは，双方の立場を経験した子どもたちに感想を求めた後，

2つのグループの境界線は実はないのだということを子どもたちに説いた．教室は「ほかのどんなときにも見られないような，密度の濃い愛と理解と共感」や「家族のような感情」（ピータース，1988）で満ち溢れたという．

2 「教育現実」の構成としての教育

「社会現実」と「教育現実」

だれの目にも明らかなとおり，エリオットが考案した授業は，非常にリスクが高く，とても一般に薦められるものではない．子どもたちの心を深く傷つけてしまいかねないし，差別の**シミュレーション**をとおして生じたわだかまりがほんとうの仲違いに発展しかねない危険性をもともなっている．さらに，それまでに築き上げられた教師と児童との信頼関係も，危機にさらされることになる．それにもかかわらず，彼女がこの授業を試みたのは，そのような賭けに出ることを覚悟せざるをえないほど人種差別の状況が深刻と感じられたからであった．

エリオットの教育実践は，たしかに特殊な事例ではあるが，同時に，学校教育がどのような性質の営為であるかを集約的に示してくれている事例でもある．彼女の授業に集約される学校教育の性質は，たとえば，ドイツの教育学者クラウス・モレンハウアーの理論を下敷きにすることによって，明瞭に浮き上がってくるだろう．モレンハウアーによれば，歴史の経過とともに，大人が投げ入れられている「社会現実」に子どもが直接さらされることは少なくなり，「社会現実」と子どもとの間に生じるであろう「衝撃にブレーキをかける」ような〈保護の防護柵〉が設えられるようになる．そして，この〈防護柵〉の向こう側に，子どもたちを保護しつつ人間形成を促すような「**教育現実**」が構成されるようになるという．「教育現実」においては，「社会現実」のうちにある学習すべき内容が「直接的に提示」されるかわりに，「再提示（**代表的提示**）」されるということが大きな特徴であるとされる．エリオットが試みたことは，そのような典型的な「教育現実」の構成とみなすことができる（次頁図1）．

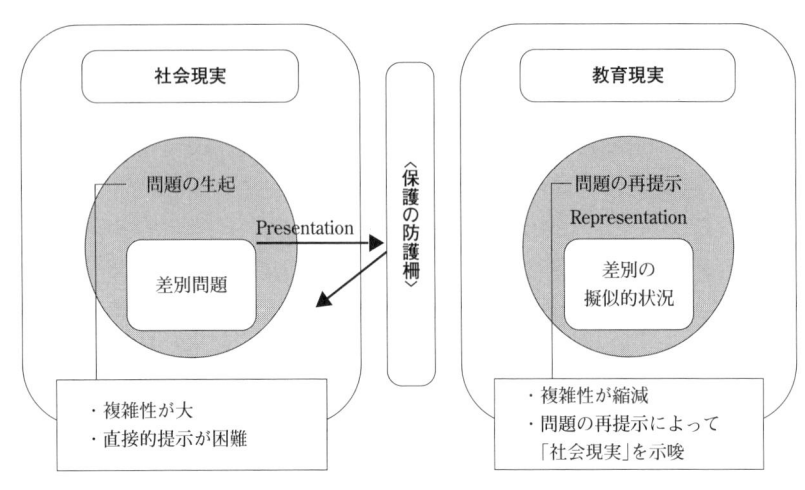

図1 「社会現実」と「教育現実」

社会現実
- 問題の生起
- Presentation
- 差別問題
- ・複雑性が大
- ・直接的提示が困難

〈保護の防護柵〉

教育現実
- 問題の再提示
- Representation
- 差別の擬似的状況
- ・複雑性が縮減
- ・問題の再提示によって「社会現実」を示唆

〈保護の防護柵〉を設ける

　エリオットがまず主題にしたのは,「社会現実」における人種差別という大きな問題であった.だが,人種差別問題は,子どもたちが理解するにはあまりにも複雑であると思われた.「社会現実」の複雑な問題の渦中に子どもたちが直接投げ込まれることは,〈保護の防護柵〉によって回避されている.そのうえで,エリオットが試みたのは,そのような〈防護柵〉の向こう側に差別の疑似体験を可能にするような「教育現実」を構成することであった.そこで行われたのは,人種差別の「直接的提示」ではなく,その複雑さが縮減された類似状況の「再提示」である.

　『分離された教室』の制作にあたったウイリアム・ピータースは,エリオットが行ったことを,的確にも,人種差別に対する「予防接種」(ピータース, 1988) であると形容している.言葉を換えていえば,希釈された問題状況類似物が子どもたちに提供されることによって,子どもたちは,将来直面するであろう「社会現実」における問題状況に対する予行演習を受けることができた,ということになるだろう.

　あるいは,エリオットの教育実践をとおして,私たちは,自動車の教習場を想起してもよいかもしれない.教習場は,S字カーブ,クランク,坂道,交差点などの選択されたいくつかの要素によって成り立つ交通社会のミニチ

ュア世界である．とはいえ，それは交通社会という「社会現実」そのものではない．2つのブレーキ・ペダルがついた教習用の自動車．ドライバーの卵たちによるたどたどしい運転を見守るための監視塔．一般の人が歩くことも車で乗り込むこともない単純化された道路網．その横に付設された教習用の学校．そのどれひとつをとっても，〈保護の防護柵〉に守られた状況，つまり，「教育現実」をつくりだすための構成要素である．教習生たちは，ここで経験を積み，路上教習を経て，徐々に慣らされるかたちで教習場の外部に広がる「社会現実」へと巣立っていく．エリオットの事例においてあらためて確認できるのは，そうした自動車教習場のような働きを有する学校という場の機能である．

3 「教育現実」を構成する教師の技量

教育に関する〈大きなプラン〉

教師に求められることは，まずは「教育現実」を構成する技量であるといえるだろう．とはいえ，「教育現実」を構成する技量とは，どのようなことをいうのだろうか．一般に，教師は，子どもたちやクラスの特徴をつぶさに観察し，テーマの研究とそれを授業へと構成するための手立てについて熟考すると同時に，子どもたちの予想される反応を推察しながら，教育実践の脚本（スクリプト）を煮詰め，また「教育現実」の構成要素を選び取っていく．とくに実験的な授業を行う場合には，以上のことを慎重に行う必要がある．その結果として考案された「教育現実」の具体的な構成を，エリオットの授業のうちにみてみよう（次頁図2）(cf. 齋藤, 1994)．

エリオットによる「教育現実」の構成においては，少なくとも，以下の点にその巧妙さが認められる．

① グループ分けに目の色を基準にしたこと．目の色は，人種差別が発生する際の徴表となる肌の色と同様に，後天的な要因によって容易には変更できない遺伝的形質である．ただし，人種差別社会における肌の色とは異なって，目の色には社会的な意味付与の度合いが非常に低い．それにもかかわらず，ひとたび2つのグループの間に境界線が引かれ，上下差にかかわる条件が設定されると，たちまちのうちに目の色が社会的な意味合いを帯び，「青

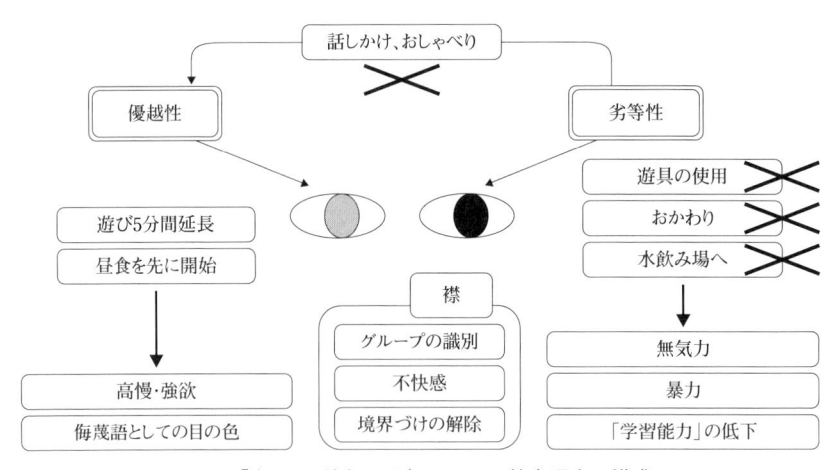

図2「青い目 茶色い目」における教育現実の構成

い目」「茶色い目」という言葉は侮蔑語として用いられるようになる．

② 差別化の条件づけの巧妙さ．エリオットの設定した条件は，主として，遊び，飲食，コミュニケーションにかかわるものであった．遊びは，子どもたちの多様な営みのなかでも最も楽しみにしている活動である．この遊びに対する諸条件は，子どもたちの優越感と劣等感を引き起こすために有効に働いた．また，水分の補給と栄養の摂取は，生命の根幹にかかわっている．エリオットによる飲食の条件付けは，もちろん子どもたちの生命を脅かすものではなかったが，自らの境遇と生命との繋がりをちらつかせることになり，クラスの雰囲気に深刻さと緊張感をもたらした．また，「劣等」のグループから「優越」のグループへのコミュニケーションの禁止も，両者間に引かれた悲しい境界線を痛感させる要因となった．

③ 境界線の解除．エリオットは，両方のグループを分け隔てる境界線の無意味さをインパクトをもって知らしめるために，被差別対象者を示す小道具として用いられた襟をゴミ箱へ廃棄させた．目にみえるかたちでグループの分断を解除するというパフォーマンスによって，この期間限定の「教育現実」から日常の生活へと環境が切り替わったことを子どもたちに知らしめ，この2日間に生じた人間関係問題を精算する契機を与えた．

授業における複雑性の縮減

　もちろん，学校で毎日行われる教育実践において，こうした新しい「教育現実」の構成を限られた時間で次々に考案し実施していくことは，実際には不可能に近い．通常は，人間形成に関する原因と結果についての一般的な**図式（スキーム）**と教育実践において用いられる**脚本（スクリプト）**の基本設計が念頭に置かれ，そのうえで各授業の要請にしたがってそれにバリエーションを加えるというかたちで，「教育現実」を構成する複雑な作業の負担が軽減されている（複雑性の縮減）．

　教授段階論は，このような文脈からみれば，「教育現実」を構成する際の複雑さの軽減に関する方法の蓄積とみなすことができるであろう．教授段階論とは，学習者を支援する状況，とりわけ授業場面において行われる教授活動を段階に分けて計画化するための理論をいう．たとえば，ヘルバルトは，教授段階を自らの体系的な教授学のなかで精緻化し，認識の過程にもとづいて，教授を4段階で行うべきことを唱えた．彼の影響を受けたヘルバルト派は，それに改良を加えて，**5段階教授法**を考案した．この教授法は，ヨーロッパやアメリカ，さらには日本でもハウスクネヒトらを通して明治中期に普及した．一般に子ども中心主義的と形容されるいわゆる新教育の時期には，学習者の自己活動や自主性を重視する教授段階論が積極的に考案されるようになった．デューイによる**問題解決学習**の段階やプロジェクト・メソッドにおける4段階についての理論を，その例としてあげることができる．日本では，授業の構成に際して，「導入―展開―山場―まとめ」などの簡潔な段階をベースにしている場合が多い．多くの場合，教師は，そのような教授段階論を大きな枠組みとして，そのうえに個々の教育実践の詳細をプランニングしている．

教育に関する〈小さなプラン〉

　以上のような教育実践に関する図式（スキーム）と脚本（スクリプト）の形成およびその変形という次元における「教育現実」構成計画を教育の〈大きなプラン〉と呼ぶことにする．教育実践は，この〈大きなプラン〉だけでは，当然うまくいかない．なぜなら，私たちの日常経験に照らし合わせてみても，「教師は，いくつもの図式を備えるところから出発し，状況について

の印象を図式に即して形成した上で，自分の脚本どおりで行くべきか，脚本を状況に合わせるべきか，それとも修正すべきかを考える」(Luhmann, 2002 = 2004) 必要があるからだ．

〈大きなプラン〉による「教育現実」の構成に限界がある状態を，ルーマンは，教育における「**テクノロジー欠如**」状態と名付けている．もちろん，ある一定の状況下において，という条件付きであれば，より多くの子どもたちに対して妥当する行為の法則性とそれにもとづいたより確かな技術を見出すことは不可能ではない．とはいえ，例外と不測の事態をあまりにも多く含む教育世界の複雑性に目を瞑ることなく教育の存立機制について記述しようとすれば，教育においては確かなテクノロジーが欠如しているといわざるをえない．教育の領域には普遍的な原因と結果の連鎖など見当たらない．

そのような「テクノロジー欠如」状態において，「教育現実」の構成を維持するために求められるのは，〈大きなプラン〉をもとにしつつも臨床の場においてそれを微調整するような〈小さなプラン〉である．〈大きなプラン〉どおりに「教育現実」が作用しなかった場合，教師は，自らの経験にもとづいて打ち立てられた教育に関する主観的な原因と結果の連鎖をもとにして，各局面に対応する．このような〈小さなプラン〉を，ルーマンは「**因果プラン**」と呼んでいる．彼によれば，自らの「因果プラン」のなかに「より多くの要因を組み入れ，より長い連鎖を築き，さらに，相互作用までも考慮に組み込むように試みる」ことによって，つまり，「因果プラン」をより複合的にすることによって，「教師は，ある状況下で彼に適切と思われる振る舞いを選択したり，自分自身に有利な成果を上げるためのより大きな好機を獲得する」ことができ，不測の事態に対して合理的な対応をとることができる．

教育の偶有性に対応する

教師が同じように振る舞ったとしても，児童・生徒が変われば反応も変わる．また，同じ児童・生徒を相手にしたところで，今日と明日では同じ成果が得られるとはかぎらない．エリオットの授業においても，〈大きなプラン〉どおりにいかないことが多く生じていた．この実験授業を開始して3年目のクラスのある男の子は，この授業自体がおかしいという疑問を呈したと

いう．「教育現実」の構成自体に不信感が抱かれることは，エリオットにとっては想定外であったにちがいない．エリオットは，こうしたことにも対処せざるをえなかった．

　学校では，予期せざる事故も生じうる．テレビ放映された年のクラスにおける実践の2日目，ラッセルという男の子が，上着をロッカーに入れるために黒い襟をはずしていたときのことである．上着をロッカーに入れる間，彼は，襟をとめていたピンを口にくわえていたのだが，別の男の子がラッセルの背中をたたいた拍子に，そのピンを飲み込んでしまった．彼は，ただちに病院に連れて行かれ，適切な処置を受けて事なきを得た．

　また，エリオットの授業では，**潜在的カリキュラム**（⇒4章参照）の次元における教育作用の問題もまた，浮上することになった．エリオットは，次のように述懐している．「最初の年のクラスで，『優れている』グループが大喜びで差別をするのを見て，私は，差別されることの恐ろしさと同時に，差別することの楽しさも教えているのではないか，と思いました．それは切実な問題でした」（ピータース，1988）．さらに，エリオットの差別的な言動に抵抗したブライアンという男の子は，「この番組のヒーロー的な存在」となり，しばらくの間，鼻高々であったという．別の子どもは，みなが3年生のこのクラスを「映画スター」と呼んでいることを耳にして，誇らしげであった．しかし，そのような反応は，もちろんエリオットの望むところではなかった．

　教育におけるこうした予期せざる出来事や作用をとおして，教師は，主観的な因果の連鎖を長くし，そのバリエーションを多様化させていく．そして，「何らかの不意打ちや思わしくない経験によって度を失ったりせず，意味のある対応を可能にするさまざまの図式を使いこなせる」（Luhmann, 2002＝2004）度合いを高めていく．「実験が終わってみると，私の方が子供たちよりも多くを学んだような気がしました」（ピータース，1988）というエリオットの証言は，おそらくこのことと結びついている．エリオットは，経験を積むうちに，そのような可変的な状況に対応しながら「青い目　茶色い目」の授業実践を行えるようになり，また，教育の対象者も子どもから大人へと幅を拡げていったのである．授業とは，児童・生徒の学びの場であると同時に，**教師の学び**が成立する場でもある．

4 「教育現実」と「社会現実」の相互浸透

教育によって負の境遇が再生産される

これまで,「社会現実」と「教育現実」という二項図式を前提として,教育という営みの特徴を概観してきた.だが,角度を変えてみれば,「教育現実」は「社会現実」に包摂されているという側面をも有している.学校という場も,教師という職業も,教育という活動も,単に「社会現実」と切り離された「教育現実」の構成要素であるだけではなく,「社会現実」の構成要素でもあるからである.「社会現実」と「教育現実」を横並びに眺める図面を両者の〈側面図〉とすれば,それらが重ね合わさる方向に観察者の位置を移動してみえてくる両者の〈正面図〉ともいうべき図面がそれとは別に考えられねばならないであろう(図3).

「社会現実」と「教育現実」との〈正面図〉に注目するとき,両者があたかも相互浸透しているかのような関係性がみえてくる.エリオットによる教育実践の場合,そこに浮上するのは,2通りの関係性であろう.ひとつは,**ラベリング理論**が明らかにしているような差別をめぐる両者の共犯性とでも呼ぶべき関係性である.「……は劣る」という社会的なラベリングが「社会現実」のうちに存在するとき,そのようなラベリングは,「社会現実」の一部である「教育現実」のなかにも,「……の子は劣る」という変形をともなって入り込んでくる.少なくともエリオットの実験授業の結果にもとづいていえば,そのようなラベリングによって,虐げられた子どもたちは,無気力になるかもしれないし,暴力を誘発されるかもしれないし,また,「成績不振」に陥るかもしれない.彼らが学校において低い評価しか得られず,その結果として,社会的地位を低下させ,負の境遇の**再生産**(⇒2章参照)が行われる可能性がある.

負の境遇を断ち切る可能性

だが,エリオットの教育実践が同時に示唆しているのは,それと相反するようなもうひとつの関係性,つまり,この負の境遇の再生産を断ち切る可能性を孕むような「社会現実」と「教育現実」との関係性である.ピータース

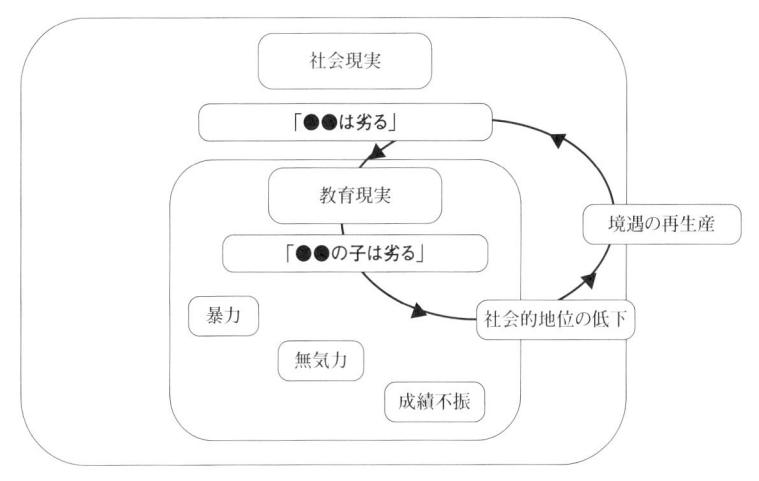

14章 学校教育——教師はいかにして教育を行っているか　　183

図3 社会現実と教育現実の〈共犯〉的関係

が紹介しているところによれば，エリオットの授業を受けた子どもたちが統計的に人種差別意識が少ないという研究調査結果が出されているという．

もちろん，こうしたことに依拠して，エリオットの授業に対する一般的な評価を下すことは避けねばならないだろう．だが，彼女の授業を受けたある女の子が，「ニガー」という差別用語を頻繁に使う祖母に対して猛烈な拒絶反応を示すようになったというエピソードが示しているとおり，少なくとも，「教育現実」における作用が「社会現実」における子どもたちの日常生活をも変える可能性は示唆されているのである．

5　教育の臨界域——あるいは〈保護の防護柵〉のアンビバレンス

「社会現実」に触れえぬもどかしさ

問題の「**再提示**」を行うことによって成立する「教育現実」の構成という見方は，エリオットが企図したような疑似体験的な——社会の人種問題を教室用に提示しなおす——学習を促すケースにのみ当てはまるわけではない．「再提示」を表す representation が，同時に「表象」をも意味していることは，すでに示唆的である．教育における通常の「再提示」は，教科書などのテキストや教材などを用いて，「社会現実」ならぬもうひとつの表象の「現

実」を構成することをとおして遂行されることが多い．コメニウスから続く近代の教育学，とりわけ教授学は，「再提示＝表象」による「教育現実」の構成という問題をひとつの大きな課題とみなしてきた．そして，「再提示＝表象」による「教育現実」の構成という営みは，言語をはじめとする記号の操作を中心に，発展してきたといえるだろう．

学校という教育に特化された施設は，この「再提示」による「教育現実」の構成という教師の営みを支えるからくりに満ちている．教育の場としての学校およびクラスという枠組みをなしている空間，時間，人間関係，規則などにかかわる多様な次元にわたる構造が，「社会現実」と「教育現実」の間にある〈保護の防護柵〉を強化しており，そのことによって，「教育現実」の仮構性に対する疑義を差し挟む眼差しをシャットアウトし，「教育現実」に没頭するように被教育者を促しているのである．

アリエスの『〈子供〉の誕生』（1960年）やフーコーの『監獄の誕生』（1975年）は，そのような〈保護の防護柵〉の歴史的な形成過程および構造に関する考察として読み直すこともできるだろう．その場合，〈保護の防護柵〉は，子どもをか弱き存在として守護すると同時に，共同体から切り離された特殊な世界へ子どもたちを囲い込むアンビバレントな近代社会の大道具としての側面を露わにするはずである．

これは単に理論的な問題ではない．教育者の立場であれ，被教育者の立場であれ，〈保護の防護柵〉の向こう側にある「社会現実」に触れえないことに対するもどかしさと〈保護の防護柵〉のこちら側にしかない「教育現実」に対する虚偽感を抱くことがあるとすれば，私たちは，理論的に示唆された〈保護の防護柵〉のアンビバレンスを，実践の領域において感知しているといえるのではないだろうか．

〈保護の防護柵〉が解除されるとき

いわゆる〈体験〉型の授業実践は，そのような〈保護の防護柵〉の内側から「社会現実」に触れえないこと——とりわけ記号（＝表象）操作中心の教育活動に終始すること——のもどかしさを払拭しようとする意図をその背景に有しているようにみえる．とはいえ，それは，必ずしも「社会現実」へと子どもたちを直接的に投げ込むことを意味しているわけではない．触れさせ

ようとする「社会現実」が衝撃的であればあるほど，また，子どもたちの生の根底に結びつくことであればあるほど，その提示のしかたは配慮に満ちたものにならざるをえない．ここでは，子どもたちが解体された豚からソーセージを作って食べることで生と死を学ぶ授業を行った鳥山敏子が，いかに周到にこの実践を構想していたかということを事例としてあげるにとどめておこう（cf. 鳥山，1985）．

〈保護の防護柵〉が子どもたちに対して望まれざる作用を生じさせるという観点は，とりわけ社会全体の保護の度合いが高い社会において有効であることを補筆しておく必要があるだろう．戦争や貧困に苛まれる社会状況下において学校が設立・再建されたというニュースや映像にふれるとき，私たちが何かしら安堵するのは，過酷な状況から子どもたちを守ろうとする最低限の〈保護の防護柵〉がそこに築かれつつあるということを察知するからである．〈保護の防護柵〉の問題は，社会的および歴史的文脈による相対的な問題である．〈保護の防護柵〉が解除された場合に生じる問題点についても，私たちは意識的でなければならない．

この章のまとめ

この章では，「社会現実」から切り離された「教育現実」の構成という観点から，教育（とりわけ学校教育）の特徴について論じてきた．こうした観点から浮かび上がるのは，〈保護の防護柵〉の内側で「教育現実」を構成する教師の姿であった．だが，「教育現実」を構成することは，容易なことではない．教師は，教育実践が含まざるをえない不確かさに対応するために，授業に関する〈大きなプラン〉や〈小さなプラン〉を駆使している．そのようなプランを使用する際の巧みさに，まずは教師の技量を見て取ることができる．

〈保護の防護柵〉という観点からみるとき，学校は，子どもをか弱き存在として守護すると同時に，共同体から切り離された特殊な世界へ子どもたちを囲い込むアンビバレントな近代社会の大道具としての側面を有している．だが，〈保護の防護柵〉のアンビバレンスという問題は，今日においては，学校教育にのみ特有の問題ではない．とくに新たなメディアの発展およびバーチャル・スペースの拡張によって，〈保護の防護柵〉という喩えによって

イメージされるような子どもを保護するシステムは維持されにくくなりつつある．「子どものニューメディア」に関する現在進行形の議論のなかには，こうした現代版の〈保護の防護柵〉の綻びに関する考察の萌芽が含まれているように思われる．教育との関連で，この問題について考えてほしい．

(山名　淳)

キーワード

シミュレーション／社会現実／教育現実／代表的提示＝再提示＝表象（リプレゼンテーション）／脚本（スクリプト）／図式（スキーム）／教授段階論／問題解決学習／テクノロジー欠如／因果プラン／潜在的カリキュラム／教師の学び／ラベリング／再生産

ブックガイド

田中智志／山名　淳編『教育人間論のルーマン——人間は"教育"できるのか』勁草書房，2004年．
　この章の理論的基盤にもなっているルーマンのシステム理論に関する入門書．とりわけ，第4, 5章が，今回のテーマと関連している．

北田暁大／大和田直樹『リーディングス　日本の教育と社会10　子どもとニューメディア』日本図書センター，2007年．
　この章のまとめにおいて言及したように，電子空間の拡張によって生じつつある〈保護の包囲網〉の綻びについて考えることは重要である．この問題に取り組むうえで，示唆に富む論文集である．

広田照幸『教育』岩波書店，2004年．
　この章の議論の方向性とは異なるが，現代の教育および教育に関する言説を鳥瞰し，その内容を包括的に整理することを試みる好著である．巻末の「基本文献案内」も，現代における教育論の方向性を知るうえで参考になる．

参考文献

アリエス, Ph. (杉山光信・杉山恵美子訳) (1980)『〈子供〉の誕生』みすず書房．
齋藤　孝 (1994)「教師の技術・身体・スタイル——『青い目茶色い目』の実践を事例として」『教育方法学研究』20：71-79．

鳥山敏子 (1985)『いのちに触れる——生と性と死の授業』太郎次郎社.
ピータース, W. (白石文人訳) (1988)『青い目 茶色い目——人種差別と闘った教育の記録』日本放送出版会. (ビデオ『青い目 茶色い目——教室は目の色で分けられた』NHK 特集「ワールド TV スペシャル」, 1988 年 4 月 29 日放映).
フーコー, M (田村俶訳) (1977)『監獄の誕生』新潮社.
モレンハウアー, K. (今井康雄訳) (1987)『忘れられた連関』みすず書房.
Luhmann, N. & Schorr, K. E. (1979) Das Technologiedefizit der Erziehung und die Pädagogik. In : *Zeitschrift für Pädagogik* 3, S. 345-365.
Luhmann, N. (2002) *Das Erziehungssystem der Gesellschaft*. Frankfurt a. M.：Suhrkamp. (村上淳一訳 (2004)『社会の教育システム』東京大学出版会)

15章 関係性——教育関係とそれを侵犯する贈与の出来事

「ではみなさんは，そういうふうに川だと言われたり，乳の流れたあとだと言われたりしていた，このぼんやりと白いものがほんとうは何かご承知ですか．」先生は，黒板につるした大きな黒い星座の図の，上から下へ白くけぶった銀河帯のようなところを指しながら，みんなに問をかけました．

これは宮沢賢治の『銀河鉄道の夜』の冒頭の箇所である．教室では毎日繰り返されているなじみの風景というべきものだが，このような教師の問いかけとそれに応えようとする生徒といったように，教育者と被教育者との関係は垂直の「主従関係」や平等の「友情関係」とは異なるものとして「教育関係」と呼ばれ，またこのような関係についての反省は「**教育関係論**」として議論されてきた．この教育関係は私たちが「教育」をイメージするときの最も具体的な事象として捉えることができるだろう．

ところで本章をこの賢治の引用から始めたのは，この教師の問いかけにしたがうことで，教育関係とは何かを明らかにすると同時に，教育関係を侵犯してしまう出来事としての教育の不思議さに触れることができるからである．その糸口は「ほんとうは何かご承知ですか」という教師の問いの形にある．この一見平凡な問いかけが，教育関係を侵犯する出来事としての教育の不思議さに導くことになるのだが，まずは「教育関係論」の思想史的説明から始めることにしよう．

1 教育関係論と教育学の展開

「教育関係論」という問題設定と精神科学的教育学

「教育関係論」は，19世紀の教育学者，ディルタイを始祖とする「精神科学的教育学」において，教育学の記述分析すべき課題として，あるいは教育と教育学の他の領域にたいする相対的自立性を示す固有の主題として論じられてきた．ディルタイは『教育学体系の草稿』（1884-94年）のなかで，教育

15章　関係性——教育関係とそれを侵犯する贈与の出来事

を「成長した者が成長しつつある者の心的生を形成しようとする計画的活動」と捉え，その「成長した者」と「成長しつつある者」との関係，すなわち「教育関係」の分析を教育学の第一の課題とした（Dilthey, 1934=1987）．そして，この教育関係のなかに近代に関わる二律背反的課題が集約されており，教育学が自己の学問の存在証明をかけて解決をすべき課題であることが明らかとなる．ディルタイの弟子であるシュプランガーやリットそしてノールらは，教育事象における二律背反問題として教育関係論を論じている．

例えば，ノールはこの教育関係という課題を『教育学の自律性』（1935 年）というタイトルの論文のなかで考察している．このタイトルからもうかがえるように，ここでは教育と教育学の自律性の根拠が問われている．つまりノールにおいて教育関係という主題とは，教育が他のさまざまなコミュニケーションの様式とは異なる自律的で固有な意味の領域であることを明らかにする主題であると同時に，学問としての教育学の自律性と固有性とを保証することを論証する主題であった．

ノールは，「教育関係」を「成熟した人間の成長しつつある人間への」情熱的関係であると定義している．ところで，このような関係は，「成長しつつある人間」を形成しようとする意志と，他方でこの「成長しつつある人間」の自発性と固有の本質を前にした「差し控え」との両極的な緊張関係のうちにあるという．前者の極を形づくっているのは「伝導的な文化意志」であり，後者の極を形づくっているのは子どもの「主体的生への定位」である．ここでは「あらかじめ与えられた目標」対「子どもの自己目的」，「子どもの目標・理想への愛」対「現実にあるがままの子どもへの愛」等々，さまざまな二項対立図式の緊張関係の基本的な図式が示される．ノールは，この二項対立図式を弁証法的に統合したところに，「教育」固有の領域が存在すると主張する．ここでノールのいう弁証法とは，ヘーゲルのように対立する正−反図式から新しいものへと対立が止揚されるそれではなく，あくまでも両極が緊張関係を有している状態を指している．

この教育関係の構造分析の妥当性については，日常私たちがどのような場合に「それは教育である」あるいは「それは教育ではない」と判断しているかを基準にして，2つの極のうちどちらか一方の極に立脚し，他方の極を完全に無視するとどのようになるかという思考実験をしてみればよいだろう．

もし，私たちが「伝導的意志」のみによって子どもと関わるならば，子どものあるべき姿（教育の目的）は，現実の子どもの在り方とは関係なく，外部の意図によって決定されることになる．そのような営みは政治的プロパガンダ，洗脳，脅迫となんら異なることはないだろう．しかしまた，子どもの自発性と固有の本質への配慮だけによって子どもと関わるならばどうであろうか．そのような営みは子どもの嗜好や欲求，興味関心に追随するものとなるだろう．またそれが他者（子ども）を人格として扱わねばならないといった場合では，道徳的事象と変わらないものとなるだろう．

このように2つの契機を別々に一方だけ取りだしても，それはプロパガンダであったり道徳的行為であったりして，教育固有の領域を作りだすことはないのだ．このように「教育」とは，このどちらにも還元することのできない2つの相矛盾する契機が，緊張状態にあるときにはじめて生みだされる自律した固有の領域だということができる（矢野，1996）．

教育関係から教育的雰囲気へ

1930年代の精神科学的教育学の「教育関係論」の展開に対して，その成果を受け継ぎつつ教育人間学はこの主題に新たな思想的展開を加えた．教育人間学の代表的思想家のひとりボルノーは，ノールの弟子であり精神科学的教育学の問題群を継承したが，他方でハイデガーの存在論の思想的影響を強く受けていた．ボルノーは『教育を支えるもの』（Bollnow, 1964＝1969）において，従来の「教育関係論」の思想的転換を企てている．ボルノーはこの著作のなかで，「**教育的雰囲気**」を教育が成り立つための前提となるべき「情態性」として論じている．これはそれまでの精神科学的教育学による教育の解釈学的な「関係論」から存在論的な「気分論」への思想的転換を意味するものであった．具体的には，子どもの側からの展望として気分としての被包感などを論じ，また教育者からの展望として気分としての包括的信頼などを記述することで，ボルノーは教育的雰囲気を明らかにしている．

このような関係論から気分論への転換によって，ともすれば技術主義的な教育者と子どもとの関係の捉え方を，あらためて主体の意志や意図においては変更しがたい根本的気分の構えとして取りだすことで，教育が実現されるための基盤が明らかにされたといえよう．ボルノーの教育学研究における重

要な業績は，従来の教育を連続性において捉えてきた在り方に対して，実存哲学によって明らかにされた「覚醒」や「回心」といった非連続性の次元を，「出会い」や「訓戒」といった事象とともに教育学上の意味を明らかにしたことだが，さらにこの気分論によって教育を**連続性**と**非連続性**とで捉える次元にたいして，新たな第三の次元を見いだすことを可能にしたことであった．

教育関係への批判

しかしながら，1980年代には**教育愛**を暴力的なものと見なすミラーの『魂の殺人――親は子どもに何をしたか』（Miller, 1980＝1983）といった著作が現れ，従来の教育は「教育」の美名に隠された権力の行使，いわゆる「**闇教育**」であるとして指弾され，教育関係もまた批判の対象となっていく．今日から見ると，精神分析学などを手がかりにしたミラーの教育批判は，驚くほどナイーブな教育理解から成り立っており，さらにミラー自身が理想的な教育の関係を述べはじめたとたんに従来の教育学との差異さえも失ってしまうのだが，このような雑駁な著作がよく読まれまた評価された背景には，「教育」がもはや従来のように自明の価値あるものではなくなった時代状況がある．一方で近代学校制度が制度疲労を起こしさまざまな教育問題が噴出したことと，他方で「成熟」や「啓蒙」「解放」といった近代的な諸価値が疑問視されるようになったことで，「教育」の正当性そのものが失われたことにある．その結果，当然と見なされてきた「大人―子ども」「先生―生徒」「教育者―被教育者」といった従来の教育関係の前提となるべき垂直で非対称の関係が問い直され，「友情」や「パートナーシップ」といった他の水平で対称の関係との差異を失っていった．

そのような状況下で，「教育関係」に関わる議論の仕方が大きく変わったのは，フーコーの一連の権力に関わる仕事による．フーコーはそれまでの権力論とは異なる日常の微細な権力の在り方を明らかにすることで，それまでは見ることのできなかった教育におけるさまざまな事象のなかに貫徹されている権力の姿を可視的なものとした（⇒6章なども参照）．例えば，新教育運動の諸実践のなかで，一見すると，子どもの自由や自発性を最大限に重視したように見える教育空間あるいは教育関係のなかに，どのように微細な権力が行使されていくかが明示的に示されるようになった（cf. 山名, 2000）．新教

育運動の理念も，もはやそれ自体で評価できるものではなくなったのである．しかしながら，次に述べるように，この教育関係の議論をあらためて贈与と交換の観点から捉え直すとき，フーコーとは異なる教育の姿が立ち現れてくる．

2　交換と贈与からみた教育関係論

交換と関係

　私たちは日々さまざまな**交換**のうちに生きている．「売る－買う」が一番わかりやすい例だろう．市場交換は貨幣によって開かれた共約可能な場において，等価なもの同士を交換するという合理的な計算に基づく交換である．私たちは交換のうちに生き，交換をモデルに思考することに慣れているために，交換に先だって，交換するものの間に共通の尺度にしたがう共約可能な場が，いつもすでに存在しているものと考える．しかし，事態はそれほど明解ではない．どのようにして貨幣が異質のものの間に共約可能な場を開くかは自明ではないからだ（サービスとしての教育，⇒11章）．

　同じことは教育にもいえる．教育を例えば「教える」と「学ぶ」の相互作用（交換）として捉えるとき，その相互作用が成り立つ場＝関係の存在を前提にしている．そして，どのようにして「教える」と「学ぶ」の交換の場＝関係が成立可能なのかは問われることがない．奇妙なことに，この交換がスムーズに機能しているときはもとより，機能しないときですら，この交換の原理自体は疑われることがない．それというのも，教育＝交換が機能しないときにも，教育学的な思考法は自動運動のごとく，どのようにすれば教育的な機能（交換）を回復することができるのかという問いへ移り，かえって交換の原理の有効性と正当性とを強化してしまうからである．

純粋贈与と愛

　この交換の原理自体を一度括弧にいれてみればどうだろうか．そうすると「先生」と呼ばれ「生徒」と呼ばれる以前の二者の間に生起する，交換に回収することのできない出来事が，見えてくるようになる．「**純粋贈与**」と呼ばれている出来事がそれである．例えば，ニーチェによって造形されたツァ

15章　関係性——教育関係とそれを侵犯する贈与の出来事　193

ラトゥストラがなしたように,「教える」ということが同時に贈与であるような出来事が教育に生起している．ツァラトゥストラは「贈与をしたい」と語りながら山を下りて町に出かけるのである．「私は分配し，贈りたい．人間のなかの賢者たちに再びその愚かさを，貧者たちに再び己の富を悟らせて喜ばせたい．そのためには私は下へ降りていかなければならない」(『ツァラトゥストラはこう言った』Nietzsche, 1968 : 5 = 1967 : 10).

　この贈与という出来事は，これまで教育学でほとんど問われることのなかった事象である．贈与と交換という問題関心からあらためて従来の教育学のテクストを読み直すなら，古典的なテクストのうちにもその記述を見つけることができないわけではないが，むしろその差異を際だたせて主題化されてはこなかったという言い方がより正確かもしれない．しかし，この出来事としての贈与（与える＝教える）は，交換としての「教える‑学ぶ」ではなく，教える‑学ぶの新たな次元を明らかにするのである．

　またそれだけではなく，贈与は「他者」との新たな次元の関わりをも明らかにする．贈与とは，共同体内部の言語ゲームを共有する仲間同士の道徳ではなく，共約できない異質性を前提とする共同体外部の他者との倫理に関わる出来事である．それというのも，仲間内での交換とは異なり，贈与とはなにより仲間でない他者に向けられるものである．したがって，仲間内の互酬的な交換に基づく共同体の道徳とは異なる他者との贈与に基づく倫理の次元が開かれるのである．このように贈与とは他者への差別と排除を乗り超える可能性に関わる事象でもある．したがって，私たちが他者との共生ということを教育の課題として真剣に考えるなら，当然，贈与は教育学において考察すべき出来事といえるだろう．

　さらにこの贈与は，医療や看護，福祉，社会的なサービス，といった教育と同様人間を相手とするさまざまな実践においても生起している．たんなる等価交換を超えた言い表しがたい次元は，これまで「愛（例えば教育愛）」という名前で呼ばれてきた．しかし，この「愛」という言葉は不正確なものであり，これらの職業の人びとは自分たちの行為を「愛」という言葉で言い表すことに，なにほどか欺瞞を感じてきた．また先に述べたように，教育愛は大人や教育者の子どもへの暴力を隠蔽するものと見なされてもきた．しかし，純粋贈与はこの交換の次元を超えた事象を「愛」とは別の形で語る道を

開くのである.

　交換のように反復し制度化されたものとは異なり，制度的な次元を超える一回的な出来事は通常の学問的な枠組みでは捉えることが困難である．しかし，交換として成立している制度のなかに一閃(いっせん)生起する贈与としての出来事に着目することで，私たちは「贈与としての教育」という不思議にあらためて出会うことができるのである．そればかりか贈与という出来事に教育学が出会うことで，それまで隠されてきた教育学的な思考の境界線が露わとなり，揺さぶられ，変更がもたらされるのである．

3　教育の関係論から贈与 - 他者論へ

　ところで，これまで述べてきた純粋贈与は関係の一形態なのだろうか．たしかに交換は関係の一形態ということができる（あるいは関係とは交換のことである）．交換においては，与える者と受け取る者とが誕生し，そののちに両者の役割関係が逆転する．このように関係とは，お互い同士が相互になす行為によって作られるものである．そして一見すると贈与も交換と同じように「与える - 受け取る」の関係のように見える．

　しかし，贈与は何者かが何者かに何事かをなすことではない．それというのも，贈与（純粋贈与）とはその最も厳密な定義が示すように，誰が誰に何をなしたかを忘却することである．それでなければ純粋贈与はすぐに返礼を求める交換に変質してしまうのである．したがって贈与が成り立つとすれば，それは与える者にとっても受け取る者にとっても，意識によって二者が分離されることのない陶酔あるいは脱自の出来事でなければならない．関係には二者の分離と統一とが不可欠なのだが（分かれていないものを関係づけることはできず，分かれたままでは関係づけることができない），贈与が生起するときにはこの二者を区別することがそもそも不可能であり，したがって贈与は「売る - 買う」のように「与える - 受け取る」といった関係ではないのである．

　むしろ純粋贈与がなされるときには関係を侵犯する出来事が生起する．この出来事が生起する瞬間とは，従来の習慣的・慣習的な関係が関係であることをやめてしまう事態である．そこには合理的な損得計算を侵犯することか

ら起こる過剰な脱自陶酔の体験が生ずる．それは日常的な有用性の原理に支えられている交換を基調とする関係を破壊してしまうのだ．例えば，純粋贈与者の先生であるツァラトゥストラやソクラテスには，与えること自体の歓喜から溢れでるものを与える体験なのだが，そのような先生から贈与を受け取る者には，一切の見返りを求めない法外な純粋贈与（与える＝教える）を体験することであり，ソクラテスの**贈与の一撃**としての問いがそうであるように，自身の根拠（日常の有用性の原理）を根こそぎ奪い去られ，死を与えられる体験なのである．したがって，このときにはこの両者には通例の意味での教育関係は成立しない．事後的に「教育関係」なるものを名づけているにすぎない．

　なによりもこの出来事と関係とを区別することが重要である．「他者」が相対的に自分とは異なる意思の疎通の困難な他人であることにとどまらず，言語ゲームを共有しないものを指すならば，そのような他者との間には「関係」を前提にして関わることができない．それは見知らぬ者との関係ではなく，関係の手がかりそのものが欠けている．従来の教育関係論は，先にみたノールの定義がそうであるように，共同体内部のメンバー間で，すでに関係が成立しているなかでの教育関係の特殊性が議論されてきた．それは教育の不思議さ，教える－学ぶの不思議さに行き着かない議論である．贈与－他者論は教育関係論の原理的反省としてあらためて教育関係論のイデオロギー性を批判的に明示化するのである（矢野，2008b）．

　私たちは再び最初の賢治の引用文に戻るときが来たようだ．この教師の平凡な問い「ほんとうは何か」は，共同体の内部の問いであるとともに，問われた者を共同体の外部へと開く問いでもあった．「川だ」「乳の流れたあとだ」といわれる俗説に対して，科学的な回答「星の集合」が正解であることは，ジョバンニも雑誌によってすでに知っている．彼がこの問いに答えることができないのは，「ほんとう」という言葉にひっかかりができてしまったからだ．このときジョバンニは，この問いを共同体（関係）の外部へ開く問いとして受け止めているといってよい．そしてこのとき「ほんとう」を問うこの教師は，その問いの一撃の過剰さにおいて贈与型の教師となっている．この教師はツァラトゥストラやソクラテスやあるいはイエスのように，**言語ゲーム**（⇒1章参照）を共有しない他者として立ち現れ，共同体の教育関係

を侵犯してもいるのだ．日常の奇蹟ともいうべきことは，関係として関わるなかで，突然，人がこのような純粋贈与者に変わることであり，そのような純粋贈与者との出会いの体験が，人を純粋贈与者へと変えることである．ジョバンニはこの問いに答えることができず，しかもそれを考えるべき問いとして生きるがゆえに，「どこまでも行くことのできる切符」を与えられ（贈与され），銀河鉄道に乗って共同体の意味の世界の外部に「ほんとう」の答えを探す旅に出るのである（矢野，2008a）． （矢野智司）

キーワード

教育関係論／教育的雰囲気／連続性と非連続性／教育愛／闇教育／純粋贈与／他者／愛／贈与の一撃／言語ゲーム

ブックガイド

宮澤康人『大人と子供の関係史序説――教育学と歴史的方法』柏書房，1998年．
　歴史のなかで，大人と子どもとの関係が，具体的にどのように変化してきたかについて知ることができる．

矢野智司『贈与と交換の教育学――漱石，賢治と純粋贈与のレッスン』東京大学出版会，2008年．
　手前味噌ながら……，教育における贈与と交換の意味を，漱石・賢治の文学作品によりそうことで明らかにしようとしたテキスト．

参考文献

市村尚久・天野正治・増渕幸男編（1996）『教育関係の再構築――現代教育への構想力を求めて』東信堂．
高橋　勝・広瀬俊雄編（2004）『教育関係論の現在――「関係」から解読する人間形成』川島書店．
田中毎実（2003）『臨床的人間形成論へ――ライフサイクルと相互形成』勁草書房．
宮沢賢治（1969）『銀河鉄道の夜』角川書店．
宮澤康人（1998）『大人と子供の関係史序説――教育学と歴史的方法』柏書房．
宮野安治（1996）『教育関係論の研究』渓水社．

矢野智司（1996）『ソクラテスのダブル・バインド――意味生成の教育人間学』世織書房.
矢野智司（2000）『自己変容という物語――生成・贈与・教育』金子書房.
矢野智司（2008a）『贈与と交換の教育学――漱石,賢治と純粋贈与のレッスン』東京大学出版会.
矢野智司（2008b）「『贈与と交換の教育人間学』という問題圏」教育思想史学会『近代教育フォーラム』第17号.
山名 淳（2000）『ドイツ田園教育舎研究――「田園」型寄宿制学校の秩序形成』風間書房.
Bollnow, O. F.（1964）*Die pädagogische Atmosphäre : Untersuchungen über die gefühlsmässigen zwischenmenschlichen Voraussetzungen der Erziehung.*（森 昭・岡田渥美訳（1969）『教育を支えるもの』黎明書房）
Derrida, J.（1989）*Derrida au Japon.*（高橋允昭編訳（1989）『他者の言語――デリダの日本講演』法政大学出版局）
Dilthey, W.（1934）*Gesammelte Schriften*, Bd. 9, Leipzig.（日本ディルタイ協会訳（1987）『教育学論集』以文社）
Miller, A.（1980）*Am Anfang war Erziehung.* Frankfurt a. M. : Suhrkamp（山下公子訳（1983）『魂の殺人――親は子どもに何をしたか』新曜社）
Nietzsche, F.（1968=1883-1885）Also sprach Zarathustra : Ein Buch für Alle und Keinen, *Nietzsche Werke : Kritische Gesamtausgabe*, herausgegeben von G. Colli und M. Montinari, Abt. 6, Bd.1/b. Berlin ; New York : Walter de Gruyter.（氷上英廣訳（1967）『ツァラトゥストラはこう言った』上下,岩波書店）
Nohl, H.（1982=1935）*Die pädagogische Bewegung in Deutschland und ihre Theorie.* Frankfurt a. M. : Neunte.

[IV]
システム

- 16章　学校——その多様な相貌を浮き彫りにする
- 17章　教育政策——教育と政治の「あいだ」
- 18章　公共性——異質な他者への開放性
- 19章　学力——有能であることと無能であること
- 20章　教育学——生きることによりそうために

16章 学校——その多様な相貌を浮き彫りにする

1 はじめに——学校を一元的に定義することの困難

学校を語る視点

学校とは何か．「一定の教育目的のもとで教師が児童・生徒に組織的・計画的に教育を行う所，またその施設」（『広辞苑』第5版）というのが，学校の辞書的な定義である．大雑把に学校を把握する上では，申し分のない定義である．しかし，これで「学校はわかった」といってしまってよいのだろうか．実際，こうした定義を受け入れたとしても，さまざまな疑問がわいてくるのを抑えることができない．そもそも教育とは何か．学校はだれのためのものなのか．学校の役割は教育だけか．現実の学校は，わたしたちの生活や文化に深く溶け込んでいるのではないか．いずれにせよ，学校という存在は，視点の設定の仕方に応じて，さまざまな相貌を見せるものである．

たとえば，ここで学校の起源を探求する2つのアプローチを比べてみる．

ひとつは，われわれのよく知る学校の客観的指標を現実へと当てはめ，探求するという方法である．学校であるための基礎的要件として，「**カリキュラム**（教えられ・学ばれるべき知識・技術．⇒4章）」，「**教師と生徒**（教える者/学ぶ者の役割分化）」，「**教育という目的を第一に掲げた場**（教育に専門特化した場）であること」の3要素を挙げてみよう．そうすれば，驚くことなかれ．学校は，古代エジプト（紀元前18世紀）において既に，成立していたことになる．しかし，これを学校の起源として言い切ってよいかどうかは疑問が残る．この時代の人びとが，この場所をどのような概念・イメージで捉えていたかは全く定かでないからだ．

もうひとつは，わたしたちが抱く内的なイメージの観点から学校の起源を探索するアプローチである．たとえば，学校を意味する言葉——スクール school（英），エコール（仏），シューレ（独）など——の語源を調べてみる．すると，それは「**閑暇：仕事・生活から離れ，知的な遊技を楽しむこと**」を

意味するギリシア語のスコレ schole に由来していることがわかる．教養（パイディア）の理念も，古代ギリシアに由来しており，「実用性・必要性からの距離」こそが，学校の特徴であることがわかる．そこに「有用性」はおろか，「組織的・計画的」という観点も不在である．このような観点からするならば，学校を**「教育のための組織」**と見立てて，目的を限定し，その組織過程を合理化しようとする方法は，つきつめれば学校を否定する方法であるとすらいえるのだ．

学校という存在の特性

もちろん，ここでの目的はどちらのアプローチが学校に接近するより正しい方法かを決定することにあるのではない．わたしたちの関心は，あくまで近・現代社会における学校を，経験を通して複眼的に記述することにある．

学校の唯一の定義，客観的定義が不可能であれば，無理に記述することはない．いかに実践するかを考え，それを実行することが重要なのだ，という意見もあるだろう．だが，本当にそうだろうか．むしろ逆に，学校の多面性・複合性を無視して，いかに教育を効果的に実現するかという手段的な観点から学校を捉え，もっぱらその性能の向上を追求するという一面的な改革を断行すれば，それは学校というひとつの生態系に対して，深刻な破壊的作用を及ぼすことにもなりかねない．教育の特性についての反省や学校という存在の事実性についての厚い記述は，そうした危険を回避するためにも，必要であるといえる．以下では，学校の客観的定義に代えて，異なる複数の観点からの学校描写を併置する方法，いわば三角測量的な方法を通して，学校なる存在の特性に近似的に接近してみることにしよう．

2 心象風景のなかの学校——山田洋次の『学校』をとおして考える

山田洋次の『学校』

映画，テレビドラマ，小説，マンガに描かれた「学校」を探究することは，客観性を重視する学問において，これまでタブーとされてきた方法だ．こうした観念論にまどわされないことがよい学問の基準である，と．しかしながら，そこに描かれた学校を観察することも「教育組織／教育のための透明な

手段」としての学校観には収まらない，学校という存在の厚みを探究する上で，ひとつの有効な方法であるといえる．学校は，われわれの生活・文化に根ざし，さまざまな人間ドラマが展開する舞台として，おどろくほど頻繁に取り上げられてきた．このこと自体が真剣に取り上げられるべき，ひとつの社会的事実である．

なぜ，わたしたちは学校という舞台にこだわるのか．そのとき，この舞台としての学校はどのような役割を果たしているのか．ここではわたしたちの心象に描かれた「学校」の原風景を主題として追究した山田洋次の『学校』シリーズを素材として取り上げ，考察の糸口とすることにしよう．

まず内容的な論評に入る前に，山田が採用した方法上の特徴についておさえておくことが肝要である．山田の方法の特徴を一言で述べれば，一般的・典型的でない学校の描写を通して〈学校なるもの〉に接近することである．シリーズ第1作目の『学校Ⅰ』は夜間中学，第2作目の『学校Ⅱ』は知的障害者のための養護学校，第3作目の『学校Ⅲ』は中高年者用職業訓練学校が舞台であり，第4作目は，不登校の子どもの「旅の行程」が学校＝舞台として選ばれる．

なぜ山田は「学校」を描くのに，これら標準的ではない学校を選んだのか．しかし，この問いについての考察は後回しにし，まずは『学校』シリーズのなかでも，あの懐かしい学校の原風景を垣間見させることによく成功した『学校Ⅰ』について触れておこう．

『学校Ⅰ』——学校の原風景

この作品に描かれるのは，卒業を間近に控えた生徒たちが卒業文集のための作文を書く，2時間の授業場面である．映像は各生徒が作文を書き，互いに学校の思い出を語り合うという授業場面を客観的に描写する一方，それぞれ異なる問題を抱えた生徒たちが，学校（教師や仲間）とのかかわりのなかで自己＝物語を書き換えてきたプロセスを内側から描き出す，といった二重化された構造になっている．それぞれの生徒は，それぞれに異なる個性をもち，人生をもっている．当然，それぞれの個に対して現われる学校は，それぞれ異なるものであり，決して一様ではない．社会から余所者扱いされてきたある者にとって，学校は普通の世間に仲間入りするためのありがたい登竜

門であり，世間への埋没を怖れる別の者にとって学校は，ひたすら義務でつながった息の詰まる日常の場でしかない．にもかかわらず学校は，異なる世界に属する仲間を，相互に出会わせ関係づける「媒介＝共通の場」として機能している．

学校・授業という共通の場は，授業に不在の者との関係をも媒介する．2時間目の授業．突如，（重い病気で療養中と聞かされていた）イノさんの訃報が届く．やはり世間から疎外され，一度も陽の目を見ることなく，にもかかわらず無邪気に学校・未来・他者を信じたイノさん．ようやく学校に来て，それを信じて学んできたその「未来」が突如たたれてしまったこの事実を，共に学び，共に卒業を誓い合った仲間として引き受けようとしたとき，生徒たちは「幸せとは何か」「生きるとは何か」「そもそも何のために学ぶのか」といった不可能な問いの面前へと放り出されることになる．けれども彼らは，こうした問いを突き抜けることで，世間のまなざしや社会への恨みに囚われたそれまでの小さな自己からの脱皮を遂げることになる．本当の答えはわからない．でも「わからないからこそ学ぶのだ」，という希望と洞察を携えて．

学校とは，異なる人生・生き方の遭遇を媒介し，それぞれの個が互いに刺激しあいながらその自己充足した自己＝物語をひらき，書き換えていく場所．こうした学校観を得たからこそ山田は，学校不在の学校という逆説——15歳の不登校の少年が，樹齢7000年の縄文杉を目指す冒険の過程で，年齢，立場，境遇の異にしつつも，それぞれ必至に生きる他者の人生に触れ，成長していく場所としての『学校Ⅳ』——を描くことができたに違いない．

「標準的」の2つの意味

山田は，わたしたちが忘れかけた「あの学校の姿」を描き出した．だからこそ『学校』は，あれほど人気を博したのだ．とはいえ，ここでわれわれは，あの懐かしい学校を描くために山田が取った方法にもう一度目を向けてみる必要がある．なぜ山田は「標準的でない学校」をその舞台として選んだのか．

ある講演会で山田は，3つの学校に共通する特徴として，「良い学校に入れればよいという単純な価値観とは無縁」であること，「一人ひとりの学力に合わせて授業」があることを挙げ，それゆえそれらの学校では「皆が助け合ってそれぞれの到達を喜び合う」ことが可能になると述べている．

(http://www.ask-net.jp/summer/1999/kansou/yamada.asp)

　山田のこうした発言からも示唆されるように，彼が避けようとした「標準的」のひとつの意味は，教育を効率的に達成しようとする目的合理的組織としての学校である．「競争や効率性と無縁」だからこそ実現しうる学校のよさ．

　だが，山田の作品分析を通して浮き彫りになるのは，手作りの一人ひとりに異なる表情をもって現われる，1回限りの出来事の舞台としての学校である．こうした学校は，教師も生徒も，未だ「標準化」されていない，それぞれに固有の個性をもった存在として描かれることを通してこそ表現可能になる．要するに，「標準的」のもうひとつの意味は，近代学校教育制度として整備され，システム化された学校である．ある意味で山田の『学校』シリーズは，近代学校が成立し，教育が全体システムの中へと組み込まれていく中で抑圧された「ネガ」を浮き彫りにした作品，ともいえるだろう．

3　組織としての学校――教育の透明な「手段」という学校観

目的合理的な手段か

　山田の描いた学校がいくら人びとの心に訴える力をもつとしても，それだけで学校が成り立つわけではない．学校は教育という目的を実現するための「組織」として社会的に承認され，日々運営されている．おおざっぱに学校を教育組織として定義し，この観点から観察することは，それ自体が学校の実践に不可避に組み込まれた方法であるし，こうした観念が日々の実践を方向づけ，その世界を意味にあふれたものとしている．組織として安定した目的，ルール，プログラム，役割があるからこそ，学校はその教育過程を反省的に改善していく見通しを得ることもできる．

　とはいえ，「組織」といえば，われわれはすぐに目的合理性の尺度をおしあてようとする．しかし，この図式，とりわけ，学校を，教育という理念・内容と，その効果的・効率的な達成を実現するための「手段（透明な容器）」としての学校（組織）に分断しその関係を合理化する，という方法を厳密に追求するとどうなるか．

　こうした思考実験は何度も繰り返されてきた．そして，学校・教育の合理

性を徹底して追求する者は，学校の頑固な非合理的・非効率的性格にぶちあたり，学校を次のような「欠如体」として描いてきた．儀礼空間，権威主義，閉鎖的世界，親方日の丸，「まずくてもつぶれないラーメン屋のような存在」……．

しかし，むしろこうした学校の現実に即して，その組織的特性を記述することはできないか．こうした観点から，ワイク（Weick, 1976）は，学校は，組織目的と組織過程の**ゆるやかな結合モデル**（loosely coupled system）に従うと記述した．マイヤーとローアン（Meyer & Rowan, 1977）はこの描写をさらに進めて，学校は「教師」「生徒（学年別）」「教科（各教科・段階化）」「試験」など，その**儀礼的分類**を通して**合理化された神話**を維持する一方，具体的な活動実践のレベルでは統制をゆるやかに留めおくことで，刻々変化する状況に柔軟に対応していることを指摘した．学校は必ずしも目的・計画どおり運営できる合理的経営体ではないのであり，過度に合理化を求めると，かえって個々の教育ニーズに対する柔軟性を失うことになる．**誠意と信頼のロジック**によって支えられることも，学校にとって本質的な意義をもつ．

もちろん，こうした学校の記述を現状維持の正当化（開き直り）として利用すべきではない．しかし，こうした記述は学校が社会の中で支えられ維持されている意味的・関係的存在であること，社会的信頼やプロセスの充実がその本質的な要素として組み込まれていることを思い出させてくれる．こうした学校の社会的存在性格や教育の内的ロジックを無視して，合理性や効率性の尺度を無理に学校にあてはめ追求すると，思わぬ障害に出会うことにもなりかねない．

人間主義的な学校批判は有効か

学校の合理性の欠如を批判するのとは逆に，人間主義的な観点から，学校の効率主義やタイトな統制を批判する言説もある．実際，官僚制的なトップダウンの手法を通して教育過程を制御するという方法が，さまざまな非教育的作用を伴うものであることは早くから意識されてきた．

たとえば，学校は，多くの子どもたちが集団で生活し，相互に刺激しあいながら，共に学ぶ場である．学校を目的組織へと還元するまなざしは，こうした事情をことごとく手段的な観点から観察することを促す．極端に言えば，

子どもがそれぞれ独自の「生」や「生活」をもつことは，合理化を目指す組織にとっては（やむを得ず考慮する）コストでしかない．こうして学校は，とりわけ人間主義的な観点から，本来は子どもの個性を大切にするべき場所でありながら，実際には秩序・統制の装置，子どもをモノ化する支配の道具となっている，として批判されてきたのである．

確かにこうした批判は重要である．とはいえ，人間主義的な学校批判も「合理性の欠如」を問題化する学校批判も，共通の思考前提を有している．その思考法の要点は，あくまでも教育と学校（組織過程）を分離し，学校を教育の透明な手段として洗練させようとするところにある．この視点と人間主義が結合する場合，その言説は「あるべき教育」の観点から学校の現状を批判するだけでなく，場合によっては学校という存在そのものを否定する言説として結晶することになる．

学校化論

ある意味で，こうした批判を最もラディカルに展開したのが，学校を廃止すること，そして，教えたい人と学びたい人を自由に結びつけるラーニング・ウェッブを創設することを提唱したイリイチ (Illich, 1971 = 1977) の『脱学校論』である．彼は，教会がキリスト教を堕落させたように，学校は教育を破壊した，と主張した．もちろん，イリイチの批判の射程ははるかに深いものである．彼は学校が「教育」を定義している事情を見抜き，（単に学校に通う生徒たちがではなく）社会が学校化されていることを，すなわち，学校が定義した教育を本物の教育であると取り違え，民衆が学校に依存しその本来の教育力を奪われている現状を告発したのである．

イリイチによる学校化社会の分析から学ぶべきことは多い．とはいえ，「真の教育を取り戻すために学校を廃止せよ」とするその結論に対してはさまざまな疑問が生じるのも事実である．教育制度やシステムの支えなしに，本当に教育を持続的に実現することは可能だろうか．機能分化したこの近代社会にとって，それは望ましい方法なのか．機会の平等化など，学校の教育以外の機能はどうなるのか，云々．われわれの考えでは，イリイチの学校化社会の分析は人間主義的な学校批判よりも，システム論的な学校記述へと引き継ぐことでより生産的になる．

4 教育システムの観点からみた学校

近代教育の成立と子どもの誕生

　学校や教育をシステムのレベルで捉えようとするならば，学校や教育がそもそも成立しうる自明視された前提・条件を含めて対象化することが必要である．前近代から近代へ至る長い歴史スパンの中に学校や教育を置きなおしてみることは，そのひとつの有効な方法となる．こうした広大な視野を持つアリエスらの研究により，次の点が浮き彫りになった．すなわち，「社会的実践の中に埋め込まれ，具体的な必要性と直接結びつくかたちで行われてきた教育」が，近代化の進行とともに次第に「具体的・社会的な実践過程から切り離され，人格形成という抽象的な理念をその中核原理として組織された一般的で普遍的な教育」へと自律化してくる動きである．このように，通常の社会的実践から切り離され，一般化・抽象化した教育は，それ自身の実践の集積を通した期待水準の上昇によって，それ自身への必要性（教育的価値の価値）を根拠づける，そうした自己準拠的で安定的なシステムへと生成変化していくのである．

　では，いかにして具体的・社会的な実践過程から自律したシステムとしての教育（近代教育）が成立することになったのか．森重雄（1999）は，「共同体」の解体や近代国家の誕生によって社会空間が均質化され，それに伴い抽象化された「人間」が登場してきたことをその必要条件として挙げ，この一般化された教育をリアルに演出するしかけとして，子どもを社会から切り離し，平準化し，新たに地位・身分を配分する学校という装置の重要性に着目している．

　もしも人間が，生まれつきの身分や伝統や土地（共同体）と結合した役割と不可分の状態におかれている限り，「人間」という抽象的なカテゴリーのための一般化された教育が成立する余地はない．さらには，大人の社会から切り離し，その内面まで配慮することで，未熟でしかも開かれた未来をもつ教育可能な「子ども」という存在を構成するしかけがないならば，教育は個別具体的な必要性を超えて，これほどまでに持続的かつ無際限に求められるものとはならなかったであろう．

教育システムをささえるもの

　では，教育システムはどのような形式によって維持され再生産されていくのか．アリエス（Ariès, 1953＝1983）は近代教育を支える実践形式として「大人の社会から子どもを引き離す様式」を見出した．この「様式」の作用する仕方をシステム論的に観察すれば，学校は，子どもを「大人の社会」から引き離すことを是とするまなざしによって支えられた場所であると同時に，子どもを社会から隔離し，社会から引き離すことを実現する場所であることがみえてくる．さらに注目すべきは，**教育的コミュニケーション**それ自体が引き離しの形式をもつ点だ．ルーマン（Luhmann, 2002＝2004）が指摘するように，教育のコミュニケーションは，子どもの振る舞いを，子どもに責任が帰属される「行為」としてではなく，教師をはじめとして，子どもを取り囲む環境に責任が帰属される「体験」として観察するべく構成されている．こうしたコミュニケーションの形式自体，大人と子どもの距離に支えられたものであると同時に，子どもを大人の社会から引き離す作用をもつ．

　さらに，教育システムは，次の点によっても安定化される．すなわち，学校は自ら教育し，自ら評価する場所であるという点だ．あるいは，教育とは人間を「よく」することを目指すなかで，人間を「よい／悪い」に区別していくシステムなのだといってよい．そして，その評価は，学歴という一般化された象徴を通して，学校の外部世界でも通用する力をもつようになっている．このことは反射的に，学校で提供される教育とその評価の実践をリアルなものとして支える効果をもつ．しかも，こうした評価・選抜コードは，あらゆる人びとを教育システムの内部に包摂することになる．学校と無縁な人も，学校を拒否する者も，「学歴がない者」という全体社会の中での位置づけから逃れることはできないからである．

教育システムの根源的暴力とその可能性

　ところで，全人口を包摂する一般化されたシステムとしての近代教育の成立は，当初，一人ひとりの子どもをその生まれ（親の地位・身分）から解放し，平等を実現する働きとして，賞賛された．これに対し，近代化を相対化するまなざしは，教育システムの成立を，教育を具体的・社会的な実践世界から切り離し，人びとを抽象化された「人間・子ども」へと平準化し，ロー

カルな共同体・文化を解体する「根源的剥奪」の過程として批判的に観察するようになった.

確かに，教育システムの立ち上がりは，「**根源的暴力**」作用を伴うだろう．しかし，だからといって必ずしもそれを「否定的」なものとして考える必要はない．子どもを大人社会から引き離し，知識の文脈性・実用性を剥奪するこの作動が，子ども期の異様なまでの延期など，さまざまな弊害を生み出していることは事実である．しかし，教育がシステム化され，システムの複合性が高まることによって，改めて子ども（人間）と実践世界との関係性の反省が可能になり，より応答的な教育を実現する可能性が高まる，というのもまた事実である．そもそも教育システムの持つ剥奪作用への反省が生まれるのも，総合学習や生活科のようなオルタナティブなカリキュラムが成立しうるのも，教育システムの境界が安定的に維持され，その複合性が充分に高まっているからなのである．

5　さまざまな「あいだ・中間者・媒介者」としての学校

新自由主義的な教育改革の盲点

近年，新自由主義的な政策方針が浸透し，学力低下や教育の病理現象が社会問題化するなか，教育の「手段」としての効果向上を目指す，新しい学校モデルが力を増しつつある．それは，一言でいえば，開かれた市場の中で，学校同士を互いに競い合わせる経営モデルに立脚した学校観で，学校長や学校で働く実践家に大きな自由度を与え，顧客満足度の向上を目指す競争を通して，全体的な教育（**サービス**）レベルの向上を目指そうとする方法である．このモデルの中では，学校と生徒は対等な契約関係にあり，官僚制的支配（権威主義）や閉鎖性，非効率な儀礼主義といった弊害は除去され，クライアントのニーズに即した教育が実現可能になるとされる（⇒11章参照）.

こうした手法に対し，教育学の側からは，そもそも教育はサービスへと還元できるものなのか，その公共的価値はどうなるのかといった疑問や，数量化された評価や短期的な結果に囚われると，教育における専門的な視点や長期的な展望の維持がかえって困難になる，といった批判が展開されてきた．

こうした批判は重要である．しかし，ここで強調しておきたいのは，経営

的手法には，やはり学校を合理的組織へと還元する思考に共通した問題がある，という点だ．つまり，この方法は，学校が教育システムとして存在しているという現実，そして，そのシステムは，「教育」以外にもさまざまな社会的機能をもつという事実を，その盲点として抱え込むことになる．学校選択制など，保護者の教育要求を至上価値とするかたちで競争を組織すれば，学校は，学校が定義した欲望（学歴・学力）を自ら埋めることを目指す純粋に「自己循環」的なシステムに陥る危険が高い．また，狭義の教育効果（教育の商品価値）の向上のみを狙った変革は，学校教育全体の生態系を狂わせ，さまざまな「目に見えない価値」を破壊するものとなるだろう．そして，いつも犠牲になるのは，現場で実践する教師であり，学校をその生活の場とする子どもたちである．

学校の複合的存在性格と学びの共同体

とはいえ，ここで私は，学校を教育組織としてイメージすること自体を批判しているのではない．あくまで学校を目的と手段に分解し，その関係の合理化を排他的に求める還元主義を問題にしているのである．学校のこの3つの側面は，いずれも重要なものであるし，必ずしも相互に排他的なものでもない．それらは互いに，一方が地となるとき，他方が図となるような関係項としてイメージできるかもしれない．

たとえば，学校が教育を目的として追求する場＝組織であることと，子どもたちがその中で相互に結びつく生活共同体であることは，相互媒介的な関係にあるといえる．もしも，学校が単なる子どもたちの「たまり場」であるならば，相互のコミュニケーション関係もうまく育っていかないだろう．そこに学び（学びたい内容）という共通目標＝テーマが介在することで，互いのコミュニケーションは活発になり，奥深いものとなる．他方，教師から生徒への直接的教育という方法だけでは，うまく学びが進んでいかないことも多い．共に探究し，学びあうコミュニケーションを通して，教育素材・テーマ・知識・技術は，それぞれの子どもの経験を深く組織するものとなりうるのである．これが**学びの共同体**といわれるものである（佐藤，1999．共同的学びについては，⇒2章参照）．

学校・教育が子どもを大人の社会から切り離す様式であることも，逆に言

えば，学校という空間が，子どもたちにとって安心してその青春物語を展開できる学園＝人間ドラマの舞台であることの条件として，評価することも可能である．相対的に隔離された教育空間は，もし適切に制御されるなら，生存の条件に直結することなく試行錯誤や失敗が許される安全な空間，他者との抜き差しならぬ利害関係から自由に，コミュニケーションでき，他者の面前に現われることのできる一種の**公共空間**（齋藤，2000）ともなりうるのである（⇒18章も参照）．

「あいだ」としての学校

その多様性を描くだけでなく，わたしたちは学校を，さまざまな「あいだ」の存在として位置づけていくべきであろう．アーレント（Arendt, 1954＝1994）によれば，教育とは，過去と未来の「あいだ」に挿入された営みだ．学校は，子どもたちと共同体（過去）を結びつける場所であると同時に，新しい社会の創造（未来）に向けて「始める」ための橋頭堡でもある．同様に，学校は「私的・安全な隠れ家としての家族」と「他者との生存を巡る競争が展開する社会」の「あいだ」に置かれた**移行空間**でもある．

教育システムはそれ自体が，ある意味でパラドキシカルなシステムである．このシステムは機能分化をその特徴とする近代社会の一機能システムである．しかも，機能分化の進んだ近代社会で様々な機能システムを渡り歩きながら，自己を失わず生きていくある種の「生きる力」を保障する機能を果たす場所である．ただし，その形式は逆説的だ．すなわち，学校は，機能分化した社会から子どもたちを保護し，機能分化する以前の中間集団的な場所を確保し，他者とコミュニケーション的な関係を結びつつ「自己」の発達を可能にする「引きこもりの場」を保障することを通して，その機能を果たすのである．なるほど学校は，グローバル化，情報化，複雑化など，社会の変化に応答して変化する必要はあるが，それに合わせて学校も変わればいいというものではない．社会が複雑化・流動化し，家族が私的領域として〈特化〉するほど，逆説的に，学校のこうした「中間集団」的機能，あるいは「中間者＝媒介者」（メディア，⇒第Ⅰ部）的性格の重要性は増していくのではないだろうか．

（越智康詞）

キーワード

カリキュラム／閑暇／教育のための組織／授業／学校化／教育的コミュニケーション／根源的暴力／サービス／学びの共同体／公共空間／移行空間

ブックガイド

アリエス（杉山光信・杉山恵美子訳）『〈子供〉の誕生』みすず書房，1981年（原著1960年）．

アリエス（中内敏夫・森田伸子編訳）『〈教育〉の誕生』新評論，1983年（原著1972年）．

わたしたちのよく知る教育，そして学校，さらには子どもなるものが，どこから来たのか，どのように成立してきたのかを知る基本文献．ここから近代という時代の特殊性と教育の営みのつながりの深さを知ることができる．システムのレベルで学校を理解する上でも，こうした近代と教育というテーマには触れておくとよいだろう．「近代における教育の誕生」というテーマをさらに追究したい人は，森重雄の研究（森，1999）が参考になる．

柳　治男『〈学級〉の歴史学——自明視された空間を疑う』講談社（選書メチエ），2005年．

本文ではあまり触れられなかったが，学校の歴史は，学級の歴史の観点から観察することも可能だし，有効だ．そもそもいかにして学級なるものが成立したのか．それはどのようなインパクトをもつ出来事だったのか．本書ではさらにカリキュラムが次第に体系化され，合理化され，学校が巨大な「チェーン・システム」へと組み込まれていく，新しい教育の歴史を語るものともなっている．

齋藤純一『公共性』岩波書店，2000年．

学校を中間集団としてみる場合，公共空間（公共性の場）という視点を交えながら考察することは有効だ．誰もが，（たとえ長期欠席中であったとしても）「座席」を確保された自由でオープンな場所であり，同時に，他人の面前に「現われ」ることのできる空間．学校が青春物語の展開する舞台だとする視点も，ともすれば同質化への圧力を伴う共同体的イメージよりも，公共的な「現われ」の空間という観点と接合されることで有意義になる．本書は，アーレントの議論を下敷きとしながら書かれたものである

が，大変わかりやすく，鮮やかに公共性を描いた点で評価できる．

参考文献

齋藤純一（2000）『公共性』岩波書店．
佐藤　学（1999）『学びの快楽』世織書房．
田中智志（2003）「自己言及する教育学」森　重雄・田中智志編『〈近代教育〉の社会理論』勁草書房，pp. 163-194.
森　重雄（1998）「学校の空間性と神話性」『季刊子ども学』ベネッセコーポレーション，18，p. 64-73.
森　重雄（1999）「近代・人間・教育——社会学的人間論からの構図」田中智志編『〈教育〉の解読』，pp. 67-165.
柳　治男（2005）『〈学級〉の歴史学』講談社選書メチエ．
Ariès, Ph.（1960）*L'enfant et la vie familiale sous l'ancien regime.* （杉山光信・杉山恵美子訳（1980）『〈子供〉の誕生』みすず書房）
Ariès, Ph.（1953）"Sur les origins de la contraception en France," *Population,* 8.（中内敏夫・森田伸子編訳（1983）『〈教育〉の誕生』新評論）
Arendt, H.（1954）*Between Past and Future.* Viking Penguin.（引田隆也・斉藤純一訳（1994）『過去と未来の間』みすず書房）
Illich, I. D.（1971）*Deschooling Society.* Harper&Row.（東　洋・小澤周三訳（1977）『脱学校の社会』東京創元社）
Luhmann, N.（2002）*Das Erziehungssystem der Gesellschaft,* Frankfurt a. M.：Suhrkamp.（村上淳一訳（2004）『社会の教育システム』東京大学出版会）
Meyer, J. W. & Rowan, B.（1977）Institutionalized Organizations：Formal Structure as myth and ceremony. *American Journal of Sociology,* 83(2), 340-363.
Weick, K.（1976）Educational organizations as loosely coupled systems. *Administrative Science Quarterly,* 21, 1-19.

17章　教育政策——教育と政治の「あいだ」

1　無関心をとおした教育の（脱）政治化——『ドラゴン桜』から

『ドラゴン桜』から

「どいつもこいつもバカ面ばっかか．お前ら一生負け続けるな．」（桜木）
「降りてこい．ぶっ殺すぞ．」（生徒たち）
（中略）
「いいか．負けるってのはな，騙されるって意味だ．お前らこのままだと，一生騙され続けるぞ！」（桜木）

　これは，『ドラゴン桜』（三田紀房の漫画『ドラゴン桜』が原作のテレビドラマTBS系，2005年）の中で，阿部寛ふんする桜木健二が，龍山高校の生徒たちに向かって吐いた言葉である．「元暴走族の貧乏弁護士・桜木健二が，偏差値36の落ちこぼれ高校生たちを，学歴社会の最高峰・東京大学へ導いていく」（http://www.tbs.co.jp/dragonzakura/）という単純なストーリーの物語だが，原作は，数々の「受験テクニック」が学べることで人気を博した．なお，テレビ局の公式宣伝文句によれば，このドラマは「人生を生き抜くための方法論」が学べ，「閉塞感いっぱいの日本に風穴を開ける」ものらしい．

　他の一般的な娯楽ドラマ（視聴率重視）と同様，このドラマが視聴者の欲望に追従するものであり，現在の教育制度（**学歴社会**）に対しては，これを正当化し強化するものであることはまぬがれえない．しかし，物語そのものを下支えする桜木健二のこの発言，また，現実逃避していた生徒たちが，東大合格を目指すゲームに取り組むなかで，学校では教わらない「社会」というゲームの仕組みやその乗り越え方（裏技）を学び取っていく姿は，確かに現代社会における教育と政治について再考を促す効果をもっている，といえそうだ．

「勝ち／負け」という現実

では，教育と政治というこの章のテーマの観点から見て，この桜木の**発話行為**には，どのような意味があるといえるか．

まず，この発言は，世の中には「勝ち組」と「負け組」があるというリアルな事実に目を向けさせる効果がある，といえる．「勝ち組」はますます有利なルールで闘い，しかも，ルールそのものを操作する立場にも近づく．逆に，ひとたび「負け」たものは，その悲惨な境遇を自分の能力と努力の結果（自己責任）として一生背負い続けなければならない．この言葉の示す世界はいつの時代にもある程度「真実」であるが，「勝ち／負け」の格差が極端に広がり，両者が異なる世界へと分離されていく傾向性は，まさに新自由主義的な政治理念が浸透しつつあるこの現代日本社会において，より切迫した問題となりつつある（山田，2004）．

だが，教育と政治という観点からみてより興味深いのは，彼が「負け」を「騙されている」とした点である．この発言は，狭く視野を閉ざされた生徒たち（そして視聴者）の目を，この社会的現実世界の「成り立ち」や「からくり」，さらには，その恣意性・政治性——どういう理由でそれは生み出されたのか，それはだれにとって都合のよい制度なのか等々——へと開いていく効果がある．たとえば，ここでいう「勝ち／負け」は，ある特殊なゲーム（評価基準）の中での，偶然の積み重ねの結果にすぎない．にもかかわらず，そのゲームの敗者は，その敗北という結果を自分の「**能力**」の現われとして，自然で運命的なものとして受け取るよう，仕向けられている．そう思い込まされるのは，成績や試験の結果を，あたかも「当人の努力と能力の自然な，しかも重大な帰結」であるかに扱う学校，そして，子どもの「能力」を，彼の入学した学校（偏差値）の観点から判断する学校化された社会があるからである（⇒2章，12章，16章参照）．

自己欺瞞という罠

とはいえ，桜木の発言は，恣意的・暴力的に構成された社会の現実を告発することに第一の狙いがあるわけではない．それが狙いなら，「東大幻想なんて糞食らえ！」が正解であり，「人生変えたいなら，東大へ入れ！」という発言はとうてい正当化できるものではない．ある意味で，ポスト・モダン

後の現代日本社会では，こうした幻想の解体作業は，それだけでは大きな社会的インパクトをもちにくくなっている．この社会の現実が幻想を通して構成されている事情は，今や誰もがうすうす感じ取っていることだから．

では，彼は何に闘いを挑もうとしているのか．ここで桜木の使う「負け」という言葉は，近年はやりの「負け犬」を連想させる．けんかに負けてすごすごと引き下がる者．これが「負け犬」の定義である．「やるだけ無駄」，「関係ない」という呪文によって自分を社会から切り離し，「私にはムリ」といって新たなチャレンジを避け続け，さらなる失敗を避けるために，たった一度の勝負（高校入試）で「敗者」の地位をやすやすと受け入れてしまう生徒たち．彼らは「現実とはそんなもの」とニヒルに人生を達観しつつ，傷つくことを恐れて極度に「引きこもって」いるのである．桜木が「負け」という言葉で挑発しようと試みる相手とは，こうした生徒たちが陥っている自己欺瞞の罠である．

2 政治システムによる決定としての教育政策

人間教育に囚われた「教育政策」思考

わたしたちは教育について，ひとりの人間にとっての成長・人格形成にかかわる何かとしてこれを表象する（⇒7章，8章）．また，学校や教育制度は人間的に構成されているし，されなければならないと考える．このイメージは教育システムの内部で実践する，一人ひとりの実践プレイヤー（子どもや教師）の思考・行動を枠づけるだけではない．教育制度やシステムのあり方など，制度やルールを設計する立場にある者の思考にも，この人間主義的なイメージは大きく影響を及ぼしている．実際，「教育政策」といえば，──たとえば，「教育上の課題の達成に関与する行為を方向づけ枠づける目標と手段の体系」，「教育の実施に強い関心と責任感をおってこれに積極的にかかわろうとする者の意思を具体的に示したもの」，「教育実践に目標を与え，秩序を枠づけ，その機能を実現するための，活動の案・方針・計画」（熊谷, 1996：205）といったように──，教育機能に限定された視点から言及されるのが一般的である．

改めて強調するまでもないが，教育は，一人ひとりの人間に何らかの（よ

い) 変化を与えようとする営みであるのみならず, 一人ひとりの人間に変化 (自己変革) への刺激を与えることをとおして社会そのものの在り様にも責任をもち, これに (よい) 影響を与えようとする社会過程である. また, 学校教育制度・教育システムには, 狭義の「教育」機能を超えて, 人材の選別・配分機能, 文化の伝承機能, 秩序維持機能, 子どもの保護・監督機能など, さまざまな社会的機能が備わっている. とりわけ, 政治的観点から見て重要なのは, 学校・教育が正しく価値ある知識をどのように定義し, 誰に・どのような方法で知識・技術を伝達・配分・評価するかは, そのこと自体がある特定の権力分布を伴った社会秩序を創出する力をもつという事実である.

教育の制度設計としての教育政策

さらに現代社会における教育システムは, 全体社会システムや経済システム, 政治システム, 家族システムなど, 他の社会システムと密接に結びついたかたちで作動している. ここに全体的視点からの構造調整が必要となるが, 教育システムは, それ自身でそれ自身の基本構造の決定——とりわけ, 予算措置や法改正を必要とするような決定——を行うことができない.

以上, 教育の制度設計は, 全体社会のデザインや他の機能システムの要望などと関連させながら, 狭義の教育 (専門性) を超えた, 全体的な視点を通して具体化される必要がある. そして, このように市民の多様な意見を吸い上げ, 全社会的な構想と関連づけながら, 拘束力のある決定を下すのは政治システムの役割である. 教育の制度設計は, 単に教育内在的な専門的事項なのではなく, 社会的・政治的事項でもあり, 政治的に適切な決定を必要としているのだ. ここに「教育政策」のひとつの存在理由がある. また, そうした政治システムの中での教育に関する決定が「教育政策」なのである.

3 政治システムと教育システムの関係史

政治システムと教育システム

「教育政策」が十全な意味で立ち上がるには, **政治システムと教育システム**, 双方のシステムが分化・独立することが前提になる. それ以前の統治権力は教育的方法をもたないか, 逆に政治と教育とは未分化な融合状態にあっ

たといえる．この2つのシステムは，いつごろ，いかにして機能的に分化し，また機能的に関係づけられてきたのか．そこには，いかなるバリエーションがあったのか．

政治システム（国家・市民社会）が教育（学校教育制度）を，社会的・政治的に重要な領域として（再）発見したのは，18世紀後半から19世紀にかけての，近代化がはじまり国民国家が成熟しはじめる時期においてである．ここには大きく分けて2つの仕方がある．

ひとつは，ヨーロッパの18世紀の啓蒙思想や市民社会の理念との関連の中で生じてきたものであり，「教育」は市民社会を支える不可避の前提である市民の理性的判断力を保障するものとして，また，この市民社会の中で自由に生きていくための市民の基本的権利（を守る国家の義務）として発見された．「自由，平等，友愛」をその理念として掲げる市民社会が成立するには，教育が不可欠な前提となると意識されたのであった．

もうひとつは，社会の産業化が進展し，帝国主義的な覇権争い（国家間競争）が過激になった19世紀に芽生えてきたものであり，「教育」は国家により国家発展・国民統合の「手段」として発見された．現実に「教育政策」を強力に促したのは後者であって，アンディ・グリーン（Green, 1997＝2000）が指摘するように，先行して近代化を開始した国家よりも，19世紀になって遅れて近代化をはじめたドイツや日本などの国家において，よく整備・統合された公教育制度が生み出されることになった．遅れて近代化をはじめた国家は，国民統合や国家発展の手段として教育をあからさまに利用しようとしたからである．

教育システムの自律性

このように，国家がどのような理念のもと，どの程度強く教育を統制するかは，国によって差異がある．しかし，いかなる国家（近代国家）も，国家発展や近代化に伴って生じてきたさまざまな社会問題の解決を教育に託す構造は同じである．社会学的にみて重要なのは，公教育制度は，社会の近代化，近代国家の成立，資本制の発展といった，社会的編成様式の根源的な構造変容の中で，これと密接に結びついて成立・発展してきたものであり，また，国家によってよく整備・統合された教育制度それ自体が，社会の近代化や国

家統合を促す牽引車的な役割を果たしてきたという点である.

　以上,国家がいかなる理念をもつ場合でも,教育の発展と国家形成や国家統治の過程とは相互に密接に結びついてきた.けれどもこのことは,教育が国家（政治システム）に従属することを意味しない.むしろ,国家が教育の発展を支援・利用するなかで,教育はその自律性・独立性を高めてきた,といえる.また,だからといって公教育を「国民の義務」とみなすのか,「市民の権利」とみなすのかという,その根拠づけの相違を軽視してよい,ということを意味しない.それというのも,前者は国家が教育を制御する傾向を強め教育がシステムとして自律的に発展することを阻害するものであり,後者は教育に関する様々な議論を呼びおこし教育がシステムとして自律的に展開する傾向を支えるものだからである.

4　戦後福祉国家体制における教育政策

福祉国家体制

　教育制度の大枠がほぼ完成し,政治システムと教育システムが国民国家という共通枠を前提としながら分離したあと,政治システムと教育システムの関係は,どのように展開してきたのか.以下では,第二次世界大戦後の先進国における「教育政策」の特徴について概観しておこう.その特徴を知るには,この時代の政治システムの特徴を観察する必要がある.

　第二次世界大戦後における先進国の政治システムは,民主的な**福祉国家**（国民国家）という形態をとる点に特徴がある.では,福祉国家とは,どのような政治システムなのか.

　福祉国家とは,全ての国民に政治過程へのアクセスを開くものであると同時に,人びとの生活がその政治過程に依存するものになる,という意味での政治的包摂（インクルージョン）が実現された状態である（Luhmann, 1981＝2007）.このような形式をもつ政治システムは,みずからの正統性を獲得し,そのオペレーション（システムの作動のはたらき）を方向づけるものとして,人びとの様々な要求をその中に取り込んでいくことを,その特徴としてもつことになる.福祉国家は,国民・民衆の生活要求に応答しつつ,それを実現することを通して生活水準・期得水準を上昇させ,ひいては国民・民衆の政治への要求水準

を高めるといった自己拡大作用をもつのである．

市民の教育要求の拡大

教育に関する政策も，当然のことながら，こうした福祉国家の作動様式に導かれてきた．しかも，「教育政策」が対応すべき市民の要求の拡大には，2つのエンジンが備わっている．ひとつは，生活水準の上昇に伴う直接的な社会福祉のための教育要求の増大である．もうひとつは，教育システム自身が教育要求を上昇させる，といった内在的メカニズムである．

ここで教育要求の高まりとは，何も就学期間の延長のみを意味しているわけではない．たとえば，子どもの保護や非行対策といった社会的必要から生まれた教育要求が制度の肥大化をもたらし，肥大化した教育制度が教育への期待水準を高めると同時に，それ自体が問題現象（例，教育の病理現象）の源泉ともなることで，「教育政策」が解決すべき新たな要求を生み出す，といった循環もみられる．

さらに付言しておけば，教育は，だれもが発言しやすく感情的に関与しやすいテーマであるとともに，「現実主義対ロマン主義」といった単純な対立図式と深く結びついている．教育は，政府を動かす世論となりやすく，また，政府の世論操作に利用されやすい素材でもある．こうして，福祉国家における「教育政策」は，——ある政策（例，詰め込み教育）の生み出した問題（例，子どものストレス・あれ）が，対立する新しい政策（例，ゆとり教育）を生み，さらにまたその対抗政策に派生する問題（例，学力低下）が，再びもとの政策（例，学力向上の基礎教育）を求めるといったように，——振り子的にゆれるといった特徴をもつようになっているのである．

ところで，上述の（悪）循環の生成には，福祉国家における政策実現手法のもうひとつの特徴，すなわち，官僚制的統制（上からの命令・規制・管理）という方法によってその実現が図られるという特徴が深くかかわっている．市民からの教育要求を政治システムが受け止め，これを官僚制的統制という方法で実現しようとすると，教育現場に対する強く・細かで・形式的な統制を増殖させることになりやすい．現場の論理を無視した細かな規制・管理・統制は教育現場を窒息させ，新たな問題（教育要求）の要因ともなるのである．

5 新自由主義的な教育政策の台頭とその問題点

新自由主義的な教育政策

近年,福祉国家の「大きな政府」路線の行き詰まりがあらわになり,これに代わって市場(自由競争)を活用することで経済発展を促そうとする**新自由主義**的な政策方針が力を持ち始めている.新自由主義的な政策を掲げる人たちは,肥大化した官僚制機構の非効率性や腐敗を強調し,政府の規制・保護を撤廃し,これを自己責任の原則へと置き換えることを主張する.こうした政策転換は,当然のことながら「教育政策」のあり方にも反映する.

肥大化し,硬直化した官僚制的統制が教育システムの自由な作動を阻害してきたことは事実である.必要な教育と余分な活動を峻別し,教育を現場のニーズにあった柔軟でフレキシブルなものへと転換することは必要だ.新自由主義の主張(福祉国家批判)は,それ自体としてみるならば正当なものが多い.しかし,福祉国家的な「教育政策」への批判が,新自由主義的な「教育政策」をそのまま正当化するわけではない.

市民の自己責任が強調される

第一に新自由主義的な政策は,福祉国家の「要求への応答」という形式を,「サービス」の市場化というかたちで徹底して追及し,その帰結への責任を回避する(市民の自己責任とする)方法である,といえる.官僚制的な形式主義を回避することはできるが,新自由主義的な政策が,「リスクの共同管理」としての国家的連帯を解体し,負け組を切り捨て,格差拡大作用をもつことはよく知られている.

もちろん,機能分化の進展した近代社会において,格差の存在そのものを否定するのは非現実的であり,この点をどう判断するかについては難しい問題が含まれている.しかし,教育の自由化がもたらす教育格差を正当化することは困難である.それというのも,教育における**格差**は,家族(出身階層)の影響を受けやすいものであり,同時に,希望やアイデンティティ(能力・自己概念)にかかわる包括的な格差へと結晶していくので,格差の固定化と弱者の蓄積的排除を生み出すことにつながるからである.格差の固定化

や希望の喪失（競争からの早期離脱）といった現象は，競争を通した社会の活性化を目論む新自由主義者の主張をも裏切るものとなるだろう．

政治性と政治そのものが隠される
　第二に，新自由主義的な手法には，政治的にみて深刻な意味をもつ次の副次効果が伴う．すなわち，新自由主義はひとつの政治的立場でありながら，それ自身の「政治性」を隠す効果，さらには「政治そのもの」を隠す効果が含まれている，という点だ．
　まず，「政治性」を隠すとは，たとえば，新自由主義的なルールは，このルールによって利益を得る特定の人たちの利害関心に合致し，特定の人たちによって人為的に選択・導入されたものであるにもかかわらず，自然で普遍的なルールとして自らを提示し，その結果生まれる格差を，公平なルールを適用した結果（自己責任）として表示する，といったことである．こうした提示によって子どもたちは，教育システムの中での失敗を自分自身の個人的かつ運命的な属性（能力）として受け取り，希望を失っていく．
　次に，新自由主義的なイデオロギーと実践が「政治そのもの」を隠すとは，それが人間の「社会的＝政治的存在性格」を忘却させ，さらに言えば市民の政治的実践を支える公共圏を破壊するという意味である．新自由主義的政策が生み出す，過度に個人化された競争，評価，評価結果の自己帰属，さらには，そうした競争が依拠する物質主義や効率主義的な価値観によって，人間はヒトとヒトの「あいだ」に生きているという事実を次第に見失い，他者とのコミュニケーションや協同を通して，新たな公共善の創出に携わっているのだということ——とりわけ，多様性・矛盾・葛藤があり，その克服過程を通して，新たな価値が創造されているといった側面——が実感できなくなるのである．

6　教育政策のこれから

新しい教育政策のモデル
　新自由主義的な政策が台頭してきた背景には，グローバリゼーション，社会の複雑性・再帰性の増大など，近代社会が深まることで帰結する不可避の

地殻変動がある．新しい条件の中で，旧式の福祉国家の行き詰まりは明らかであるが，新自由主義の逆機能性を指摘・列挙するだけでは，未来への展望は開けてこない．

　新自由主義（またはグローバリズム）は，そうした構造変容へのひとつの応答の仕方ではあるが（⇒18章参照），必ずしも唯一の方法ではない．細分化されたニーズへの応答性の高いフレキシブルな生産様式を意味する**ポスト・フォーディズム**，参加すること自体に歓びを見出しつつグローバリズムの弊害に対抗しようとする新しい社会運動（メルッチ，1989＝1997）など，新たな可能性を開く応答も生まれつつある．

　「教育政策」に関しても，他の社会政策と切り離してとらえたり，他の社会政策に従属させるのではなく，現代社会の抱える課題や全体社会的状況を睨みつつ，社会政策全体の中に教育政策を位置づける方向も芽生えてきている．たとえば，イギリス労働党政権・ブレアの社会政策に理論的支柱を与えたギデンズ（Giddens, 1998＝1999）の『第三の道』は示唆的である．国家による「統制・管理・直接支給」型の福祉から，人的資本に投資する「ポジティブ・ウェルフェア（積極的福祉）」型の政策への転換が，そこではうたわれているが，われわれはここに，従来の福祉国家型の政策形式に教育をも従わせる「福祉的教育政策」から，教育の視点を全体の社会政策・福祉政策の方法原理として導入しようとする「教育的福祉政策」への転換を見ることができよう．平等を**包摂**（機能システムへの参加）として，不平等を**排除**と読み替え，「排除（排除の累積）」と闘うことがその基底理念であり，教育はそうした全体的社会政策の要の位置に据えられるのだ（⇒包含と排除，19章も参照）．

エンパワメントの大切さ

　ただし，ここで包摂＝組み込みの原理を，経済システムに対するものに限定しないことが肝要である．わたしたちは，さまざまな機能システムと関係しながら生きているのであり，とりわけ，この不透明で変化の激しい現代社会では，「リスクに立ち向かい，リスクを引き受けることによって価値を生み出す能力」（Giddens, 1998＝1999）が欠かせない．すべての子どもたちに社会に参画する知識・技能・パワーを与え，参加する中でパワーを得る，といったよい循環に乗れるよう支援すること，すなわち**エンパワメント**が教育に

期待される役割である．教育が家族における「勝ち組/負け組」の差異を再生産し，とりわけ負け組の子どもたちを「社会の現実から目を背け，自らを不利にするリスク回避的な生き方」へと追いやる教育は，その責任をよく果たしているとは言いがたい．

冒頭に掲げた桜木の発言——「お前ら一生負け続けるな」「負けるってのはな，騙されるって意味だ．お前らこのままだと，一生騙され続けるぞ！」——は，その場しのぎの癒し的言説＊によって，暗黙に「負け組」の立場を固定し，彼らを社会から離脱させる教育の現状・仕組みを告発し，同時に，私的領域へと「引きこもり」かけた子どもたちを唯一残された「平等な機会（リスク）」の積極的活用へと挑発することで彼らを機能システムへと再包摂し，格差の固定化という悪循環を断ち切ろうとするひとつの実践・発話行為であったといえる．

＊学校にできることは限られている．そもそも学校はひとりのためにのみ存在するわけではないし，卒業後の面倒まで見てくれることはない．にもかかわらず，ロマンチックな教育言説は，「学校は『あなたのために』存在しており，教師を信じて『よい子』にしていれば，『幸せになれる』」かの幻想を振りまくものとなっている．学校がふりまく「美しき言葉」自体が，教育の政治的性格を隠し「生徒を騙す」ものとなっているのである．実際，このドラマには，井野真々子（長谷川京子）というロマン派教師が，幻想を断念し現実を受け入れることでたくましく成長する生徒の姿を見て成長するという，別の物語が組み込まれている．

7　まとめ——教育と政治の複雑な関係

教育政策の課題と限界

「教育政策」は，政治システムと教育システムのひとつの関係の仕方である．この関係は，当然のことながら，教育と政治の関係のごく一部のものでしかない．教育と政治の関係ははるかに複雑であり，とりわけシステムの独立性の強い近代社会において，一方が他方を思いどおり制御することはほとんど不可能である．権力による教育への過剰な関与・干渉は，教育の信頼性・効果を損なうことなしには不可能である．

とはいえ，「教育政策」が無力だというわけではない．むしろ，わたしたちはその見えない効果・影響力に敏感である必要がある．統治権力は，イデオロギーや徳目の注入といった直接的操作法を制限されることにいらだちを

感じることが多いようだが，逆に，教育の独立性を尊重するという迂回路——たとえば，儒教的な徳目を直接注入するよりも，正統的な文化の序列を「教育のある者/教育のない者」の区別へと対応させ，エリート選抜の仕組みを通してこれを「国を治める者/従う者（一般民衆）」の区別へと自然化するなど——を経由することで，より効果的にその権力作用を浸透させることができる．教育が政治的・現実世界とは無縁の，純粋で公認された「真理」であると人びとに受け止められていること，表向きの教育内容のみならず，学校生活やカリキュラムの組織化の仕方（形式）それ自体が独自の教育効果（**潜在的カリキュラム**）をもつこと，教育システムがこの社会の選別・配分機能をほぼ独占していることなどは，「教育政策」の影響力を途方もないものとしている．

実証的検証と批判的省察

　もちろん，以上の事情を，権力作用の「目に見えない」拡大・浸透という意味で教育の危険性として分析＝省察することは必要である．しかし，こうした事情から「教育政策」（政治システムによる教育システムへの操作）を否定的にのみ描く必要はない．「教育政策」という制限された窓口は，政治と教育の新しい関係性を切り開くものでもある．ただし，その実現のために，「教育政策」は，一方でそれ自体が民主的な政治システムの中で，社会の現実や社会全体のデザインと関連させられながら策定される必要があり，他方で，教育システムのもつ社会的・政治的機能や「教育政策」のもたらす「意図せざる結果」についての，実証的検証と批判的省察に基づいて策定される必要がある．

　ただし，全体社会の設計と関連させた「教育政策」への提案は，政治による教育支配を意味するものではない．いわんや，社会問題の解決をもっぱら教育に委託することではない．「教育政策」に必要なもうひとつの要件は，教育の限界および計画・設計の限界（不可能性）をしっかり認識しつつ，教育が子どもの環境を整えることでその能力を育てるように，政治は教育システムの感度や自省力を高める方向で，その制度構造をデザインしていくことである．教育システムの自律性を高め，その反省能力を高めるような制度設計を行うことによってこそ，政治システムは，この社会の，そして政治シス

テム自身の実質を支える人材を，より豊かに確保することができるのである．

(越智康詞)

キーワード

学歴社会／学校化された社会／能力／政治システムと教育システム／福祉国家／包摂／新自由主義／ポスト・フォーディズム／排除／エンパワメント／潜在的カリキュラム

ブックガイド

ギデンズ（佐和隆光訳）『第三の道——効率と公正の新たな同盟』日本経済新聞社，1999 年．
　この章の本文で説明したので内容の詳細は省略するが，これまでの福祉国家的な形式のもとでのパターナリスティックな教育を廃止し，社会的に排除された人たちを支援する（力を与える）教育を中核とした「ポジティブ・ウェルフェア」としての社会政策を提唱した実践的提言の書であり，全体社会の中の教育の役割や教育のあり方を再考する上で参考になる．

宮台真司・鈴木弘輝・堀内進之介『幸福論——"共生"の不可能と不可避について』日本放送出版協会，2007 年．
　政策科学的な研究や教育の目的や理念についての書物は多いが，全体社会のデザインの中に教育（政策）を位置づけた提言は意外と少ない．このことは，いかに教育が教育内部の視点でしか考えられてこなかったか，ということを示している．同書はまさに教育言説のこうした現状を批判し，教育をその社会的機能の観点から捉えなおし，再帰性の高まった新しい社会にふさわしいソーシャル・デザインを考察する中で，教育・教育制度・教育システムについて論じた書物である．

参考文献
市川昭午（1994）「教育政策研究の課題」『日本教育政策学会年報　第 1 号　転換期の教育政策を問う』日本教育政策学会編，八千代出版，pp. 8-22.
越智康詞（2006）「グローバリゼーションと教育の地殻変動——教育の新しい可能性をグローバリズムの罠から救うために」『近代教育フォーラム』第 15 号，教育思想

史学会.
熊谷一乗(1996)『現代教育制度論』学文社.
小玉重夫(1999)『教育改革と公共性』東京大学出版会.
橋爪大三郎(2001)『政治の教室』PHP新書.
宮台真司・鈴木弘輝・堀内進之介(2007)『幸福論』日本放送出版協会.
森　重雄(1999)「近代・人間・教育——社会学的人間論からの構図」『〈教育〉の解読』田中智志編，世織書房.
森田尚人他編(1994)『教育の中の政治　教育学年報3』世織書房.
矢野眞和(2001)『教育社会の設計』東京大学出版会.
山田昌弘(2004)『希望格差社会』筑摩書房.
Apple, M. W. (1979) *Ideology and Curriculum*. Routledge & Kegan Paul.（門倉正美・宮崎充保・上村高久訳(1986)『学校幻想とカリキュラム』日本エディタースクール出版部）
Green, A. (1997) *Education, Globalization and the Nation State*. MacMillan Press.（大田直子訳(2000)『教育・グローバリゼーション・国民国家』東京都立大学出版会）
Giddens, A. (1998) *The Third Way*, Polity Press.（佐和隆光訳(1999)『第三の道』日本経済新聞社）
Luhmann, N. (2004) *Das Erziehungssystem der Gesellshaft*. Frankfurt a. M.：Suhrkamp.（村上淳一訳(2004)『社会の教育システム』東京大学出版会）
Luhmann, N. (1981) *Politishce Theorie im Wohlfahrtsstaat*. München：Günter Olzog（徳安　彰訳(2007)『福祉国家における政治理論』勁草書房）
Melucci, A. (1989) *Nomads of the Present : Social Movements and Individual Needs in Contemporary Society*, John Keane and Paul Mier.（山之内靖・貴堂嘉之・宮崎かすみ訳(1997)『現在に生きる遊牧民(ノマド)——新しい公共空間の創出に向けて』岩波書店）
Nassehi, A. (2002) "Politik des Staates order Politik der Gesellschaft? Kollektivität als Problemformel des Politischen," in：K.-U. Hellmann/R. Schmalz-Bruns (Hb.), *Theorie der Politik. Niklas Luhmanns Politishe Soziologie*. Frankfurt a. M.：Suhrkamp.（土方透編著(2004)「国家の政治か社会の政治か？——政治的なものの定式化における要諦としての集合体」『宗教システム/政治システム』新泉社）

18章　公共性——異質な他者への開放性

1　権威の不在によって生じる緊張

「てきとうに座れ」

　今日は実験だから，てきとうに座って五人で一班を作れ．先生が何の気なしに言った一言のせいで，理科室にはただならぬ緊張が走った．てきとうに座れと言われて，てきとうな所に座る子なんて，一人もいないんだ．ごく一瞬のうちに働く緻密な計算——五人全員友達グループで固められるか，それとも足りない分を余り者で補わなければいけないか——がなされ，友達を捜し求めて泳ぐ視線同士がみるみるうちに絡み合い，グループが編まれていく．……（綿矢りさ「蹴りたい背中」『文藝春秋』2004 年 3 月）

　「蹴りたい背中」は，2004 年に発表された綿矢りさの小説である．同作品は，現代の高校生を描き，芥川賞を受賞して話題となった．上述の引用は，その冒頭の場面である．

多数の暴政

　授業時間中の教室は通常，教師の権威によって統制され，秩序が保たれている．これに対して休み時間の教室は，教師の権威による統制が存在しない時間である．一般的には，授業時間よりも休み時間の方が子どもたちは自由で解放されていると思われがちである．だが，クラスのなかでいじめにあっていたり，人間関係のトラブルがあったり，あるいは特にそういうことがなくても，たとえばクラス替えをしたばかりの新学期のように何となくクラスの集団になじめてないような場合，授業時間よりも，むしろ休み時間の方が，抑圧感や緊張をより強く感じる，そんな経験をした人も多いのではないだろうか．また，たとえ授業中であっても，「自由にグループをつくって下さい」などと言われて，教師の権威による統制が解除されて自由になったとたんに，抑圧感や緊張を感じた経験もあるのではないだろうか．

上述の引用文は，まさにこのような，教師の権威の不在によって生じる「ただならぬ緊張」をよく表現している．政治思想史家のハンナ・アレントは，教育を論じた論文においてこのような事態をいちはやく見抜き，「子供は大人の権威から解放されて自由になったわけではなく，それにもまして恐るべき真に暴政的な権威，つまり多数の暴政に服従させられたのである」（アレント，1994）と述べている．

公共性が担保する正統性

教室の中で，私たちがこのような抑圧感や緊張を感じるのは，もうひとつ理由がある．それは，そこが学校だからである．同じ教育の場でも，学校以外の，たとえば塾やスポーツクラブなどのような放課後の教育機関や，あるいは大学や専門学校など学校を卒業した後に進む教育機関では，このような緊張を感じることは少ないのではないだろうか．

それでは，学校とそれ以外の教育機関の違いは何か．学校以外の教育機関は，何らかの目的や必要性や興味・関心にもとづいて通う．それに対して学校は，目的や必要性がないにもかかわらず，多数の人間が一堂に集まって勉強をする場所なのである．目的や必要性がないにもかかわらず，多数の人間が一堂に集まって勉強をすることがなぜ可能なのかといえば，それは，学校が公教育の機関であるから，つまり，学校の**正統性**が**公共性**によって担保されているからである．ここに，他の教育機関にはない学校という場に固有の性格を見ることができる．

そこで以下では，学校の正統性が公共性によって担保され，多数の人間が一堂に集まって勉強をするようになった由来について，学校の最も基本的な生活と学習の単位である学級に注目し，その成立史に即して簡単に概観しておきたい．

2　学級という場の普遍性と特殊性

生活集団と学習集団

学級は，学級担任制をとることの多い小学校だけでなく，教科担任制をとる中学校や高等学校でも，児童・生徒にとって，学校でのほとんどの時間を

ともに過ごす場である．その意味で，学級は**生活集団**としての側面と**学習集団**としての側面をあわせもつ存在である．「クラス」や「級」という呼び名は学級の学習集団としての側面に由来するものであり，「組」や「ホームルーム」という呼び名は，生活集団としての側面に由来するものであるともいえよう．

しかし，学級は必ずしもその成立当初から，「クラス」（学習集団）としての側面と「組」（生活集団）としての側面をあわせもっていたわけではない．柳治男によれば，イギリスでは，19世紀前半に流行っていた「モニトリアル・システム」というクラス編成がなされた．それは学習集団としての等質性を重視し，児童・生徒を能力別に分類して，各能力別集団ごとにモニター（助教）をつけて指導するというもので，「等級制」と呼ばれていた（柳, 2005）．だが，安川哲夫も指摘するように，モニトリアル・システムは「過渡的な性格をもった教育システム」であった（安川, 2000）．すなわち，このような等級制にもとづくクラス分けは，義務教育制度が整備されていく過程で相対化され，1862年の改正教育令などを契機として，等級制にもとづくクラスにかわって，学年制の学級が登場し主流となっていく．

また，日本でも，明治5（1872）年の「学制」で最初に近代学校教育制度が導入された際は，8段階からなる等級制による児童・生徒編成が取り入れられ，個人の能力次第で進級が行われた．それが，明治24（1891）年の文部省令第12号「学級編制等ニ関スル規則」によってはじめて，等級制が否定され，同一年齢の児童・生徒からなる学級制が採用された．

学級の普遍性と特殊性

このように，イギリスでも日本でも，近代学校が成立する初期の段階では等級制（能力別クラス）という，学習集団としての機能に特化した集団編成が見られた．それが，近代学校が国民教育制度（義務教育制度）へと統合されていく過程で，学習集団に特化した等級制にもとづくクラスから，生活集団と学習集団が一体化した学年制にもとづく学級へと発展・移行し，今日に至るのである（柳, 2005）．

等級制にもとづくクラスから，生活集団と学習集団が一体化した学年制にもとづく学級へと発展・移行したことによって，階級や出身身分などを異に

する多様な子どもたちをひとつの国民へとまとめ，国民国家に統合していくことが可能になった．その意味で，学級は国民国家のイデオロギー装置としての機能を担ってきたといえる．

学級はまた，子ども組のような形で地域共同体に存在していた異年齢子ども自治集団を解体・解放し，それを学校内組織へと再編成し統合していく機能を担っていた．したがって学級には，かつての子ども組が担っていたような自治組織を部分的に代替する，子どもの**自治集団**としての機能も含まれていた（竹内，1995）．

つまり学級は，階級や出身身分などを異にする多様な子どもたちをひとつの国民へとまとめ，国民国家に統合していくとともに，地域共同体内の異年齢子ども自治集団を学校内組織へと再編成し統合していく機能を担っていた．その意味で，学級は，階層や身分，共同体の枠を超えて多様な子どもたちをまとめ上げる場として機能したという点で普遍性をもち，同時に，たとえば日本なら日本，アメリカならアメリカというように，国民国家というひとつの特有のアイデンティティへと統合するという点では，特殊性を有するものでもあった．

二重の超越性を担う教師

大澤真幸は，**ナショナリズム**を論じた著書において，ナショナリズムが「普遍的なものへの指向と特殊なものへの指向とを接続する二重のコミットメント」をその基底におくものであると述べている（大澤，2007：411）．上述のような学級という場の普遍性と特殊性は，まさにこのようなナショナリズムの普遍性と特殊性への「二重のコミットメント」を典型的に示す例であると考えられる．

大澤によれば，どのような社会システムも，人びとの行為をひとつの集合体にまとめあげるためには，当該社会の規範に正統性を与える超越的な地位に立つ「**第三者の審級**」が必要とされるという（大澤，2007）．第三者の審級とは，社会の規範に正統性を付与する超越的な審級で，たとえば王権国家における王や，国民主権の国家における国民のナショナリズムなどがそれに相当する．国民国家のナショナリズムの場合，上述の普遍性と特殊性の二重のコミットメントに対応して，この第三者の審級それ自体が，人権や民主主義

のような「普遍的な規範に効力を与える，抽象的な第三者の審級」と，人種や民族のような「より特殊化された規範の選択性を指示する，具象的な第三者の審級」とに，二重化してあらわれる（大澤，2007）.

この大澤の指摘をふまえていえば，学校教育における教師もまた，学級という社会の規範に正統性を付与する超越的な審級であり，学級という場における普遍性と特殊性を二重に担う第三者の審級の位置に立つ存在であるということができるのではないだろうか．すなわち，教師は，一方で階層や身分，共同体の枠を超えて異質で多様な子どもたちをまとめ上げる普遍性を体現すると同時に，他方で，国民国家のナショナリズムへと統合する特殊性を体現するという，二重の超越性を担う存在である．このような教師の二重性を，戦後の教師がどのように引き受けようとしてきたのかを，具体的に2人の教師，無着成恭と大西忠治に焦点をあててみておきたい．

3　第三者の審級としての教師——無着成恭から大西忠治へ

無着成恭の生活綴方教育

1951年3月，山形県山元村立山元中学校の教師である無着成恭（むちゃくせいきょう）は，自身の担任する学級の生徒の綴方（作文）を集めた文集『きかんしゃ』を編集し，『山びこ学校』を刊行した．同書は出版されるや，**生活綴方教育**（⇒1章参照）の実践として大きな反響を呼んだ．無着の生活綴方教育の特徴は，生活を通して，科学的・論理的思考を教育しようという点にあった．だが，そうした無着の教育実践の啓蒙主義的側面は，時として村の共同体的慣習と対立することもあった．

たとえば，長橋カツエとと前田秋子の作文「おひかり様」では，当時村ではやっていた「おひかり様」と呼ばれる信仰について，「おひかり様が，ほんとに病気をなおしてくれるのでしょうかと話をして，みんなに，『おひかり様はほんとだろうか．』ときいて，みんな，『うそだ．』といったので，決議文をつくって村にはることにきめました」と書かれてある（無着，1995）．そうしたことなどが，村の大人たちの無着に対する反発を強め，1954年に無着が村を出る遠因にもなったといわれている（佐野，1992）．

大西忠治の集団づくり

　この無着の影響を受けつつも，生活綴方教育の限界を認識し，「班・核・討議づくり」を中心とした**集団づくり**実践を開発し，1961年に発表したのが，当時香川県の中学校教師であった大西忠治である．大西は，無着成恭への憧憬とそこからの離脱の契機として，子どもとの関係を取り結ぶ手段としての「技術」の思想を編み出した（大西，1987）．

　大西にとっての憧憬の対象であった無着自身は，アテナイを処刑という形で追われたソクラテスと同様，共同体を追われる運命をたどる（小玉，2006）．とすれば，大西の無着からの離脱は，ソクラテスから離脱し，共同体からの超出とその支配を目指したプラトンの軌跡と重なる面がある．その意味で，大西の実践は，共同体からの超出（善のイデア）と，その支配（哲人王）をめざした実践だったのではないか（白井，2007）．

　無着の啓蒙主義的実践は，共同体からの超出という普遍性へのコミットメントを強く有するものであったが，それを共同体の特殊性に接続する回路を見いだすことができなかった．そのため，村落共同体の特殊性と対立し，村から出ざるを得なかった．それに対して大西は，共同体からの超出という普遍性へのコミットメントを，「集団」をめざす実践という特殊性へのコミットメントと接続することによって，第三者の審級としての教師の二重の超越性を引き受けようとした．このことが，大西の実践に社会的な基盤を与えることになった．事実，大西の集団づくり実践はその後，全国生活指導研究協議会（全生研）の教義となり，戦後民主主義教育実践に大きな影響を与えていくことになる．

4　戦後民主主義のオーバーラン

「滝山コミューン」

　大西が創始した集団づくりの影響を受けたとされる戦後民主主義教育について，日本政治思想史の研究者である原武史は，自身が小学校6年生だった1974年に，自分が受けた集団づくり教育の経験をふりかえり，当時の自分の日記や，同級生，教師らへの取材をもとに，『滝山コミューン1974』（原，2007）という著書にまとめている．原が小学生時代に住んでいたのは，西武

線沿線，東京都東久留米市の団地である．この団地を舞台に，「国家権力からの自立と，児童を主権者とする民主的な学園を目指した」教育実践が展開された．これを著者は，アンビバレントな意味合いを込めて，「滝山コミューン」と呼ぶ（原，2007）．

この本の最大のテーマは，「自らの教育行為そのものが，実はその理想に反して，近代天皇制やナチス・ドイツにも通じる権威主義をはらんでいることに対して何ら自覚を持たないまま，『民主主義』の名のもとに，『異質なものの排除ないし絶滅』がなぜ公然と行われたのか」という点にある（原，2007）．小学生だった当時の記憶をたぐりよせながら，「証言」と「資料」をもとに，「代表児童委員会」「班長会」「総会」「林間学校」，そしてクライマックスの，（児童が児童に自己批判を迫る）「追求」へと展開されていく，子どもの目から見た「集団づくり」の実相は，真に迫るものがある．学校教育における「平等」の論理が個人の「自由」を抑圧していく様に圧倒され，考えさせられる．

普遍化のオーバーラン

『滝山コミューン1974』が描く集団づくり実践において，「『民主主義』の名のもとに，『異質なものの排除ないし絶滅』がなぜ公然と行われたのか」という問いに対する答えをどこに見出せばよいのだろうか．その鍵は，前述の「普遍的なものへの指向と特殊なものへの指向とを接続する二重のコミットメント」を行う教師の立場に隠されている．

この「普遍的なものへの指向と特殊なものへの指向とを接続する二重のコミットメント」は，1970年代以降，グローバリゼーション（⇒ 17章も参照）の進展とともにゆらいでいく．つまり，グローバリゼーションの進展に伴い，社会の規範が国境を超えていくので，それを支える超越的な第三者の審級は抽象化の度合いを強める．それは，第三者の審級の不安定化，その先での端的な不在を予期させるものである．そうした第三者の審級の不在を補填するために，前述の大澤によれば，普遍化の「オーバーラン」が起こり，特殊な規範が普遍性を僭称する事態が発生する．たとえば「アメリカの基準」が「グローバルな基準」を僭称することなどはその一例である．

教師の権威の不在

このような第三者の審級のゆらぎによる普遍化のオーバーランは，学級において教師の権威が不在になる場合にも起こりうる．つまり，第三者の審級としての教師の権威が不安定化し，解体していくことで，普遍性を僭称する特殊性の台頭と，そこからのマイノリティの排除が生まれる．事実，全生研の『学級集団づくり入門 第二版』では「追求のとき教師は原則として第三者の立場にいなくてはならない」とされているにもかかわらず，『滝山コミューン1974』では，「追求」の場面に先生が居合わせていたかどうかは「はっきりしない」と書かれているのである．「滝山コミューン」の集団づくりにおいて「民主主義」の名のもとに，「異質なものの排除ないし絶滅」が公然と行われたのは，まさにそうした意味での，第三者の審級としての教師の不在による，戦後民主主義という普遍性のオーバーランの帰結であったということができる．

このように見てくると，この章の冒頭で引用した，あの理科室に走ったただならぬ緊張が何に由来するものであったのかも，明らかとなる．それは，第三者の審級としての教師の権威の不在という，ナショナリズムの終わりの後の現象を，象徴的に言い当てているのではないだろうか．

5 ナショナリズムの後の公共性

ネットワーク型の公共性へ

1990年代以降，グローバリゼーションの進展，国民国家体制のゆらぎといった社会構造の変容によって，国民国家のイデオロギー装置としての学級のあり方も大きく変わろうとしている．生活集団と学習集団が一体化した学年制にもとづく学級というあり方は，かつてのように共同体から異質で多様な子どもたちを解放して互いに出会わせる場としてだけ機能する保証はなくなり，むしろ逆に，上述したような民主主義のオーバーランの結果，それ自体が閉鎖的な共同体に転化し，異質なものを排除する場として機能しかねない側面をもつに至っている．また，選択科目の増加や，習熟度別編成授業の増加など，学習集団の多元化を志向する動きも強まりを見せている．そうした状況をふまえるならば，学習集団の多元化を一定程度ふまえながら，それ

が差別的な関係に転化しないための，異質な他者へと開かれた**ネットワーク型の公共性**を構想していくことが課題となっている．

そうした，異質性な他者へと開かれたネットワーク型の公共性を構想するにあたり，重要になるのは，そこでの教師の位置づけである．国民国家とナショナリズムの時代における第三者の審級を担う教師は，超越的な立場から全体を見わたす，俯瞰的全体性のエイジェントとしての教師であった．これに対して，ナショナリズムの後の公共性を担う教師は，「第三者の審級の超越性を相対化」(大澤，2007：620) し，ローカルな視点にふみとどまりつつ，そこから異質な他者へと開かれた公共性の通路を探る，ローカルな開放性をコーディネートする教師であるといえるのではないだろうか．すなわち，俯瞰的全体性のエイジェントとしての教師から，**ローカルな開放性をコーディネートする教師**へのシフトチェンジ，ここに，ナショナリズムの後の公共性を担う新しい教師の有り様が示唆されている．

この章のまとめ

これまでにみてきたように，普遍性と特殊性を媒介してきた教師の権威が空洞化することによって，特殊性が普遍性を僭称する事態への歯止めがきかなくなり，普遍性のオーバーランが起こる可能性がある．そうならないためには，歯止めとしての教師の権威をどこかで保持しておく必要がある．しかしそれを，かつてのような俯瞰的全体性のエイジェントという超越性にもとめることは困難である．いま求められているのは，異質な他者性へと開かれたローカルな開放性をコーディネートする，新しい公共性の担い手としての教師像である．

(小玉重夫)

キーワード

正統性／公共性／生活集団・学習集団・自治集団／ナショナリズム／第三者の審級／生活綴方／集団づくり／グローバリゼーション／ネットワーク型の公共性／ローカルな開放性をコーディネートする教師

ブックガイド

アーレント［アレント］（齋藤純一・引田隆也訳）『過去と未来の間』みすず

書房，1994 年．

ハンナ・アレントは，異質な他者へと開かれた公共性の条件を思想的につきつめた代表的な論者である．この章でも紹介した教育に関する論稿は，現代の教育問題を考えるうえでの必読文献であるともいえる．他に，『人間の条件』『革命について』など主要著作は文庫本で読むことができる．

大澤真幸『ナショナリズムの由来』講談社，2007 年．

ナショナリズムの形成からその成熟とゆらぎ，さらには今後の展望までを包括的に論じた大著である．安易な国民国家批判を戒め，多文化主義が陥りがちな罠を指摘するなど，ナショナリズムに内在してそれを内側から超えようとするところに本書の特徴がある．

原　武史『滝山コミューン 1974』講談社，2007 年．

この章でも紹介したように，筆者自身の小学校時代の経験を振り返りながら，戦後民主主義教育の問題を検討した読み応えのある著作である．ただ，本書に登場する教師は全生研の集団づくり実践の影響を受けたとされているが，実際の影響関係がどの程度であったのかは，はっきりしていない．「滝山コミューン」を支えていたと思われるもうひとつの教育研究団体である「水道方式」の数教協（数学教育協議会）と全生研との本校における関係も不明である．本書をひとつの手がかりとしながら，戦後民主主義教育の歴史を再検討していくことが重要な課題となっている．

参考文献

アレント，H., 志水逸雄訳（1994）『過去と未来の間』みすず書房．
大澤真幸（2007）『ナショナリズムの由来』講談社．
大澤真幸・東　浩紀（2007）「ナショナリズムとゲーム的リアリズム」『講談社現代新書カフェ』9, 11, 13（http://shop.kodansha.jp/bc/mailmagazine/backnumber/）
大西忠治（1987）『ゆるやかな集団づくり』明治図書．
小玉重夫（2006）「無着成恭編『山びこ学校』」岩崎稔・上野千鶴子・成田龍一編『戦後思想の名著 50』平凡社．
佐野眞一（1992）『遠い「山びこ」――無着成恭と教え子たちの四十年』文藝春秋．
白井　聡（2007）『未完のレーニン』講談社．
竹内常一（1995）「地域子ども集団の消滅と再生」『竹内常一教育のしごと　第 2 巻』青木書店（初出『思想の科学』第 218 号，1972 年）

原　武史（2007）『滝山コミューン 1974』講談社.
無着成恭（1995）『山びこ学校』岩波書店（初版は青銅社から 1951 年に出版）.
安川哲夫（2000）「モニトリアル・スクールは近代学校の原型か？」『近代教育フォーラム』第 9 号.
柳　治男（2005）『〈学級〉の歴史学』講談社.
綿矢りさ（2004）「蹴りたい背中」『文藝春秋』3 月号.

19章　学力——有能であることと無能であること

1　学力とメリトクラシー——地位の配分と社会統合

書くことをやめたバートルビー

　「バートルビー！　早くしてくれ，待っているんだ．」
　彼の椅子の脚が，絨毯の敷かれていない床をゆっくりとこするのが聞こえ，まもなく隠れ家の入口に立ち姿が現れた．
　「お望みは何ですか？」と彼はおとなしく言った．
　「写し，写し」と私は急いで言った．「写しを点検するところなんだ．ほら」——と言って，私は四つめの写しを彼のほうに突き出した．
　「しないほうがいいのですが」と彼は言った．そして，仕切りの向こうに穏やかに姿を消した．……（ハーマン・メルヴィル「バートルビー」高桑和巳の訳による）

　これは，1853年に発表されたメルヴィルの短編小説『バートルビー』の一節である．ウォール街の法律事務所に雇われた書記（scrivener）のバートルビーは，当初は，きわめて有能に仕事をこなしていた．ところが，ある時から急に筆写することをやめ，帰宅することもなく事務所に居座りつづけるようになる．上記の引用は，その時の場面である．やがて，バートルビーは解雇されるが，それでも彼は事務所に残りつづけ，しばらくして衰弱死してしまう．
　バートルビーの逸話は，人間にとっての無為，つまり何もしないことの極限を示唆するものである．学力をテーマとするこの章の導入として，ふさわしくないように見えるかもしれない．だがここではあえて，学力や能力といった概念の対極に位置すると思われる無為や無能という視点から，学力の問題を逆照射することによって，今日の学力問題の位相をとらえ直してみたいと思う．

メリトクラシーと学力

学校での学力の形成を支えている原理は，**メリトクラシー**（能力主義）である．メリトクラシーとは，もともとは，生まれや身分によって地位が決定された前近代社会から個人の業績（メリット）によって地位が決定される近代社会への転換によって広がった原理である．それは，生まれや身分によってではなく能力と業績によって社会的な地位が諸個人に配分されるという，近代的社会編成原理を指す概念として用いられてきた．しかし20世紀以降になると，メリトクラシーは，単なる個人の業績にもとづく**地位配分**という原理にとどまらず，そのような人材の地位配分を人々が正統なものとして受け入れそれによって社会に**包含**（包摂）されるようになるという，平等化と**社会統合**の機能を有するものとしても，とらえられるようになった．

学力という言葉は，このような地位配分と社会統合というメリトクラシーの2つの機能を併せもつものとしてとらえられてきた．たとえば，学校で「勉強をして学力を身につける」というとき，それは，能力を身につけて就職し，仕事のできる人間になる（地位配分）という意味と，一人前の社会人になって周りから大人として認められるようになる（社会統合）という意味の両方を含んでとらえられてきた．

このように，メリトクラシーが人びとを社会に包含し，統合していく役割を担う構図は，第二次世界大戦後の日本において特に顕著であった．実際の結果がどうであったかは別にして，少なくとも意識のレベルでは，すべての国民がメリトクラシーに包含され，そのことで国民がみな，機会の平等を享受出来るはずだ，という「能力＝平等主義」（苅谷，1995）が，ある程度の正統性をもって受け容れられてきた．つまり，近代的メリトクラシーは，「がんばればみんなできる」という「能力＝平等主義」に支えられて，人材の地位配分の機能と，国民国家における社会統合の機能という，両方の機能を同時に担ってきたということである．

2 社会の変化とメリトクラシーのゆらぎ

メリトクラシーのゆらぎ

しかしながら，このような「がんばればみんなできる」という「能力＝平

等主義」は,欧米諸国ではすでに1970年代前半にくずれはじめていた.学校のメリトクラシーは社会の平等化ではなく,社会的不平等や格差の再生産に寄与しているという**再生産理論**が唱えられるようになった(小玉,1999. ⇒文化的再生論,2章).日本でも,1990年代以降の高度成長の終焉,グローバリゼーションの拡大等により,メリトクラシーに国民を包含しようとするシナリオにゆらぎが見え始めている(耳塚,2007).つまり,メリトクラシーにすべての子どもたちを包含することはもはや出来ないという,近代的メリトクラシーの社会統合機能に対する限界の認識が顕在化しはじめているのである.

いま議論されている教育改革をめぐる問題状況は,以上のような近代的メリトクラシーの社会統合機能のゆらぎに対する対応という視点から見るとよくわかる.大きく分けると,以下の3つの対応に整理できる(これらは必ずしも相互に排他的であることを意味しない).

包含のシナリオ

第一は,メリトクラシーの社会統合機能の限界を克服し,それを維持していこうとするシナリオであり,メリトクラシーに人びとを包含することで,社会的平等を確保しようとするものであるという意味で,「包含のシナリオ」とよぶことができる.メリトクラシーの社会統合機能を維持する方法としては以下のようなものがある.

ひとつは,従来型の学力観にもとづいて近代的メリトクラシーへの統合を維持しようとするものである.例えば,百マス計算などのドリル学習によって基礎学力を底上げしようとし,また,学力向上運動に地域で取り組んで学校の**ソーシャル・キャピタル**(社会関係資本)を高めようとすることなどがある.

もうひとつは,近代的メリトクラシーを組みかえて,メリトクラシーをより多元化し,メリトクラシーに参入するルートを多様なものにしていこうという,多元的メリトクラシーを考える方向性である.たとえば,「ゆとり教育」によって高校教育の一定の多様化を打ち出した1991年の第14期中央教育審議会答申は,少なくとも主観的にはこのシナリオを想定していたと考えることができる.また,近年喧伝されることの多いキャリア教育にも,この

19章 学力——有能であることと無能であること　　243

傾向が見られる．イギリスの新労働党政権が掲げるワークフェア政策にはこの傾向が強い．

　最後は，メリトクラシーを，コミュニケーション能力のような対人関係能力にまで広げて考えていこうとするものである．「**人間力**」の提唱や，あるいは経済協力開発機構（OECD）の機能的リテラシー（⇒1章参照）などが挙げられ，フィンランドの教育改革がこの観点から注目されている．

包含と排除のシナリオ

　第二のシナリオは，メリトクラシーから社会統合の機能を取り除いて，人材の地位配分原理として純化させたうえで，経済のグローバリゼーション，つまりグローバリズムに見合うものに発展させるというものである．その場合，社会統合の機能はメリトクラシーとは別の次元で設定される．つまり，社会の全構成員をメリトクラシーに包含することはできないので，メリトクラシーから排除される層が存在することを念頭においた社会統合のてだてを，たとえば愛国心の教育や，逸脱行動への監視の強化，あるいはセーフティネットの整備などによって，別途講じようという方向性であり，「**包含と排除のシナリオ**」と呼ぶことができる．近年の教育政策のなかで論じられている規範意識の強化，道徳教育の充実などは，このような文脈でとらえることができる．このシナリオは，メリトクラシーの平等化機能の限界を認識し，市場原理を規範意識の強化で補塡しようとするもので，「**新自由主義**」（⇒17章参照），「**新保守主義**」と呼ばれる改革の路線に親和的である．

複数性のシナリオ

　このようにみてくると，一見，メリトクラシーに社会的包含の機能を見出すかどうかで，第一と第二のシナリオは，鋭く対立しているように見える．たしかに，学力を社会的平等との関係で考えようとするとき，この対立は重要な論点であることは疑いない．ただ，第一のシナリオに立ったとしても，結果的にメリトクラシーに包含されない層が残り，包含される層とされない層との間の「包含」と「排除」の分断，差別がもたらされる可能性は否定できない．むしろ，渋谷望らがイギリス新労働党政権などの思想を「〈参加〉への封じ込め」として強く批判するように，メリトクラシーへの参加を構成

員に強く求める第一のシナリオの方が，第二のシナリオよりも，かえって排除されたときのスティグマ（烙印）が強く刻印されるということも十分あり得る．

だとすれば，第一のシナリオも第二のシナリオも共に，有能であること（できること）を基準とした包含と排除の二項対立図式を前提としている点では，共通のパラダイムに立っているということができる．

これに対して，包含と排除の二項対立図式それ自体を組みかえようとするのが第三のシナリオである．この第三のシナリオは，本書18章で検討した異質な他者へと開かれたネットワーク型の公共性に対応するカリキュラムを考えようとするもので，「複数性のシナリオ」とよぶことができる．欧米のシティズンシップ**教育**のある部分が，それに近いものを志向しているのではないかと考えられる．この第三のシナリオを具体的に考えていくためには，学力をメリトクラシーとの関連でのみとらえてきた従来の学力観を批判的に相対化する必要がある．以下では，その点を検討してみることにしよう．

3　学力の脱構築——できることと考えること

潜勢力という概念

冒頭でも述べたように，学校での学力の形成を支えている原理は，メリトクラシーである．このことを否定することはできない．だが，既存の学力という概念を組みかえるためには，このような学力をメリトクラティックな基準，つまりできること，**有能**であることの基準からのみとらえる見方を，いったんは相対化する必要があるのではないか．そのために，冒頭で引用したバートルビーの逸話を手がかりとしながら，学力や能力といった概念の対極に位置すると思われる**無為**や**無能**という視点から，学力の問題を逆照射してみたい．

バートルビーの有り様は，現代の思想家の間で様々に肯定的に評価されているが，そのひとりに，現代イタリアの思想家ジョルジョ・アガンベンがいる．アガンベンは「書くことをやめた書記である」バートルビーのことを，「あらゆる創造が生じるもととなる無をかたどる極端な形象」であると評価する．アガンベンはまた，この「あらゆる創造が生じるもととなる無」を，

19章 学力——有能であることと無能であること   245

「純粋かつ絶対的な潜勢力（可能性/potentiality）であるこの無」とも言い換えている（Agamben. 1999：253-254＝2005：38）．

　そこで，この潜勢力（可能性/potentiality）という概念について，もう少しこだわって考えてみよう．近代の能力主義（メリトクラシー）は，**潜勢力（可能性）**を，**現勢力（現実）**に転化するものとしてとらえてきた．たとえばテストによる達成（現勢力，現実）によって，学力（潜勢力，可能性）をはかる，というように．上述のアガンベンが批判するのは，このような，現勢力（現実）のしるしのもとにおいて潜勢力（可能性）を計ろうとする態度である．アガンベンによれば，「現勢力（現実）にある存在とはまったく関係をもたない潜勢力（可能性）」を考えなければならないのであり，また，「潜勢力（可能性）の完成と表明としての現勢力（現実）ではないような現勢力（現実）」を思考しなければならないという（Agamben, 1998＝2003）．

　つまりここでは，現勢力（現実）のしるしのもとにおいて潜勢力（可能性）を計るのではなく，潜勢力（可能性）は「それ自身の資格において」考察されなければならないとされる（岡田, 2002）．いいかえれば，現勢力（現実）のしるしのもとにおいて潜勢力（可能性）を計ろうとする態度から，両者（現勢力，潜勢力）をそれ自身の資格においてとらえる態度への転換が示唆されているといえる．そうしたアガンベンの視点からすれば，書くことをやめたバートルビーはまさに，「書く」という現勢力（現実）のしるしのもとには決して現れることのない潜勢力（可能性），すなわち，「純粋かつ絶対的な潜勢力（可能性/potentiality）であるこの無」の形象として評価されるのである．

2つの共同体

　とはいえ，両者（現勢力，潜勢力）をそれ自身の資格においてとらえるとは，私たちの日常において，あるいは学校教育の現場において，具体的にどのようにイメージできるのだろうか．バートルビーの無為はあまりにも端的でありすぎて，日常や現場に即してイメージしにくいのではないか．そういう疑問を感じられる読者も多いと思われる．

　この点を考える上で示唆に富むのは，アガンベンの思想に早くから注目してきた田崎英明の分析である．田崎は，現勢力（エネルゲイア）と潜勢力

（デュナミス）を論じた論稿で，ハンナ・アレントによる**政治**と**社会**の区別を援用して，「無能な者たちの共同体」としての「政治」と，「有能な者たちの共同体」としての社会を区別してとらえる．田崎によれば，まず「政治とは，無能な者たちの共同体」であり，「デュナミスを欠き，ただエネルゲイアだけの共同体」であり，「政治のうちには眠る場所はない」という．これに対して，「社会」とは，「有能な者たちの共同体」であり，「デュナミスにつきまとわれた者たちが住む場所」であり，「眠る者たちの共同体」であるという（田崎, 2007）．

有能な者たちの共同体である社会がなぜ，「眠る者たちの共同体」なのだろうか．それは，たとえば有能な職人は活動しているときだけではなく寝ているときでさえも職人であり，「寝ているときでさえ，一切の活動をしていないときでさえ，その身体に身元＝同一性（identity）を割り振る装置として，社会は機能する」からである（田崎, 2007）．寝ているときでさえ職人であるというのは，現勢力（起きて活動している職人）と潜勢力（寝ている職人）を等置する有り様の典型である．この田崎の指摘をふまえれば，「書くことをやめた書記」というバートルビーの逸話は，現勢力と潜勢力を等置する有り様への抵抗であり，したがって，「その身体に身元＝同一性 identity を割り振る装置」としての社会への抵抗であるととらえることができる．

できることと考えること

メリトクラティックな学力観は，「有能な者たちの共同体」としての社会と強く結びついている．これに対して，「無能な者たちの共同体」としての政治と強く結びついた教育というものを考えることができないだろうか．この点についても，上述の田崎の論稿は示唆を与える．

田崎は，**できること**（習熟）と考えることを区別する．前者のできることは，たとえば「ある道具について知り，それに習熟すること」であり，「特定の専門家の独占的な知識たりうる」という．たとえば，「すべての人が大工のように鉋（かんな）を使えるわけではないし，また，すべての人が医者のように病気やその治療法について知っているわけではない」ということからも分かるように，知識と習熟は，社会の中に均等に分散されているわけではなく，特定の専門家によって独占することが可能なものである．これに対して，後

者の考えることは，できない人間，無能な人間にも可能な，「誰にでも備わっている能力である」(田崎, 2007).

　この，できることと考えることの区別をふまえれば，「有能な者たち」のための教育は，特定の専門家による独占へと閉ざされている教育である．そこでは，知ることと習熟すること，知ることとできることを結びつけようとする．これに対して，「無能な者たち」のための教育は，誰にでも開かれている教育である．そこでは，知ることと考えることを結びつけ，それによって知の独占性を開放しようとする．たとえば，医者にならなくても医療問題を考えること，大工にならなくても建築問題を考えること，プロのサッカー選手にならなくてもサッカーについて考え批評すること，そして官僚にならなくても行政について考え批評すること．つまり，職業と結びついた専門的知識や技能を，市民化された批評的知識へと組みかえていくこと．ここに，バートルビーの無為を超えて，メリトクラティックな学力観を組みかえていくひとつの方向性があるのではないだろうか．

　もちろんこのことは，メリトクラティックな学力観の否定を意味しない．むしろ，この学力観が抑圧に転化しないためにこそ，そしてまた，この学力を「平等」の名のもとに抑圧しないためにも，メリトクラティックな学力と市民化されたカリキュラムのそれぞれに固有の位相を見極め，両者の区別と共存の可能性を追求していくことが不可欠なのである．

4　中断のペダゴジーの方へ

中断のペダゴジー

　私たちの学力観は，知ることとできることを結びつけることにあまりにも深く囚われているので，そこから，知ることと考えることを結びつける教育の位相を取り出すことは，困難な課題であるようにも見える．だが，ふだんの教室で行われている実践のなかで，教師がなにげなく発する「みなさんはこれについてどう考えますか」(What do you think about it ?) という問いのなかに，その可能性が隠されている．

　教育哲学者のビエスタは，このような教師の問いを「**中断のペダゴジー**」(pedagogy of interruption) とよび，この中断のペダゴジーにおいては「教

育は与える過程であることを止め，問いを発する過程へ，難問を発する過程へと転化する」という（Biesta, 2006）．この中断のペダゴジーで知識を思考に転換させることによって，有能な専門家の社会的有用性を育てる教育だけでなく，無能な市民の政治的判断力を育てる教育も可能になる．

　第18章では，俯瞰的全体性のエイジェントとしての教師から，ローカルな開放性をコーディネートする教師へのシフトチェンジについて議論した．このシフトチェンジをこの章での議論にあてはめていえば，与える過程にとどまるペダゴジー（の担い手としての教師）から，与える過程を問う過程へと転化させるペダゴジー（の担い手としての教師）への転換として位置づけることができよう．

　この章のまとめ

　これまで学力は，近代的メリトクラシー（能力主義）と結びついて，個人に職業や資源を配分する地位配分の機能と，個人を一人前の大人にしていく社会統合の機能の両方を含むものとしてとらえられてきた．しかし，社会の変化によって，このようなメリトクラティックな学力だけで教育を考えることは難しくなりつつある．メリトクラティックな学力概念を維持することは必要であるが，それが抑圧や排除の装置に転化しないためには，学力概念を「無能な者たち」の視点から組みかえ，カリキュラムを市民化していくこともまた，同時に求められる．

　たとえば最近，公立中学で民間大手進学塾と提携して，一部の生徒を対象とした夜間の補習教室の開講が話題となり，その是非が議論になった．この問題を私たちはどのように考えたらいいだろうか．この章でも触れた社会と政治の区別，できることと考えることの区別などを手がかりに，考えてみて欲しい．

（小玉重夫）

キーワード

　メリトクラシー／地位配分／包含と排除／社会統合／再生産理論／ソーシャル・キャピタル／リテラシー／シティズンシップ教育／有能と無為・無能／潜勢力と現勢力／できること（習熟）／中断のペダゴジー／社会的有用性と政治的判断力

ブックガイド

アガンベン（高桑和巳訳）『ホモ・サケル――主権権力と剝き出しの生』以文社，2003年．
　アガンベンの議論の特徴は，ミッシェル・フーコーやハンナ・アレントらの思想をふまえながら，現代社会における包含や排除の問題を考察している点にある．難解ではあるが，この章でも紹介した田崎英明の本などを手がかりにしながら，じっくりと研究してみる価値のある，現代思想を代表する1冊である．

耳塚寛明・牧野カツコ編『学力とトランジッションの危機――閉ざされた大人への道』金子書房，2007年．
　今日の学力問題を，不平等や格差の再生産という視点から理論的に明らかにしようとした本である．学力問題を子どもから大人へのトランジッション（移行）の危機という視点からとらえようとしている点に，本書の特徴がある．

小玉重夫『シティズンシップの教育思想』白澤社，2003年．
　この章で議論した政治的判断力の教育やシティズンシップ教育について，さらに考えてみたいという人はこちらも参照して欲しい．教育思想や現代思想でよく登場する思想家を挙げながら，古典古代から現代までの歴史的流れのなかで教育と政治の思想的関係を検討しているので，教育思想を学ぶ上での概説書としても使用できる．

参考文献

岡田温司（2002）「アガンベンへのもうひとつの扉――詩的なるものと政治的なるもの」アガンベン（岡田ほか訳）『中味のない人間』人文書院，pp. 191-239.
苅谷剛彦（1995）『大衆教育社会のゆくえ』中央公論社．
小玉重夫（1999）『教育改革と公共性』東京大学出版会．
小玉重夫（2003）『シティズンシップの教育思想』白澤社．
小玉重夫（2006）「マルチチュードとホモ・サケルの間――グローバリゼーションにおける包含と排除」教育思想史学会『近代教育フォーラム』15号．
渋谷望（1999）「〈参加〉への封じ込め――ネオリベラリズムと主体化する権力」『現代思想』vol. 27-5，青土社，pp. 94-105.
田崎英明（2007）『無能な者たちの共同体』未來社．

耳塚寛明（2007）「だれが学力を獲得するのか」耳塚寛明・牧野カツコ編『学力とトランジッションの危機』金子書房.

Agamben, G. (1998) *Homo Sacer*, translated by D. Heller-Roazen. Stanford University Press.（高桑和巳訳（2003）『ホモ・サケル』以文社）

Agamben, G. (1999) "Bartleby, or On Contingency" in : Agamben, G., *Potentialities*, translated by D. Heller-Roazen. Stanford University Press. pp. 243-271.（高桑和巳訳（2005）『バートルビー』月曜社）

Biesta, G. J. J. (2006) *Beyond Learning : Democratic Education for a Human Future*. Paradigm.

20章 教育学——生きることによりそうために

1 教育学の二項対立

発達と有用性

1966年に、フランスの高名な哲学者であるフーコーは「一つの社会は、教育学のなかに自分の黄金時代を夢想する」と述べている（Foucault, 1966＝1970：141）。一般に、社会にあるさまざまな葛藤や矛盾は、そのままの姿で教育システムのなかに投影されず、さまざまな言葉や考え方をつうじて、免罪され、正当化され、理想化されていくのだ、と。たしかに、フーコーのいうように、教育学は、その社会の理想をすくなからず教育概念にこめてきた、といってよいだろう。

ここで、第二次世界大戦後から現代にいたるまでの日本の教育学を例にとるなら、そこでは「教育とは子どもの**発達**を促進・援助する営みである」という教育の定義がかかげられてきた、といえるだろう。「子どもの発達」とは、子どもがこの世界で生きるうえで必要な諸能力を習得すること、政治的・経済的・文化的・道徳的な能力を形成することである。これらの能力は、現状の刷新をめざすもの（自律性）につながる場合もあるだろうし、現状維持をめざすもの（規律性）につながる場合もあるだろうが、どちらにしても、発達とともに習得される能力は、目的を実現するうえで役に立つ力、すなわち**有用性**である。

生成とかけがえのなさ

しかし、近年の日本の教育学では、子どもの発達だけでなく「子どもの**生成**」という、これまでほとんどふれられなかった概念がかかげられるようになった。「子どもの生成」とは、子どもが、自分を有用性の思考、手段化・対象化の思考から切り離し、ひとつの命として自分と世界との十全なつながりを実感することである（矢野、2000, 2002）。

こうした「子どもの生成」は，ひとつのかけがえのない命，協同・共生という基礎概念に結びつけられるだろう．地位，性別，階層など，何らかの位階的・機能的な役割から，また手段化・対象化の思考から解放された人間はひとつの命として立ち現れる．このひとつの命は，無数ともいえる偶然の帰結であり，かけがえのないもの（代替不可能性）である．そしてひとつの命のかけがえのなさは，他者との肯定的なかかわりあいのなかで，とりわけ他者との協同・共生の営みのなかでこそ，つよく感じられる（田中，2002）．

日本の教育学に見いだされる，発達と生成という対項，有用性とかけがえのない命という対項，手段化・対象化と協同・共生といった対項は，私たちの人生をいろどる基幹的な二項対立でもある．こうした二項対立は，これまでの教育学の主題，考え方によく見いだされる．まず，教育学の設問のしかたを確認したうえで，戦後から現代にかけての教育学の問い（主題），言説（思考様式）のなかに，こうした二項対立を見いだしてみよう．

2　「教育とは何か」と問う

疑問が生みだす問い

19世紀初期に「**教育学**」と呼ばれる学問が誕生して以来，教育学はさまざまに分化してきた．現在，一般に「教育学」といわれる学問は，教育哲学，教育社会学，教育思想史，教育方法学，カリキュラム学，学校教育学，教育行政学，教育経済学，社会教育学（生涯学習論），比較教育学，教育心理学，障害児教育学（特別支援教育論），幼児教育学など，さまざまである（教育心理学を教育学と呼ぶことには，異論もあるだろう）．

教育学を構成するこうした諸学は，それぞれの方法論にもとづき，それぞれに研究をすすめているが，どこかに「教育とは何か」という問いを秘めている．この「教育とは何か」という問いは，いいかえるなら，学ぶ，教える，知る，考える，育つ，生きるとはどういう営みか，と問うことであり，これらの営みに学校，家庭，社会，国家，世界システム，自然環境などの環境全体はどのようにかかわっているのか，と問うことである．

こうした「教育とは何か」という，いささか仰々しい問いも，元をたどれば，個々人の「なぜだろう」という身近な疑問から生まれたものである．私

たちのだれもが教育を経験し，そのなかでさまざまな疑問をいだく．「なぜいじめがおこるのだろう」「なぜ不登校になるのだろう」．また「学校の勉強は人間として生きるうえで役に立つのか」「企業が求める従順な人材を養成することが本当の教育なのか」と．そうした疑問は，素朴な疑問から憤怒の難詰にいたるまでさまざまであるが，そうした疑問に直面するたびに，心のなかに「そもそも教育とは何だろう」という問いがふくらんでいくのである．

文脈を拡大して問う

教育になんらかの疑問をいだいた人は，多くの場合，すぐに「教育とは何か」と問うのではなく，「教育実践を具体的に改善するにはどうすればよいか」と問う．たとえば，「一斉授業が"落ちこぼし"を生んでいるのではないか」「学校の厳しい管理体制が子どもの心を傷つけているのではないか」と問うのである．こうした教育実践に直結した問いは，教職実践に密着した問いであり，教育システム内部の事象への問いである．

「教育とは何か」という大きな問いにとりくむためには，個々の教職実践をこえた広がりを問えるだけの学際的な広がりが必要である．その広がりも社会学へ，心理学へ，哲学へとさまざまであるが，今，社会学的な広がりのなかに教職実践を位置づけるなら，まず，個々の教職実践が，学校体系を中心とする**教育システム**のなかに位置づいていることがわかる．そして，この教育システムが，政治システム，経済システム，学術システム，家族システムなどから構成される社会全体のなかに位置づいていることがわかる．つまり，教職実践が**社会構造**（社会諸規範からなる秩序）と不可分であることがわかる（Luhmann, 2002 = 2004）．

自己言及と他者言及

教育を学際的に問うことは，より深く教育を理解することである．その場合，他の学問の教育研究も大いに参考になる．というのも，教育学者が教育を研究する場合，それがどんなに批判的であっても，教育システムの**自己言及**であり，教育システムに限界づけられるからである．教育学者も教育システムの一部だからである．これに対し，社会学者や経済学者など，他の学問の研究者が教育を研究する場合，その研究は，教育システムへの**他者言及**で

あり，いわば「遠慮のないもの」だからである（田中・山名，2004）．

教育システムへの他者言及は，教育への問いをより多角化し，その記述をより豊穣化する方法である．問い方がちがえば，同一の事実も異なる姿を見せるからである．教育学は，そうした他の学術的な方法・理論が明らかにする事実を積極的に摂取するという，ふところの深さをもちうる．したがって，教育学は，教育への多角的な考察を排除せず摂取するという意味で，雑学ではなく，雑食でありうる．

3 社会情勢のなかの教育学

探究のスタイルと社会情勢

このように，身近な疑問から出発し，学際的に拡大していく教育学の問いは，さまざまな探究のスタイルをもっている．そのスタイルの違いが，教育哲学，教育社会学，教育心理学といったまとまりを生んできた．たとえば，教育哲学（教育思想研究）は，ルソー，カント，ヘルバルト，デューイ，デュルケームなどの教育思想を素材に，学ぶ，教える，知る，考える，育つ，生きることを原理的に探求したり，そうした過去の教育思想のなかに，現代の教育実践に役立つ方法知を見いだそうとしたりしてきた．

しかし，教育学の主題に注目するなら，教育学の問いの多くは，**社会情勢**に密接にかかわってきた教育現実（教育制度，教育政策，教育実践，教育問題など）を対象としてきた．1960年代から2000年代の約50年間を俯瞰するなら，教育と政治体制，子どもと学校文化，教育と経済格差が，社会情勢を念頭に置いた教育学研究の大きな主題であった．

教育と政治体制

政治体制にかかわるテーマは，1960年代から70年代にかけてよくとりあげられた．そこでは，とくに教育と国家権力の関係が問題となった．たとえば，「学問の自由とは何か」「教育の自律性とは何か」「教育権はだれのものか」「学校は愛国心を形成するべきか」「教科書検定は行われるべきか」と問われた．こうした国家権力をめぐる問いの背景は，世界を二分した当時の冷戦体制であり，階級闘争・コミュニズムを説くマルクス主義へのつよい関心

であり，さらに自由・平等をめざす民主主義へのつよい期待であった．

　この時期，学校は，子どもたちを父権的な家制度，位階的な（ヒエラルキーのある）共同体，戦前の国家主義体制から解放し，新しい民主主義をになう市民へと育てる場となるべきである，と考えられていた．そして教師は，新しい民主主義を日本に実現する政治的なリーダーでありかつ知識人として，指導的・教導的な役割を果たすべきである，と考えられていた．

子どもと学校文化

　学校文化にかかわるテーマは，1980年代から90年代にかけてよくとりあげられた．とくに子どもの個性と学校の管理体制とのずれ（拮抗関係）が問題になった．たとえば「なぜいじめがおこるのか」「なぜ不登校になるのか」「なぜ校内暴力がおこるのか」「なぜ援助交際にはしるのか」と問われた．こうした「教育問題」をめぐる問いの背景は，1989年の冷戦の終結であり，「一億総中流」といわれた「豊かな社会」の到来であり，バブル経済によって加速された個人主義，消費主義，市場主義の広がりである．

　この時期，学校は，あらたに，閉鎖的共同体に転化し異質な存在を排除する場となっている，と批判された．教師も，個性・差異を抑圧する学校文化の一部ではないか，と疑われた．しかしその一方で，教師の在り方は，より子どもの内面的な苦悩に応答するものに変わりはじめていた．教育学内部の出来事ではないが，1979年に登場し驚異的な視聴率をあげたテレビドラマ『3年B組金八先生』は，子ども一人ひとりの内面的な苦悩を受けとめ，ともに悩んでくれるという意味で，新しい教師像を体現していた．

経済格差

　経済格差にかかわるテーマは，1990年代から2000年代にかけてよくとりあげられるようになった．とくに教育の生産性が問題になった．たとえば「ゆとり教育は学力を低下させたのか」「日本の学力は世界につうじるか」「学校評価はどのように行われるべきか」「学校選択制は何をもたらすのか」「なぜニート／フリーターがふえたのか」「なぜ教育格差がひろがるのか」と問われた．こうした設問の背景は，バブル経済崩壊後の情報・商品・人材のグローバル化であり，それにともなう国民国家体制のゆらぎである．

この時期になると，学校は，子どもの学力格差を拡大し経済格差を拡大する場として機能しているのではないか，と疑いの眼を向けられるようになった．教師・学校は，子どもの学力を高める教育装置のひとつと見なされ，その機能の多寡によって評価されるようになった．しかしその一方で，教育実践の在り方を大きく変えるうねりも広がり始めた．たとえば，「学びの共同体」論は，旧来の一斉授業のかわりに，子どもたちの協同する学びを大人が支援するという授業形態を展開し，大きな成果をあげてきた．

4 現代教育学の言説

現代教育学の言説

このように，戦後から現代にいたるまで日本の教育学がとりあげてきた主題は，政治体制，学校文化，経済格差という，大まかな変遷をたどってきたが，そうした教育学の主題の「**言説**」（ディスクール［思考の様式，議論の傾き］）に注目するなら，それは，統治論（ナショナリズム・産業主義），市場主義，民主主義の3つに大きく分けられるだろう．

言説とは，諸概念を意味づけ，方向づける前提命題のつらなりである．いいかえるなら，言説は，言葉の意味を規定する文脈を生みだし，思考を個人体験をこえて一般化し，あらためるべきところ，むかうべきところを明確化するものである（Foucault, 1971）．したがって，教育学の言説に注目するときに，先に述べた，有用性につらなる思考も，かけがえのない命につらなる思考も，いっそうはっきりと見えてくる．

統治論的教育論

統治論的教育論に属する主要な概念は，国民，徳目，道徳教育，公教育，管理，有用性，生産性，規律，教育機会の均等などである．このような概念を駆使する統治論的教育論は，ナショナリズム，国家主義，産業主義にも傾斜する．こうした広がりをもつ統治論的教育論は，19世紀初期にアメリカ，ヨーロッパの各国で成立した**公教育**の思想的源泉であり，また19世紀末期に日本で設立された公教育の思想的源泉である．

統治論的教育論の目的は，基本的に，有用で従順な国民を形成することで

ある．統治論的教育論においては，子どもは未来の国家・産業の構成員であり，教育実践はより多く・より速く国家・産業にとって役に立つ能力・道徳を形成することである．試験による選抜は，この目標を達成するために採用された基本的な教育方法のひとつである．こうした有用性，定型性，他律性を指向する統治論的教育論の背景は，19世紀から現在にいたるまでつづいている国家間の競争，とりわけ国力増強の競争である．

市場主義教育論

市場主義（新自由主義）的教育論に属する主要な概念は，公教育のスリム化，自由化，選択制，チャータースクール，競争，自己決定・自己責任，教育サービス，キャリア教育などである．市場主義教育論は，19世紀初期からあるが，1990年代からアメリカ，イギリスで採用された**新自由主義**（ネオ・リベラリズム）の政策とともに，日本でも広く論じられるようになった．その基本的な考え方は，統治論的教育論が生みだした教育への規制を緩和し，社会変化にただちに対応できるように学校間・教師間の競争を導入し，能力に欠ける者を淘汰し，教育を効用を中心に刷新することである．つまり，人も組織も，有用性の多寡によって意味づけることである．

たとえば，学校選択の自由化は，しばしば市場主義的教育論のなかに位置づけられている．学校選択の自由化は，学区制の枠がなくなれば，保護者は「よりよい教育」を求めて学校を選択し，学校も「よりよい教育」を行い保護者の信頼に応える，という考え方である．前提命題は，学校間の競争による教育システムの自己刷新である．こうした考え方の背景は，ヒト・モノ・カネ・情報の**グローバル化**（世界市場化）である．

しかし，競争による自己刷新は，それだけを導入しても，うまく機能しない．その理由はいくつかあるが，ひとつ例示するなら，進学実績，安全快適といった理由で志望者の多い学校は，選抜によって入学者を決定するが，入学を許可される子どもは，経済的・文化的に豊かな家庭の子どもであり，そうでない家庭の子どもは，行きたくない学校に入学せざるえなくなり，その学校で荒れたり自己否定したりするからである．しかも，その子どもの芳しくない成績・素行の原因は，その子ども本人に帰せられるからである．

交換責任と応答責任

市場主義的教育論は，また教師の仕事をサービス業へと変質させる．これは，いいかえるなら，教師と保護者（子ども）との関係が，サービスの提供者とサービスの享受者という交換関係に転じることである．この場合，教師の仕事は，学力増進という目的の追求と平等の愛情にあふれる営業的行為となり，保護者（子ども）の態度は，教師にそうした行為をかぎりなく要求する顧客的態度となる．したがって，充分な自戒を欠く保護者（子ども）は，サービス要求をどこまでも肥大させ，限界を失っていく．

しかし，教師と保護者（子ども）の関係は，サービスの提供者とサービスの享受者という交換関係ではない．教育行為は，授業料に値するサービスを提供し，交換責任（アカウンタビリティ）を果たすことではなく，教師と保護者が子ども一人ひとりにふさわしい支援を行い，大人としての**応答責任**（レスポンシビリティ）を果たすことである．教師と保護者は大人として，子どもへの無償の応答責任を共有している．いいかえるなら，教師と保護者はともに，子どもに対する純粋贈与（⇒15章参照）の責任を負っている．

民主主義的教育論

民主主義的教育論に属する主要な概念は，民主主義，子ども中心，差異，公共性，協同，参加，卓越性などである．民主主義的教育論は，19世紀末期に生まれた考え方であるが，1990年代からしだいに注目されるようになった．基本的な考え方は，教育界に**民主主義**を導入し自律の協同を実現することである．いいかえるなら，子どもたちを適者生存・弱肉強食の争いに追い込むことではなく，教育の場のみならず社会全体を，人間一人ひとりが自分のベストをつくせる協同的・共生的環境につくりかえることである．

たとえば，「**学びの共同体**」論は，こうした民主主義教育論のなかに位置している．学びの共同体論は，学校を子どもたちが学び育ちあう場所，教師も教育の専門家として学び育ちあう場所，保護者や市民も学校の教育活動に参加して学び育ちあう場所と位置づけ，教室においては，子どもたちの**協同的な学び**を推進し，職員室においては，教師の学びあいとしての同僚性を確立し，そして学校全体においては，保護者や市民の授業実践への参加としての**学校参加**を行うことである（佐藤，2006, 2008；佐伯，1995；Meier, 1995,

2003).

教育実践を構想する

　先の市場主義的教育論は，教育実践の構想をほとんどふくんでいない．これは，市場主義的教育論が，自己決定，自己責任を旨とし，教育実践を個々人の努力に帰着させているからである．いい成績をとるもとらないも，本人，その家族の責任であると考えるからである．その結果，塾・予備校・家庭教育情報誌などの受験教育産業が顧客を増やし，また，大学進学実績が学校教育力と見なされ，私立校進学希望者が増大していくことになる．

　これに対し，民主主義的教育論は，教育実践の構想を中核においている．これは，民主主義的教育論が，応答責任を旨とし，教育実践の最適化による子どもへの支援をこころがけているからである．教育は，教師，子ども，保護者，社会全体が協同し，子どもの学びを促進し，一人ひとりが自分のベストをつくせるように，一人ひとりの人生をより自律的で共生的なものに，さらに心豊かなものにしようとする営みである，と考えている．

　たとえば，学びの共同体論においては，教育実践を「活動システム」として構想している．活動システムとは，男子女子混合の4人くらいのグループが尋ねあい学びあう関係性の輪である．このシステムの基本は，子どもが他の子どもの声を聴きあうことで，グループでありながら一人ひとりの自律的な学びを活性化することである（佐藤，2006, 2008）．

　教育論は，こうした具体的な教育実践の構想をふくまなければならない．具体的な教育実践を看過し，一般的な教育原理を導入し外から教育現実を変えようとしても，きわめて複雑で偶有的な教育現実は変わらないからである．その意味でも，市場主義的教育論よりも，民主主義的教育論のほうが理論としてすぐれている．たしかに，教育現場の改革には，人手も資金も資源も必要であるが，佐藤学も述べているように，もっとも大切なものは，人びとを惹きつけ奮い立たせる教育実践のビジョンである（佐藤，2008）．

5 現代教育学の根本問題

この章のまとめ――有用性とかけがえのなさ

　教育学は,「教育とは何か」という大きな問いを具体的な問いに書き換え,他の学問を援用しつつ,また社会情勢を考えつつ,さまざまな言説で論じてきた.現代の教育学言説についていえば,市場主義的教育論が,有用性につらなる思考を強調し,民主主義的教育論が,かけがえのなさ・協同につらなる思考を強調している.

　端的にいえば,市場主義的教育論のような有用性につらなる思考は,民主主義的教育論のようなかけがえのなさ・協同につらなる思考によって相対化されるべきである.なぜなら,教育は人が人として**生きること**によりそうべきだからである.人から生まれ人に育てられる人も,人を産み人を育てる人も,この世界にささえられている.その意味で,人はこの世界からかけがえのない命を与えられ,この世界に育てられ,この世界とともに生きてゆく.有用性,発達,手段化・対象化は,人が生きるうえで,たしかに必要である.しかし,有用性につらなる思考は,人がかけがえのない命として,この世界と共に生きるという思考に著しく抵触しないかぎりにおいて,展開されるべきだろう.

　教育が生きることによりそうことは,教育実践においては,かけがえのない命に対し肯定的意思をいだきつづけることである.相手の発達,活躍が期待され,手段化・対象化が容易である場合,さまざまな勉強法が喧伝され,教育産業が繁栄しているように,教育はさして困難ではない.しかし,逆の場合,容易に想像がつくように,教育はきわめて困難である.しかし,発達,活躍が期待できず,手段化・対象化が困難であるにもかかわらず,あきらめず,あせらず,たゆまず相手にはたらきかけ,かかわりつづけることが,人が生きることのもうひとつの姿である.かけがえのない命につらなる思考によって有用性につらなる思考を相対化するとき,私たちは自然と不断の肯定的意思にみちびかれるだろう.

課題——生きることに教育を近づける

 教育学が行うべき仕事は多い．なかでも教職上の問題解決は，教育学にもっとも期待されている機能である．たとえば，教師が授業案をつくるうえで役立つ指針を示すこと，生徒とのトラブルをすみやかに解決する処方箋を作ることなどである．教育という営みは複合的で偶有的であるため，たしかに羅針盤となるガイドラインが必要である．

 しかし，教育学がとりくむべきもっとも重要な仕事は，教育という営みを生きることによりそわせることである．教育という営みは，生きることから離反する傾向にある．生きることは，有用性を指向するだけでなく，かけがえのない命を支援することでもあるが，現代社会は，有用性を希求する複数の機能システムから構成されているために，人びとの言動の多くは有用性を指向しがちだからである．教育学の根本課題はこうした趨勢に抗い，有用性指向という自明性を懐疑し，教育を生きることによりふさわしいものへと刷新することである．人の生きる力は，他者にとっての自分のかけがえのなさによってかきたてられる．いいかえるなら，他者の存在それ自体が，自分の生きようとする力をわきたたせる．「私」のかけがえのなさは，「私」の学力・資格・資産などから生じるのではなく，他者との関係性のなかで生じる．教育は，共に在る事実によりそいつつ，共に在る経験に子どもたちをいざない，子どもたち一人ひとりの存在を支援する営みであるべきである．

（田中智志）

キーワード

 発達／有用性／生成／かけがえのない命／教育システム／社会構造／自己言及／他者言及／社会情勢／経済格差／言説／統治論的教育論／公教育／市場主義・新自由主義／応答責任／民主主義／学びの共同体／協同的な学び／学校参加／生きること

ブックガイド

バウマン（中島道男訳）『廃棄された生——モダニティとその追放者』大月書店，2007年．
　有用性が自明の価値になると，有用ではないものが「余分なもの」と位置

づけられる．この考え方が人間に適用されるとき，充分な有用性を示せない人は「人間廃棄物」に貶められる（という不安に苛まれる），という．

ルーマン（村上淳一訳）『社会の教育システム』東京大学出版会，2004年．
教育学は，教育システムの一部であるために充分にその営みをとらえきれないが，社会学は，社会全体に教育システムを位置づけることで，その営みを教育学とは別の角度からとらえられる，という．

参考文献

今井康雄（2004）『メディアの教育学――「教育」の再定義のために』東京大学出版会．
佐伯　胖（1995）『「学ぶ」ということの意味』岩波書店．
佐藤　学（2006）『学校の挑戦――学びの共同体を創る』小学館．
佐藤　学（2008）「学校再生の哲学」田中智志編『グローバルな学びへ――協同と刷新の教育』東信堂．
田中智志（2002）『他者の喪失から感受へ――近代の教育装置を超えて』勁草書房．
田中智志・山名　淳編（2004）『教育人間論のルーマン――人間は教育できるのか』勁草書房．
矢野智司（2000）『自己変容という物語――生成・贈与・教育』金子書房．
矢野智司（2002）『動物絵本をめぐる冒険――動物-人間学のレッスン』勁草書房．
Bauman, Z. (2000) *Liquid Modernity*. Polity Press.（森田典正訳（2001）『リキッド・モダニティ――液状化する社会』大月書店）
Bauman, Z. (2004) *Wasted Lives : Modernity and Its Outcast*. Polity Press.（中島道男訳（2007）『廃棄された生』大月書店）
Derrida, J. (2005) *Apprendre a vivre enfin : Entretien avec Jean Birnbaum*. Paris：Éditions Galilee.（鵜飼　哲訳（2005）『生きることを学ぶ，終に』みすず書房）
Dewey, J. (1927) *The Public and Its Problems : An Essay in Political Inquiry*. Alan Swallow.
Dewey, J. (1985/1961) *Democracy and Education : An Introduction to the Philosophy of Education, The Middle Works of John Dewey, 1899-1924*, Vol. 9. Southern Illinois University Press.（松野安男訳（1975）『民主主義と教育』上・下巻，岩波書店）
Foucault, M. (1966) *Maladie mentale et psychologie*. Paris : Presse Universitaires de France.（神谷美恵子訳（1970）『精神疾患と心理学』みすず書房）
Foucault, M. (1971) *L'ordre du discours*. Paris：Éditions Gallimard.（中村雄二郎訳（1981）『言語表現の秩序』河出書房新社）

Hirsch, E. D., Jr. (1999) *The School We Need and Why We Don't Have Them.* Anchor Books.

Luhmann, N. (2002) *Das Erziehungssystem der Gesellschaft.* Frankfurt a. M.: Suhrkamp.（村上淳一訳（2004）『社会の教育システム』東京大学出版会）

Meier, D. W. (1995) *The Power of Their Ideas : Lessons for America from a Small School in Harlem.* Beacon Press.

Meier, D. W. (2003) *In Schools We Trust : Creating Communities of Learning in an Era of Testing and Standardization.* Beacon Press.

おわりに

　本書のもともとの構想——キーワードによる章立て，具体例による導入など——は，編者のひとり田中のアイデアだった．その後今井が加わって全体の構想を練り直し，執筆予定者が集まって編集会議を開いたのが2006年5月のことになる．そこで私たちが確認した本書の課題は，「教育」という事象を理解するための一種の地図を作ることだった．しかも，専門家の間だけで通じるような隠語(ジャーゴン)は使わず，教育に関心を持つすべての人に向けて，そのよきガイドとなるような地図を作ること．

　でき上がった本書を見ていただければ分るように，これは一風変った地図である．「メディア」「主体」「関係」「システム」という形で一応の区分けを行ってはいるが，キーワードのひとつひとつが，教育という領域全体を見通す展望高地の役目を担っている．各章は，その表題となっているキーワードを観測点にして，そこから教育という領域の地形を見通した俯瞰図なのである．これらの俯瞰図を重ね合わせることで，教育という領域の地形を立体的に浮かび上がらせたい，というのが本書のねらいである．

　このようなねらいは，最初の編集会議の段階では必ずしも意識されていなかったと思う．それがおぼろげながら浮かび上がってきたのは，その後の執筆段階においてであった．編集会議の後，私たちは執筆準備に入り，2007年3月，その成果を報告し互いの執筆内容を調整するために合宿を行った．それぞれの章についての報告がなされるたびに，疑問，意見，反論が相次ぎ，お互い「まだやるの……」とあきれ顔を見合わせつつ，議論は深夜まで続いて終らなかった．そこで意識させられたのは，この「地図作り」が，予想以上に困難で，それだけにまた取り組みがいのある課題だということである．

　困難だというのは，私たちは既成の地図を当てにすることができなかったから．本書で取り上げたキーワードの多くは，これまでも教育に関する議論のなかでそれなりに所を得てきた言葉である．しかし，それを今あらためて取り上げ，ひとつの「教育理論」に，つまり教育についての説明の体系に編

み上げようとしたとき，言葉を支える前提や背景が様変わりしていることに気づかざるを得なかった．

これは，ひとつには教育の仕組みそのものが変化したことの帰結である．「戦後教育」と呼ばれる教育システムは1960年代に確立したと考えられるが，その諸条件——学歴社会という想定，教育機会の希少性，事前規制重視の教育政策，など——が崩れ，本書の区分で言う「システム」の領域が大きく変化した．それに伴って「関係」が変化し，その変化は「主体」や「メディア」についての理解にも及んでくる．同じ言葉を使っていても，その意味内容は20～30年前とは大きく異なってきているのである．

「様変わり」という印象は，したがって，教育を捉える私たち自身のものの見方・考え方が変化したことの現れでもある．「戦後教育学」と呼ばれるような，戦後教育のシステムを前提にした教育理論が信憑性を失い，戦後教育学が支えと頼んだ西欧近代の教育思想も批判にさらされた．「発達」も「学校」も「教育」も，もはやかつてのようにそれ自体としてプラスの価値を持つものとは考えられなくなった．もっとも，「さらされた」「考えられなくなった」などと他人事のように言うことは許されないのかもしれない．編者の2人を含め，本書の執筆者は，程度の差はあれ，戦後教育学や近代教育思想を相対化する方向でこれまで研究活動を行ってきた．批判が半ば成就した後で，私たちは教育という領域をどのように描き出すことができるのか．——「地図づくり」の困難ということで意識されていたのは，私たち執筆者自身に課されるべくして課された，その意味で取り組みがいのあるこうした課題だったと思われるのである．

私たちがこの課題にどの程度応えることができたかは，もちろん読者の判断に委ねる他ない．本書はたぶん出発点，教育の領域を描き直すための出発点にすぎない．変化した教育の領域を描き切るためには，もっと多くの冒険旅行や実地測量が必要だろう．しかしそのためにも，大まかな地図を頭に入れておくことが必要だ．本書がそのような地図として役立つことができれば幸いである．

本書がこのような形で出版できたのは，まだ星雲状態にあった本書の構想を企画として具体化し，その後も，編者・執筆者への絶妙のプレッシャーか

ら文章を分かりやすくするための工夫に至るまで，行きとどいた配慮で終始サポートしていただいた東京大学出版会の後藤健介氏のおかげである．記して感謝したい．

2008 年 10 月

今 井 康 雄

人名索引

あ 行

アーレント，H.　212, 213, 230, 237, 246, 249
アウグスティヌス　8, 9, 107
アガンベン，ジョルジョ　244, 245, 149
アップル，M.　21
アリエス，Ph.　112, 114, 121, 184, 209, 213
アリストテレス　9
生田久美子　83, 84
市川浩　73
イニス　65
イリイチ，I.　54, 207
ウィトゲンシュタイン，L.　10, 11
ウィニコット，D.　105, 106, 107
ヴィルヘルム2世　14
ヴェルヌ　124
ウォシャウスキー（兄弟）　57
楳図かずお　124
ヴルフ，C.　85
エリオット，ジェーン　173
エリクソン，E.　90, 91
大澤真幸　232, 238
大田和直樹　69, 186
大西忠治　233, 234
岡田敬司　136
長田弘　135
オルポート，G.　102
オング，W.　70

か 行

ガードナー，H.　47
カイヨワ，R.　165
カスパー・ハウザー　3, 8, 11
加藤尚武　109
亀山佳明　171
河合隼雄　110
カント，I.　35, 89, 105, 126, 131
北田暁大　69, 186
ギブス，C.　161
ギデンズ，A.　224, 227

さ 行

齋藤純一　213
佐伯胖　152
作田啓一　115
佐々木正人　44, 82
佐藤学　43, 52
サンダース，B.　65, 67
ジブラーン，カーリル　88, 89
ジャクソン，P. W.　48
シャハテル，E. G.　116
シラー，J. C. F　35, 36, 37, 39, 42, 43
スペンサー，ハーバード　123
スマイルズ，S.　103
スミス，アダム　107
荘子　57
ソクラテス　18, 195, 234

た 行

田崎英明　245, 246
チョムスキー，ノーム　6
ツァラトゥストラ（ニーチェ）　192, 195
ディルタイ，W.　188, 189,
デカルト，ルネ　6, 57, 74
デフォー，D.　123
デューイ，ジョン　20, 27, 49, 51, 103, 141, 147, 149, 179
デュシャン，マルセル　39
ドリーブン，R.　22

キ

キング，スティーヴン　163
キング，マーティン・ルーサー　173
グリーン，アンディ　219
クレー，P.　31
グロピウス，W.　40
ゲーテ，J. W.　163
ケーニヒ　87
ゴールディング，W.　124
コールバーグ，L.　90, 91
国分一太郎　54
コメニウス　8, 58, 62, 63, 184

鳥山敏子　169

な 行

中内敏夫　16, 70
夏目漱石　167
ナボコフ, V.　118
ニーチェ, F. W.　192
ニュートン, I.　12
ノール, H.　189, 190
ノディングス, N.　54

は 行

ハイデガー, M.　190
ハウスクネヒト, E.　179
バウマン, Z.　261
バウムガルテン, A.　38
バタイユ, G.　164, 166, 168, 172
浜田寿美男　23, 48
原武史　234, 238
針生悦子　16
ピアジェ, J.　90
ピータース, ウィリアム　176
ビエスタ, G. J. J.　247
ピカソ, P.　31
樋口聡　87
広田照幸　186
フーコー, ミシェル　77, 78, 80, 184, 191, 249, 251
プラトン　32, 33, 34, 37, 43, 58, 59, 60, 69, 87, 234
ブルデュー, P.　21, 28, 149
フロイト, S.　130
ヘーゲル, G. W. F.　90
ペルクゼン, ウヴェ　91, 92, 94, 98
ヘルツォーク, ヴェルナー　3
ヘルバルト, J. F.　179
ベンヤミン, W.　118
ボウルビー, J.　105, 106, 108
ポストマン, N.　65, 67, 114
ポランニー, K.　20
ボルノー, O. Fr.　7, 16, 190

ま 行

マーティン, J. R.　26
マクルーハン, M.　65
松下佳代　161
マン, トーマス　30
ミード, G. H.　130
水越伸　67
見田宗介　96, 97
耳塚寛明　249
宮沢賢治　188, 195
宮澤康人　196
宮台真司　227
ミラー, A.　191
無着成恭　233, 234
村野四郎　81
モア, トマス　95
森田尚人　98
森田伸子　136
モレンハウアー, K.　43, 61, 175
モンテーニュ, M.　18

や 行

柳治男　213
山田洋次　202

ら 行

ライル, G.　74
リーツ, ヘルマン　124
リーフェンシュタール, レニ　42
リッキ, コラード　31
ルーマン, N.　18, 98, 180, 186, 209, 262
ルソー, J.-J.　23, 89, 92
レイヴ, J.　97
ロック, J.　23

わ 行

ワーグナー, R.　30, 39
ワイク, K.　206
鷲田清一　28, 107

事項索引

あ 行

愛　193
アイデンティティ　92, 95, 223, 246
「青い目 茶色い目」(エリオット)　173, 181
悪　121, 163-172
　　──の体験　164, 169, 170
悪趣味　40
アセスメント (型評価)　153, 155, 159, 160
遊び　120, 165, 166
アタッチメント　105, 108
アナロジー　100, 147, 148
アバンギャルド　39
アルファベット　63
アンチ・ユートピア　133
暗黙知　20
生きた形態　36
生きられた身体　81
生きること　260, 261
移行空間　212
依存　126
イデア (論)　59, 60
イニシエーション (通過儀礼)　163, 171
イノセント　169
意味生成　77, 82, 86
因果プラン　180
インクルージョン　⇒包摂
インターネット　66, 68, 69
インターフェイス　51, 53
映画　64
エクスタシー　116
エス　130
n段階評価　154
『エミールとソフィー』(ルソー)　23
エロティシズム　164, 168
遠隔教育　64
エンパワメント　224
応答責任　258
狼にそだてられた少女　5

オートポイエーシス　⇒自己創出
教える　144
音楽・文芸 (ムシケー)　32, 61

か 行

かかわり　127, 136
格差　22, 24, 216, 222, 249, 255
学習指導要領　156
学習集団 (としての学級)　231
学制　231
学問中心カリキュラム　46
学力　240-250
　　──低下　221
学歴社会　215
隠れたカリキュラム　⇒潜在的カリキュラム
かけがえのない命　252
仮象　37, 42
仮想現実　⇒バーチャリティ
型 (かた)　33, 85
可鍛性　95
勝ち組／負け組　224
学級　230
『学校』(山田洋次)　202, 203
学校　201-214
学校化 (社会)　54, 207
学校教育　74, 173-187
学校参加　258
学校知　20, 26, 46, 53
『からだ：認識の原点』(佐々木正人)　82
カリキュラム　45-56, 58, 65, 201, 224
　　学問中心──　46
　　顕在的な──　47
　　子ども中心──　46
　　潜在的──　47
閑暇 (スコレ)　201
考えること　246
感覚主義 (センシュアリズム)　8
関係性　105, 106, 108, 144, 188-197
『監獄の誕生』(フーコー)　77
監視・制裁・試験　79

慣習　77
慣習的身体　85, 86
完成可能性　95
感性衝動　35, 36
完全性, 完全主義　94, 103
カンニング　22, 24
関与性　144
機能的リテラシー　7, 243
義務教育　231
虐待　109
脚本（スクリプト）　177, 179
キャラクター　103, 104, ⇒道徳哲学的人格概念
教育　98
教育愛　191, 193
教育改革　141
教育学　251-263
教育関係論　188, 189, 190
教育現実　175, 177, 178, 179, 182
教育システム　218, 226, 253, 262
教育政策　218, 221, 222, 225, 226
教育的コミュニケーション　209
教育的雰囲気　190
教育的メディア批判　⇒メディア批判
教育のための組織（学校）　202
教育評価　152-162
教科　20, 47
教師の学び　181
教授工学　64
教授段階論　179
教授メディア　65, 67
共生（の技術）　96, 97
矯正可能性　108
矯正・更生　108
協同　142, 223
　――的な学び　25
協同性　143
共同体　234
教養（パイディア）　202
共用財（としての知識）　24, 26
教養小説　163
規律　131, 132
規律訓練（ディシプリン）　77, 78, 80
儀礼　77, 85
　――的身体　⇒慣習的身体

――的分類　206
『銀河鉄道の夜』（宮沢賢治）　188
近代家父長制家族　96
近代教育　208
供犠　164, 169
クラス　⇒学級
グレートブックス　20
グローバリゼーション　224, 235, 242, 257
ケア（配慮）　26, 107
経験　165
経済格差　⇒格差
形式衝動　35, 36
芸道　84
啓蒙主義　233
『蹴りたい背中』（綿矢りさ）　229
権威（教師の）　229, 230, 236
言語　3-17
言語獲得　5
〈言語＝記号〉観　9, 13
言語ゲーム　11, 195
言語主義　8
言語敵視　7
〈言語＝メディア〉観　14, 15
言語論的展開　10
顕在的なカリキュラム　47
現実探求　41
現勢力　245, 246
言説（ディスクール）　256
語彙爆発　5
交換　192, 193, 194, ⇒等価交換
公教育　219, 220, 256
公共空間（としての学校）　212, 213
公共性　229-239
合理化された神話　206
国語　14
国民教育　231
国民国家　232, 242
『こころ』（夏目漱石）　167
心　75-87
『小鹿物語』　169
5段階教授法　179
『国家』（プラトン）　32, 33, 58
国家形成　219
ごっこ遊び　116
古典語　7

子ども
　——の絵　31
　——の時間　117
　——の生成　251
　——という生の在り方　115
　——中心カリキュラム　46
子ども期　65, 112-122
　——の消滅　114
『〈子供〉の誕生』（アリエス）　112
『子どもはもういない』（ポストマン）　114
コミュニケーション　11, 92, 178, 211, 223
　教育的——　209
　根源的暴力　210
コンピテンス　158, 161
コンピュータ　57, 66

さ　行

サービス（としての教育）　141, 192, 210, 258
再生産　⇒文化的再生産理論
再提示　⇒代表的提示
サブカルチャー　20
差別　173
死　170
自我（I）　130
識字　6
自己（me）　130
志向性（インテンショナリティ）　76
自己言及（教育システムの）　253
自己創出（オートポイエーシス）　98, 144, 148, 163
自己評価　158, 161
自己変容　⇒自己創出
市場主義　256
市場のアナロジー　142, 148, 149
詩人追放論　32
システム
　——の外部　118
　政治——　218, 219, 220
　教育——　218, 226, 253, 262
自治集団（としての学級）　232
しつけ　109
実体（サブスタンス）　74
シティズンシップ教育　244, 249
自発性　13, 143

事物主義（リアリズム）　8
シミュレーション　175
社会化過程　48
社会関係資本　⇒ソーシャル・キャピタル
社会現実　175, 176, 177, 182, 184
社会構造　253
社会情勢　254
社会像　54
社会的有用性　20
社会統合　241, 242, 248
私有財（としての知識）　22, 23, 26
自由選題綴方　13
集団づくり　234
自由論（ロックの）　23
主体化＝服従化　80
趣味　⇒テイスト
手話　45, 46
純粋贈与　107, 146, 164, 192, 193
情操教育　34, 42
冗長性　143
情報　19
　——活用能力　66
　——化社会　19
自律性　123-141
事例　10
人格　100-111, 148
　——形成　101
　——障害　102, 103, 104
新教育　13, 80, 165, 191
新自由主義　216, 222, 223, 243, 257
心身二元論　74, 75, 78
心身問題　75
身体
　——刑　77
　——知　20
侵犯（功利主義の世界を）
進歩　94
　——主義教育　50
信頼性（評価の）　154
心理学　90
　——的人格概念　102
　——的な経験　50, 51
スコットランド道徳哲学　103
図式（スキーム）　179
『スタンド・バイ・ミー』（キング）　163,

　　　　168
スポーツ　87
性愛　167
誠意と信頼のロジック　206
生活集団（としての学級）　231
生活綴方（運動）　14, 54, 233, 234
性教育　167
政治システム　218, 219, 220
政治的判断力　248, 249
政治と社会の区別（アーレント）　246, 248
精神　74
成長　88-99, 136, 189
制度　131, 132
正統性　230, 232, 241
生得性　160
聖なる次元　165
青年（期）　113
生の技法　47
世界受容　144
『世界図絵』（コメニウス）　58, 62
セクシュアリティ　92
世俗化　104
絶対評価（到達度評価）　156, 157
戦後民主主義　234, 236, 238
潜在的カリキュラム　47, 80, 181, 226
潜勢力　245, 246
選抜　160
相対評価　155
贈与　192, 193, 194, ⇒純粋贈与
　――の一撃　195
ソーシャル・キャピタル（社会関係資本）　242
組織　205
素読　7

た　行

『大教授学』　63
〈体験〉型授業　184
第三者の審級　232, 233, 235, 236
代表的提示（表象，再提示，リプレゼンテーション）　61, 69, 160, 183, 184
『滝山コミューン』（原武史）　234, 235, 238
多元知性論　47

多元的カリキュラム　24
他者　25, 49, 148, 167, 168, 193, 223, 229, 237, 244
　――言及（教育システムへの）　253
達成性　160
妥当性（評価の）　154
他律　127
〈小さなプラン〉　179, 180, 185
地位配分　241, 243, 248
知覚　41
　――様式　40
力　66
知識　18-29
注意関心　52
中断のペダゴジー　247
詰め込み教育　221
DSM-IV　102
提示　61, 69
テイスト　34, 35, 38
できること（習熟）　246
テクノロジー欠如　180
テスト（型評価）　153
『哲学探究』（ウィトゲンシュタイン）　10
テュポス　⇒型
テレビ　64
伝達の教授観　145
ドイツ・ロマン主義　90
等価交換　141, ⇒サービス
洞窟の比喩　58, 59
蕩尽　116, 164, 166
到達度評価　⇒絶対評価
統治論的教育論　256
道徳哲学的人格概念　103
動物　168, 170
徒弟修業　61
『ドラゴン桜』（三田紀房）　215
トラッキング　22
トロント学派　65

な　行

内発的動機づけ　147
ナショナリズム　232, 236, 238
ナショナル・スタンダード　20
ナチス　40, 41, 235
入学試験　160

人間主義的学校批判　206
人間性　104, 108
「人間力」　243
認知科学　92
ネットワーク型公共性　237
脳科学　92
能力　216
　——主義　⇒メリトクラシー
　——＝平等主義　241
ノスタルジー　117

は 行

パーソナリティ　102, 103, 104
バーチャリティ　23, 48, 185
『バートルビー』（メルヴィル）　240, 244, 245, 247
媒介者（としての学校）　212, ⇒メディア
ハイカルチャー　21
排除　224, 243
配慮　⇒ケア
バウハウス　40, 41
『蝿の王』（ゴールディング）　124, 133
発達　88-99, 119, 166, 251
　——心理学　90
　——段階論　90, 93
　——の物語　119
発展　93, 94, 95, 97, 98
発話行為　216
ハビトゥス　149
パフォーマンス（表出行動）評価　155, 158, 159, 161
『判断力批判』（カント）　35
PISA　7
美　30-44
　——の有害性　32
『美的教育に関する書簡』（シラー）　35
美的なもの　37, 38, 41, 43
美的人間形成論　43
表象　⇒代表的提示
『漂流教室』（楳図かずお）　124, 125, 133, 134
不安　27
福祉国家　220, 221, 222
プラスチック・ワード　91, 92, 93, 95
『フランケンシュタイン』（シェリー）　100, 106
プレゼンテーション　⇒提示
プロジェクト・メソッド　179
プロパガンダ　14, 42, 190
文化資本　21
文化的実践　142
文化論的再生産論　21, 22, 26, 242
文明　131
ペルゼンリッヒカイト　⇒道徳哲学的人格概念
偏差値　155, 156
弁証法　90
法学的人格概念　101
包含と排除　243, ⇒包摂，排除
包摂（インクルージョン）　220, 224
『方法序説』（デカルト）　57
ポートフォリオ　158
ホールディング（だきかかえ）　106, 108
保護　126
　〈——の防護柵〉　129, 134, 135, 175, 176, 177, 184, 185, 186
ポスト・フォーディズム　223

ま 行

マーサズ・ヴィンヤード島　45
マスメディア　12, 64, 67
『マトリックス』（ウォシャウスキー兄弟）　57, 58
学び　52, 142
　——の共同体　142, 211, 258
　——の学び　147
マニュアル化　146, 147
漫画　64
身　75-87
未成人　126
「3つのC」（配慮・関心・関与）　26
ミメーシス　⇒模倣
民主主義　258
『民主主義と教育』（デューイ）　103
無為・無能　240, 244, 245, 247
向け変え　60
ムシケー　⇒音楽・文芸
無知の知　18, 26
メディア　11, 12, 25, 57-70, 101, 114, 120, 170, 185

──の不安　58, 68
──批判　59
──・リテラシー　66
──利用　58
マス──　12, 64, 67
メリトクラシー　22, 24, 54, 241, 242, 244, 248
モニトリアル・システム　231
模倣（ミナーシス）　33, 84, 116, 168
モラトリアム　113
モラルジレンマ　90
問題解決学習

や　行

『山びこ学校』（無着成恭）　233
闇教育　191
遊戯衝動　36
ユートピア　94, 95
有能　244, 246, 247
誘発性　144
有用性　159, 166, 168, 248, 251, 260
　　社会的──　20
ゆとり教育　221

ゆるやかな結合モデル（学校の）　206
溶解体験　82, 114, 116, 119, 120
欲望模倣　167
読み書き　3, 114, ⇒リテラシー

ら行・わ行

ライフサイクル（論）　90, 113, 114, 117
ラベリング（理論）　182
リスク　224
リテラシー　6, 243
　　機能的──　7, 243
リプレゼンテーション　⇒代表的提示
ルーブリック　158, 159, 161
ルールの把握　147, 148
ルネサンス　35
歴史の減速　96
ろう者　45, 46
労働　165
ローカルな開放性のコーディネート　237
『ロビンソン・クルーソー』　123, 124, 125, 133
論理的な経験　50, 51
わざ　84

執筆者紹介

田中智志（たなか・さとし）［編者，2，4，8，11，12，20章］1958年うまれ．東京大学大学院教育学研究科教授．主要著書に，『教育人間論のルーマン』（共編著，勁草書房，2004年），『教育思想のフーコー』（勁草書房，2009年），『社会性概念の構築』（東信堂，2009年），『教育臨床学——〈生きる〉を学ぶ』（高陵社書店，2012年），『大正新教育の思想』（共編著，東信堂，2015年），ほか．

今井康雄（いまい・やすお）［編者，1，3，5，6章］1955年うまれ．日本女子大学人間社会学部教授．主要著書に，『ヴァルター・ベンヤミンの教育思想』（世織書房，1998年），『メディアの教育学』（東京大学出版会，2004年），『メディア・美・教育』（東京大学出版会，2015年），『教育思想史』（編著，有斐閣，2009年），ほか．

越智康詞（おち・やすし）［16，17章］1962年うまれ．信州大学教育学部教授．主要著書に，『〈教育〉の解読』（分担執筆，世織書房，1999年），『《教師》という仕事＝ワーク』（分担執筆，学文社，2000年），『シリーズ子どもと教育の社会学2 〈子ども問題〉からみた学校世界——生徒・教師関係のいまを読み解く』（分担執筆，教育出版，1999年），ほか．

小玉重夫（こだま・しげお）［18，19章］1960年うまれ．東京大学大学院教育学研究科教授．主要著書に，『教育改革と公共性——ボウルズ＝ギンタスからハンナ・アレントへ』（東京大学出版会，1999年），『シティズンシップの教育思想』（白澤社，2003年），『学力幻想』（筑摩書房，2013年），『難民と市民の間で』（現代書館，2013年），ほか．

矢野智司（やの・さとじ）［9，13，15章］1954年うまれ．佛教大学教育学部教授，京都大学名誉教授．主要著書に，『動物物語をめぐる冒険』（勁草書房，2002年），『贈与と交換の教育学』（東京大学出版会，2008年），『臨床の知』（共編著，創元社，2010年），『ランゲフェルト教育学との対話』（共編著，玉川大学出版部，2011年），『幼児理解の現象学』（萌文書林，2014年），ほか．

山名淳（やまな・じゅん）［7，10，14章］1963年うまれ．東京大学大学院教育学研究科教授．主要著書に，『夢幻のドイツ田園都市——教育共同体ヘレラウの挑戦』（ミネルヴァ書房，2006年），『「もじゃぺー」に〈しつけ〉を学ぶ』（東京学芸大学出版会，2012年），『都市とアーキテクチャの教育思想』（勁草書房，2015年），ほか．

キーワード 現代の教育学

2009 年 1 月 26 日　初　版
2022 年 9 月 15 日　第 6 刷

［検印廃止］

編　者　田中智志・今井康雄

発行所　一般財団法人　東京大学出版会

代表者　吉見俊哉

153-0041 東京都目黒区駒場 4-5-29
電話 03-6407-1069　Fax 03-6407-1991
振替 00160-6-59964

印刷所　株式会社三秀舎
製本所　誠製本株式会社

© 2009 Satoshi TANAKA & Yasuo IMAI, Editors
ISBN 978-4-13-052077-5　Printed in Japan

JCOPY〈出版者著作権管理機構　委託出版物〉
本書の無断複製は著作権法上での例外を除き禁じられています．複製される場合は，そのつど事前に，出版者著作権管理機構（電話 03-5244-5088, FAX 03-5244-5089, e-mail: info@jcopy.or.jp）の許諾を得てください．

書名	著者	判型	価格
共存在の教育学	田中智志	A5	11000 円
モノの経験の教育学	今井康雄（編）	A5	5500 円
メディア・美・教育	今井康雄	A5	5800 円
贈与と交換の教育学	矢野智司	A5	5400 円
生涯発達とライフサイクル	鈴木 忠・西平 直	46	3200 円
歓待と戦争の教育学	矢野智司	A5	6000 円
ライフサイクルの哲学	西平 直	46	2800 円
プロジェクト活動	田中智志・橋本美保	A5	3800 円
学校の公共性と民主主義	上野正道	A5	7200 円
民主主義への教育	上野正道	A5	3800 円
いま，思春期を問い直す	保坂 亨	46	2800 円
教育人間学のために	西平 直	46	2600 円
教育人間学	田中毎実（編）	A5	4200 円
教育人間学へのいざない	ヴルフ著, 今井・高松（訳）	A5	4500 円
カリキュラム・イノベーション	東大教育学部研究会（編）	A5	3400 円
教育学のパトス論的転回	岡部美香・小野文生（編）	A5	12000 円

ここに表示された価格は本体価格です．御購入の
際には消費税が加算されますので御了承下さい．